老年について　友情について

キケロー
大西英文 訳

講談社学術文庫

目次

凡　例

・本書は、マルクス・トゥッリウス・キケローの『老年について』と『友情について』の二篇の全訳を収める。底本としては、次のものを用いた。

M. Tulli Ciceronis De re publica; De legibus; Cato Maior de senectute; Laelius de amicitia, ed. J. G. F. Powell, Oxford: Oxford University Press (Oxford Classical Texts), 2006.

・巻末「訳者解説」に掲げたその他のテキストなどに拠って底本と異なる読みをした場合は、訳注にその旨を注記した。

・キケローのテキストには、伝統的にJanus Gruter版『キケロー全集』、Alexander Scot版『キケロー全集』に基づいて、「巻」（一作品が複数巻の場合）、「章」、「節」の区分が施される。本書もそれに従い、「章」を漢数字で、「節」を本文上欄にアラビア数字で示した（ただし、節番号は必ずしも内容の区切り（段落）と一致せず、段落中に節番号がある場合もある）。訳注および「訳者解説」で参照箇所を示す際には、節番号を用いる。

・ギリシアの人名、地名、神名などの固有名詞については、ラテン語形で示されていてもギリシア語形に改めてカタカナ表記した。

例　Neoptolemus　ネオプトレモス　Plato　プラトン

・ph, th, ch の音は p, t, c (= k) と同じものとして表記した。

例　Xenophon　クセノポン　Athenae　アテナイ

・固有名詞は、原則として音引きを省いた。ただし、「ローマ」、「ブルートゥス」のような慣用的なもの、および「キケロー」、「カトー」のような語末がoで終わる人名については例外とした。

・〔　〕は、訳注および「訳者解説」における引用も含め、すべて訳者による補足・注記を示す。

・訳注および「訳者解説」における世紀と年はすべて紀元前のものであり、これらについては「紀元前」や「前」を省いて数字のみを示した。紀元後については「後四〇〇年頃」のように「後」を付した。

老年について　友情について

老年について[*1]

登場人物

カトー・ケンソリウス、マルクス・ポルキウス（大カトー）
一九五年の執政官、一八四年の監察官。ローマの伝統を重んじる政治家、文人。厳格な風紀取り締まりで名高く、「ケンソリウス（監察官）」の異名を得た。

スキピオー・アエミリアヌス・アフリカヌス・ミノル、プブリウス・コルネリウス（小スキピオー）
大スキピオーの義理の孫、大カトーの長男の義理の兄弟。のちにカルタゴを殲滅する傑出した武人かつギリシアの文芸を愛好した進歩的知識人。

ラエリウス、ガイウス
小スキピオーの無二の親友。「賢者」の異名をもつ進歩的知識人。

1

一

私が、ティトゥス、あなたの何かのお役に立ち、今、その胸にわだかまり、
あなたを悩ませ、思い煩《わずら》わせている心労を軽くしてさしあげたなら、
褒美を何かいただけましょうか。[*2]

こう言うのも、アッティクス、[*3]私にも、
産乏《とぼ》しかれど、信篤《あつ》き、その人物が
フラミニヌス[*4]に語りかけた、この同じ詩句をもって君に語りかけることができるだろう
からね。もっとも、君が、
あなたが、ティトゥス、こうして昼夜を問わず心を痛めている
というフラミニヌスとは異なるのは確かだと私には分かっている。私は君の自制心や平

常心を知っているし、君がアテナイから〔アッティクスという〕異名《いみょう》だけではなく、人間的教養[*5]と智慮をも持ち帰ったと承知しているからね。とはいえ、その君をもってしても、思うに、昨今の状況[*6]には、時として私自身と変わらず、並ならぬ心痛を覚えているのではないか。ただ、この心痛を癒す慰めは一筋縄ではいかない難事でもあり、目下のところは、また別の機会に譲りもしなければならない。今は君に宛てて、老年について、いささかのものを書き贈ろうと決めた。

2

　君にも私にも共通の、すでに間近に迫りつつある老年、あるいはやがて必ず訪れる老年[*1]という、この重荷から君をも、そして私自身をも解放したい、という願いからだ。もっとも、君が万事につけてそうであるように、この重荷も節度をもって賢明に耐えており、これからもそうして耐えていくであろうことは間違いないと私には分かっている。とはいえ、老年について、いささかのことを書き記してみたいという気になったとき、われわれ二人ともが用いることのできる、この贈り物にふさわしい人として私の脳裏に浮かんだのが、ほかならぬ君だった、というわけなのだ。この著作を仕上げるのは私には実に愉しい仕事で、老年の煩いをことごとく拭《ぬぐ》い去ってくれたばかりか、老年を穏やかで愉しいものにもしてくれた。そういうわけで、哲学というものは、どれほど称《たた》えてみても称えきれないほど素晴らしいものであり、その驥尾《きび》に付す人は人生のどの時期であろうと憂《うれ》いなく過ごせるものなのだ。

3　もっとも、他の主題については、これまで多くを語ってきたし、これからも語る機会はたびたび訪れよう。君に献呈したこの書物は、『老年について』と題して論じたものだ。ちなみに、談論はケオスの人アリストン[*1]に倣《なら》ってティトノス[*2]に割り振るというような真似はしなかった。神話や伝説では、あまり重みがないからね。そうはせず、言説の権威がさらに増すように、私は老マルクス・カトー[*3]の口を借りた。そのカトーのもとをラエリウス[*4]とスキピオー[*5]が訪《おとな》い、カトーがいともやすやすと重荷の老年に耐えていることに感嘆し、その彼らにカトーが答える、という体裁をとってある。カトー自身がみずからの著作で見せる、いつもの習いより教養豊かな議論をしていると思う人には、これは周知の事実だが、彼が晩年、実に熱心に学び取ろうとしたギリシアの文学のせいだと考えてもらえばよい[*6]。だが、これ以上、多言は無用であろう。やがてすぐにもカトーその人の談論が、老年についての私の考えを残らず明らかにしてくれるはずだからである。

二

4　スキピオー　私は、マルクス・カトー、このガイウス・ラエリウスともども常々頻《しき》りに、他のことでの、あなたの並外れた、間然《かんぜん》するところのない叡知もさることながら、老年があなたにとって厄介なものだという印象を一度も抱いたことがないことに、最大の、と言ってもよい驚きを覚えているのです。老年といえば、たいていの老人にとっては実に厭《いと》わしいもので、彼らが愚痴るには、アエトナ山より重い重荷を背負《しょ》っている[*1]、ということなのですが。

カトー　スキピオー、それにラエリウス、さして難しくもないことに君たちは感心してくれているようだね。というのも、善く生き、幸福に生きる手立てをみずからの内に何ももっていない人なら、人生はどの時期をとっても厄介なものだが、善きものをすべてみずからの内に求める人には、自然の必然性がもたらすものが、何にせよ禍《わざわい》と思えるはずがないのだから。何より老年がそうした類《たぐい》のものなのだ。人は誰しも老年に達したいと願うが、老年に達したら達したで、みずから願った老年でありながら、これを詰《なじ》る。愚かな人たちの心変わりや理不尽さは、それほどにひどいのだ。そうした人たちは、老年は思っていたより早く忍び寄ると言って、愚痴をこぼす。第一に、誰に言われたからといって、そのような誤った考えを抱《いだ》いたのであろう。実際、青春が幼少期のあとに忍び寄る早さより、老年が青春のあとに忍び寄る早さのほうが、どれほど早いというのだろう。第二に、齢《よわい》八〇を重ねた人の老年のつらさより、齢八〇〇を重ねた人の老年のつらさのほうが、いかほど和らぐというのだろう。いかにも、過ぎ去った歳月は、どれほど長かろうと、ひとたび流れ去ってしまえば、愚かしい老年を癒す、何の慰めともなりはしないのだ。

5 そういうわけで、君たちが常々、私の叡知に賛嘆の念を覚えてくれているというのなら――願わくは、私の叡知が君たちのその思いと私の名[*1]とに恥じないものであってくれればいいのだがね――、それはともかく、私が賢者とされている所以《ゆえん》は、私が神のごとくにして最良の導き手である自然の驥尾に付し、自然に従っている、という点にあるのだろう[*2]。その自然が、人生の他の場面は見事に書き上げておきながら、終幕は、まるで稚拙な詩人のように、おざなりにした、などということは、真実、ありうる話とは思えない。そうではなく、自然は〔何事にも〕何らかの最後があるのを必然としたのだ。木の実や大地の稔《みの》りに喩えれば、時宜《じぎ》にかなった成熟によって、いわば萎《しお》れ、落下していく最後がね。賢明な人間なら、その最後を従容《しょうよう》として受け入れねばならない。実際、自然に逆らうことがそうでないというのなら、いったい他の何が、ギガンテスみたいに神々に戦《いくさ》を挑むことだというのだろう[*3]。

6 ラエリウス　それはそうなのでしょうけれど、カトー、われわれは自身、老いていくものだと思い、少なくともわれわれはそれを望んでいますが、老いるはるか前に、どうすれば日ごと厄介なものになっていくその老年に最もたやすく耐えることができるのか、あなたから学ぶことができれば、われわれにとって――スキピオーにも成り代わって私が請け合うとして――これほどありがたいことこの上ないことはありません。

カトー　もちろん、ラエリウス、君たち二人ともが、とりわけ君の言葉どおり、ありがたく思ってくれるというのなら、私はそうするのにやぶさかではない。

ラエリウス　カトー、あなたはこれまで、いわば長い旅路をたどってこられました。われわれもこれからその旅路をたどっていかなければなりません。ですから、あなたがたどりつかれた境地がどのようなものなのか、煩わしいとお思いになるのでなければ、ぜひともわれわれがうかがい知れるようにしていただきたいものです。

三

7
カトー　私にできるかぎりで、ラエリウス、やってみよう。実際[*1]、私と同年配の人たちが私も同席する集まりで——古い諺《ことわざ》に言うとおり、類は友を呼ぶものなのだ[*2]——たびたび愚痴をこぼすのを私も耳にした。ガイウス・サリナトルやスプリウス・アルビヌス[*3]といった、執政官[*4]まで務めた、私とほぼ同年の人たちが、やれ、自分には快楽がなくなったが、それを欠いては人生は何ものでもないと思うとか、やれ、これまで自分を大切に敬ってくれた者たちから軽《かろ》んじられるようになったとか言って、常日頃、愚痴をこぼすのをね。しかし、私の見るところ、あの人たちは責めるべきものを責めず、責めるべきでないものを責めていたのだ。なぜなら、老年に罪があって、そのようなことになるのなら、私も、また高齢の他の誰でも同じようになってしかるべきだが、愚痴ることなく老年を過ごしている高齢の人を私は大勢知っているし、そのような人たちは自分が愛欲の桎梏《しっこく》から解放されたのを嫌なことと思うこともなければ、まわりの人たちから軽んじられているということもない。この種の愚痴の元凶は、年齢ではなく、性格にあるのだよ。実際、自制心があり、気難しくなく、人間性に富む老人は耐えやすい老年を送り、逆に、横柄さや人間性の欠如[*5]は、どの年齢であろうと疎《うと》んじられる。

8

ラエリウス　カトー、あなたのおっしゃるとおりです。ですが、老年があなたにとって他の人より耐えやすいと思われるのは、あなたの能力や資力や威信のおかげであって、そうした僥倖《ぎょうこう》に恵まれる人間はそう多くはないと言う人も、ひょっとしていないともかぎりません。

カトー　ラエリウス、君の指摘にもなにがしかの真実が含まれているが、かといって、それですべてが尽くされるということでも決してない。一つ例を挙げれば、伝わるところ、テミストクレス[*1]がセリポス島[*2]出《で》のある男と口論になったとき、相手の男はこう言ってテミストクレスを詰《なじ》ったのだ、「おまえが赫々《かっかく》たる名声を得ているのは、おまえの栄光によってではなく、祖国〔アテナイ〕の栄光のおかげだ」と。すると、テミストクレスはこうやり返したという、「誓って、私がセリポス人だったら高名を得ることはなかっただろうが、おまえがアテナイ人だったとしても名を成すことはなかっただろう」と。老年についても、これと同じ言い方ができる。つまり、老年は、極貧の中にあれば、賢人といえども気楽なものではありえないが、巨富の中にあったとしても、愚人には難儀なものであることに変わりはない、とね。

9 間違いなく言えるのは、スキピオー、それにラエリウス、老年に対処する最適の武器は諸々《もろもろ》の徳の理《ことわり》[*1]の習得とその実践である、ということだ。この徳を人生のあらゆる段階で涵養《かんよう》すれば、長く、また大いに生きた暁《あかつき》には驚くほどの稔《みの》りをもたらしてくれよう。なぜなら、徳というものは人生の最期を迎えた時でさえ決して人を見捨てることがないからということもさりながら――もっとも、これこそ徳の最大の美質ではあるのだがね――、善く生きたという自負心と数多くの善行の思い出は無上の喜びとなるものだからだ。

四

10 私はね、若い頃、タレントゥム[*1]を奪還したあの人、老境に入っていたクイントゥス〔・ファビウス〕・マクシムス[*2]を自分と同年代の人のように親愛した。というのも、あの人は重厚さの中にも人好きのする人柄を兼ねそなえ、老境のせいで性格が変わってしまっているということもなかったからね。もっとも、私があのかたを親愛し始めた頃は、

11

まださほど高齢というわけではなかったが、それでもすでにかなりお歳を召しておられた。実際、あのかたが初めて執政官職に就かれたのは私が生まれた年の一年後〔二三三年〕で、四度目の執政官を務められた年〔二一四年〕には、私はまだ若造にすぎなかったが、兵士として、あの人に付き従い、カプアへ、その五年後にはタレントゥムへ出征したことがあるのだ[3]。それから、その四年後〔二〇五年〕に私は財務官[4]に選ばれ、トゥディタヌスとケテグスが執政官の年[5]〔二〇四年〕に財務官を務めたが、あの人が甚だ高齢の身で、贈品《ぞうひん》と謝金に係るキンキウス法[6]を援護する演説を行われたのが、ほかならぬその年のことだった。このマクシムスという人は、誰の目にもご老体と映ったが、壮者のごとく戦《いくさ》を遂行されたし、また若輩の客気《かっき》に駆られて跳梁跋扈《ちょうりょうばっこ》するハンニバル[7]の意気をその忍耐心で削《そ》ぎもされた。この人のことを、わが友エンニウス[8]は見事にこう謳《うた》い上げている。

ただ一人、遷延《せんえん》することで、われらがため、国を再起せしめし丈夫《ますらお》、
世人《せじん》の毀誉褒貶《きよほうへん》よりは、国の安寧を慮《おもんばか》って。
ゆえに、のちの世の今、英傑の誉《ほま》れ弥増《いやま》し[9]に照り映《は》え、うたた輝く。

まことに、タレントゥムを奪還した時の、あの人の精励恪勤《せいれいかっきん》と賢慮は、いかばかりの

ものであっただろう。私もそばで聞いていた折、〔タレントゥムの〕町を敵に奪われたあと、要塞にいたサリナトル[1]が[2]〔奪還後〕自慢げに、こう言ったことがあった、「私の働きのおかげだよ、クイントゥス・マクシムス、君がタレントゥムを奪還できたのは」と。そのとき、マクシムスは笑《え》みを浮かべながら、こう言ったのだ、「確[3]かにそのとおりだ。君が失ってくれていなければ、私も取り戻せなかったのだからね」と。しかも、あの人は武具を鎧《よろ》う戦時に劣らず、トガ[4]をまとう平時でも卓越した人だった。二度目の執政官になられた折のこと、同僚執政官のスプリウス・カルウィリウス[5]が行動を起こそうとしない中、ピケヌムのガッリア人の土地を元老院の決議[6]に逆らって平民一人一人に分配しようと画策する護民官ガイウス・フラミニウス[7]に、あの人はできるかぎりの抵抗を試みられたのだ。[8]また、鳥卜官《ちょうぼくかん》[9]に就いていながら、あの人はこう言って憚《はばか》らなかった、国家の安寧のためになされる事業が、すなわち最高の吉兆を得てなされる事業にほかならず、国家の利益に反して提案される法律が、すなわち前兆に反して提案される法律にほかならない、と。

12 私が知る、あの人の赫々《かっかく》たる美点は数多《あまた》あるが、執政官まで務めた名高い子息[1]との死別を耐えた、あの人の姿ほど賛嘆すべきものはない。その追悼演説が世に流布しているが、これを読めば、どの哲学者を軽蔑せずにいられよう。しかも、あの人が偉大だったのは、白日のもと、国民の目にさらされる公《おおやけ》の場でのみではない。家庭内や私的な場でも、それにもまさる偉人であった。何というその談論、何というその教えであったことか。その何と該博な古《いにしえ》の歴史の知識、何と深い鳥卜法の知見であっただろう。加うるに、マクシムスは、ローマ人にしてはめずらしく、博雅の士でもあった。過去の戦《いくさ》について、[*2]国内のそれはもとより、外国のそれも、ことごとく記憶にとどめておられたのだ。そのマクシムスの談論に、私は貪《むさぼ》るように聞き入ったものだ。事実そのとおりになったのだが、あの人がこの世を去れば、教えを乞うべき人が一人もいなくなることを、すでに予見していたかのようにしてね。

13

五

では、マクシムスについて、これほど多くを語った理由は何であろう。むろん、これで君たちが見て取れるからだ、このような老年が惨《みじ》めだったなどというのは不敬だ、ということがね。しかし、必ずしも皆が皆、スキピオー[*1]やマクシムスのような人になれるものではなく、必ずしも誰もが、あるいは大都の攻略、あるいは陸戦や海戦、あるいはみずからが指揮し、遂行した戦、あるいは勝利の凱旋の思い出をもてるわけではない。だが、また静かに、清らかに、優雅に送った生涯のもたらす静謐で平穏な老年というものもある。例えば、伝え聞くところ、八一年目の年に[*2]執筆を続けながらこの世を去ったというプラトン[*3]の老年がそれであり、『パナテナイア祭演説』と題した書を著したのは九四の時だったとみずから言い、その後も五年生きたイソクラテス[*4]の老年がそれだ。その師であるレオンティノイのゴルギアス[*5]は、満一〇七歳を越えても、なお学問や仕事から手を引くことはなかった。彼は、なぜそれほど長く生にとどまりたいと思うのか、と尋ねられて、こう答えた、「わしには老年を咎《とが》める理由が何一つ見当たらないのだ」と。何とも積学《せきがく》らしい、あっぱれな答えだ。

14

愚かな人たちは自分の欠陥や咎を老年のせいにするが、先ほど言ったエンニウスも、そんな真似はしなかった。[*1]

オリュンピア[*2]にて、数多《あまた》たび、最後の周回で勝利を収めし駿馬《しゅんめ》のごとく、
今、衰齢《すいれい》の身を養いつ、安らう。

彼は、そう歌って、みずからの老境を勝利の駿馬のそれに擬《なぞら》えている。このエンニウスのことは、きっと君たちも覚えていよう。今の執政官ティトゥス・フラミニヌスとマニウス・アキリウスが選ばれたのは、彼の死後一九年のことでしかないのだからね。[*3]ちなみに、エンニウスが身罷《みまか》ったのは、カエピオーと二度目のピリップスが執政官の年〔一六九年〕で、ちょうど六五になった私[*4]が丈夫な肺腑を用い、大呼《たいこ》してウォコニウス

法[5]を援護する演説を行ったのが、その年のことだ。彼は、齢七〇にして――それほどの長寿を授かったからだが――、最大の重荷とみなされている二つのもの、貧窮[6]と老年を、ほとんど楽しむといった風情でやり過ごしていたのである。

15

さて、思いめぐらしてみるに、老年が惨めなものと映る理由として思い当たるのは四つである。一つは諸々の活動から身を引かせ、帰臥《きが》を余儀なくさせること、二つめは肉体を衰えさせること、三つめはおよそすべての快楽を奪い去ること、四つめは死が間近であることだ。よければ、その一つ一つの理由が、どれほどの重要性をもつものなのか、どれほどの正当性をもつものなのか、吟味してみよう。

六

老年は、人を諸々の活動から遠ざける。だが、どんな活動から、というのであろう。壮者によって体力を使ってなされる活動から、というのかね。ならば、たとえ肉体は衰えていようとも精神の力をもってする、老人らしい活動は一つもない、というのだろうか。ならば、クイントゥス・マクシムスは何一つ活動しておらず、君の父御《ちちご》で、実に優れた私の息子[1]の舅御《しゅうとご》ルキウス・パウルス[2]は何一つ活動していなかった、というのであろうか。その他、賢慮と権威で国家を守る砦《とりで》となっていたファブリキウス[3]やクリウス[4]や

16 コルンカニウス[*5]のような人たちは何一つ活動していなかったというのかね。アッピウス・クラウディウスの老年[*1]には、盲目になるという不運さえ加わった。しかし、彼は元老院の見解がピュッロス[*2]との和平と講和条約締結に傾いていたとき、ためらうことなく非を鳴らした。その言葉をエンニウスが次の詩行で、こう表している。[*3]

これまで揺るぎなく、まっすぐであった諸君の心は、
正気をなくした今、正道を踏み外し、どこへ逸《そ》れてしまったのか。

このとき彼が語った言葉は他にもあるが、重厚この上ない。こんなことを言うのも、この詩は君たちも知っているものだし、それにまたアッピウス本人の演説も残っているからだ。アッピウスがこの演説を行ったのは二度目の執政官職の一七年後〔二七九年〕のことで、しかも二度の執政官職のあいだには一〇年の隔たりがあり、なお彼は最初の執政官職の前に監察官[*4]も務めていた。この事実からして、ピュッロスとの戦争時には彼が相当な高齢だったと推察できる。[*5]にもかかわらず、われわれが父祖から伝え聞くところでは、今述べたとおりの矍鑠《かくしゃく》たる活躍ぶりであったという。

17 そういうわけで、老人が活動に携わっていないと難ずる人の主張には何の根拠もない。そのような主張をする人は、航海で、他の者たちは、あるいはマストに登り、ある

いは甲板を駆けずりまわり、あるいは淦《あか》を汲み出しているのに、舵取りは船尾で舵を握ったままじっと座っているから何もしていない、などと言う者と何ら変わるところがない。なるほど、舵取りは壮者のするようなことはしていない。しかし、はるかに重要で大切なことをしているのだよ。大業《たいぎょう》は、肉体の力や速さ、敏捷さによってではなく、賢慮や権威、智略によって成し遂げられるものなのであり、老年は通例、それらを奪われるどころか、増しさえするものなのだ。

18 私は、一兵卒としても、軍団副官[*1]としても、参謀[*2]としても、執政官としても、種々の戦《いくさ》に携わってきたが[*3]、その私が今、戦に携わっていないから何もしていないと君たちには映るというのなら、話は別だ。だが、私は今、元老院に、何をなすべきか、どのようになすべきかを教え諭《さと》している。悪辣な野望を企むことすでに久しいカルタゴへの宣戦布告を、はるか以前から私は唱えているし、カルタゴが殲滅されたと分かるまでは、カルタゴへの私のこの危惧の念がやむことはあるまい[*4]。

19 願わくは、不死なる神々が、その勝利の栄冠を、スキピオー、君のためにとっておかれ、君の祖父御[*1]がやり残した大業を、その君が完遂せんことを。今年〔一五〇年〕は、君の祖父御が身罷られて三三年目の年にあたるが、あのかたの記憶は、これからも世々、末永く語り継がれていくことであろう。あのかたが泉下の人となられたのは、私が監察官だった年の前年〔一八三年〕、私が執政官を務めた年〔一九五年〕の九年後[*2]のことで、私が執政官を務めたその年に、あのかたは二度目〔一九四年就任〕の執政官に選ばれたのだった。そういうわけで、あのかたが、たとえ一〇〇歳まで生きられたとしても、みずからの老年を悔やまれていたはずがない。あのかたなら、出撃したり、跳躍したり、遠くから投槍を投げたり、あるいは剣で白兵戦を戦ったりするのではなく、賢慮を用い、理性を用い、智略を用いて戦っていたことだろう。老人《セネース》にそれらがそなわっていないというのであれば、われわれの先人が最高の合議体を「元老院《セナートゥス》」と呼ぶことはなかったはずなのだ。[*3]

20 実にラケダイモン人[*1]のもとでも、要職に就く人は、事実のとおり、同様に呼ばれ、「長老《ゲロンテス》」と称されるのである。この点で、君たちが外国の歴史を読んだり聞いたりしたいと思うのなら、強大な国が壮者によって土台を揺るがされ、老人によって支えられ、復興させられた事例を、いくつも見出せよう。

さあ、言え、どうしておまえたちは、これほど偉大な祖国を、これほど早々《はやばや》と
失ってしまったのか。

詩人ナエウィウス[*2]の『ルードゥス』[*3]の中で、こういう問いが発せられる。答えは他にもいろいろと述べられるが、何より要《かなめ》はこういうことだ。

新手《あらて》の弁論家たち、とりもなおさず愚かな青二才どもがしゃしゃり出てきたからだ。

言わずもがなだが、無謀は華やぐ青年の、智慮は春秋を重ねる老年の特性なのである。

21

七

しかし、記憶力は衰える。なるほど、そうなのだろう。ただし、その鍛錬を怠れば、あるいは生来、魯鈍であれば、の話だ。テミストクレス[*1]は、市民全員[*2]の名を記憶していた。では、その彼が、年が寄ったとき、いつもアリステイデス[*3]にリュシマコス[*4]と呼びかけていた、などと君たちは思うだろうか[*5]。かく言う私も、今、生きている人たちだけではなく、彼らの父親のことも祖父のことも知っているし、世間の人が言うように記憶を失う[*6]などという恐れを抱くこともなく墓碑銘も読む。それを読めば、今は亡き人たちのことが偲《しの》ばれるからね。だが、宝物《たからもの》をどこに隠したか忘れてしまったという老人の話など、いまだかつて聞いたことがない。老人であっても、誓約した出頭日時のこと、誰に貸したか、誰から借りているか、交わした約定《やくじょう》のこと、気にかけていることは、すべて覚えているものなのだ。

22 老いた法律家は、どうだろう。齢を重ねた神祇《じんぎ》官《かん》[*1]、あるいは鳥卜官や哲学者は、どうだろう。何と多くのことを記憶していることか。老人であっても、情熱と精励が残っているかぎり、才知は残るのであり、それは顕職に就く、名のある人たちに限ったことではなく、市《し》井《せい》の人として送る静かな生[*2]でも変わらない。ソポクレス[*3]は、高齢になるまで悲劇を書いた。その情熱のせいで、家のことを顧《かえり》みないとみなされたため、息子たちが裁判に訴え、われわれの習いでも行状の悪い家長には禁治産の判決が下されるように、裁判官の力を借りて、ソポクレスを耄《ほう》けた老人として禁治産者に仕立て上げようとしたのだ。そのとき、老人の彼は、最近書き上げたばかりで、手許にとどめていた〔未発表の〕悲劇『コロノスのオイディプス』[*4]を裁判官の前で朗誦し、その詩が耄けた者の書いたものと思えるか、裁判官に問うたと言われる。詩が朗誦されると、ソポクレスは、訴えはいわれなし、という裁判官の判決を勝ち得たのだ。

23 そういうわけで、はたして老年が、このソポクレスを、あるいはホメロス[*1]やヘシオドス[*2]やシモニデス[*3]やステシコロス[*4]を、あるいは先ほど挙げたイソクラテスやゴルギアスを、あるいは哲学者たちの中でも枢要な人たちであるピュタゴラス[*5]やデモクリトス[*6]、プラトンやクセノクラテス[*7]を、その後の哲学者であるゼノン[*8]やクレアンテス[*9]を、あるいは

24

君たちもローマで目にしたことのあるストア派のディオゲネス[*10]を、彼らが情熱を傾けたその営為で黙らせるというようなことがあっただろうか[*11]。それとも、彼らは皆、生涯、変わることなく、孜々《しし》として、みずからの営為に勤《いそ》しんだのであろうか。

まあ、彼らのこうした神的な営みのことはさておくとしても、私の隣人で知己でもあるサビニ[*1]の地に住まう村夫の名を挙げることもできる。彼らがいなければ、種蒔きにしろ、刈り取りにしろ、倉入れにしろ、農地の大事な作業は、ほとんど何一つ成し遂げられないのだ。もう一年生きられないと思うほど歳をとった人など誰もいないのだから、〔一年先の〕他のことは、さして驚くことではないのかもしれない。しかし、その同じ彼らが、自分とはまったく関わりがないと分かっていることに精を出すのである。

彼らは木々を植えるが、それはのちの世の利益のため。

25

スタティウス[*2]は『青年仲間』で、そう言っている。

実際、誰のために種を蒔くのか、と尋ねられれば、農夫は、どれほど高齢であろうと、ためらうことなく、こう語るのだ、「私にこれを先祖から受け継ぐだけではなく、子孫に受け渡すことも望みたもうた、不死なる神々のために」と。

八

遠く次の世の利益を見据える老人について語るカエキリウス〔・スタティウス〕のこの言葉のほうが、同じ彼が語る次の言葉[*1]より、よほどいい。

誓って、老年よ、おまえがやって来るとき、難儀を
他に何一つ携えてこぬとも、これだけでたくさんだ、長生きすることで、
目にしたくないことを、あれやこれや目にせねばならぬという、この一事《いちじ》で。

しかし、また、たぶん目にしたいことも、あれこれと目にできるのだよ。それに、目にしたくないことなら、若い頃だって、しばしば出くわす。だが、同じカエキリウスの次の言葉[*2]は、もっといただけない。

それに、わしが思うに、老年で何が情けないって、これほど情けないことはない、
老年になりゃ、自分が他人《ひと》に嫌がられる身だって感じることほど情けないことは。

26 嫌がられる存在というのではなく、喜ばれる存在というのが真相なのだよ。実際、賢明な人は、老人になっても、優れた資質をそなえた若者に喜びを覚えるものだし、また、若者に敬《うやま》われ、愛される老年は〔重荷として〕軽いものになるように、若者にしても、老人の教訓に喜びを見出し、それを導きとして諸々の徳の追求へと誘《いざな》われるものなのだ。私の承知するところ、君たちが私にとって喜びであるのに劣らず、私も君たちの喜びになっているのではないのかね。それはともかく、老年は、不活発で怠惰なものでないどころか、活動的で常に何かを行いもし、何かに励みもしているものであることは、君たちにも分かっていよう。何かとは、もちろん、それぞれの人が、それまでの人生で、情熱をもって追求してきた類《たぐい》の営みである。まして、何か新しい知識を付け加える人は、なおさらだ。われわれの知るところ、ソロン[*1]も、その詩で、自分は日々、何かを新たに学び知りながら老いていく、と言って自慢している。私もそうしてきた。私はね、晩年になってから、ギリシアの文学を学び始め、言ってみれば長年の渇きとも言うべきものを癒したい一心で、貪欲に吸収したのだ。君たちにも分かっていよう、今こうしてあれこれの事例を挙げることができるのも、そうして学び知った、まさにその知識のおかげなのだ。ソクラテス[*2]が竪琴でそうした[*3]と聞いたとき、できれば、それも学んでおけばよかった。昔の人たち[*4]は竪琴を学ぶ習わしだったのだからね。だが、少なくとも文学に関しては、私は努力を惜しまなかった。

27

九

私は今でも若者の体力が——老年の難点に関わる、これがもう一つの論点だからだが——欲しいと思うことはない。それは若い頃に牡牛や象のような力が欲しいと思ったことがないのと同じである。今あるものを用い、何をするにしても自分のもてる力相応のことをするのが、ふさわしい行動というものだ。実際、クロトンのミロン[*1]の言葉ほど軽蔑すべきものがありえようか。彼は老人になって、走路で練習している運動選手たちの姿を眺めていたとき、自分の二の腕を見つめ、涙を流しながら、こう言ったと言われる、「いかにも、この腕。だが、この腕はもう死んでしまった」と。愚にもつかぬことを言う者よ、その腕が死んでしまったというよりは、おまえ自身が死んでしまったのだ。おまえの名声は、おまえ自身ではなく、おまえのその肺臓、おまえのその腕に由来するのだから。セクストゥス・アエリウス[*2]はそんな罰当たりなことを口にしなかったし、それよりはるか以前の人ティベリウス・コルンカニウス[*3]も、また、つい最近の人ではプブリウス・クラッスス[*4]も、そんなことは口にしなかった。彼らは市民の相談に応じて法律問題を教示していた人たちだが、彼らの法の知識は彼らが最期の息を引き取るまで生き続けたのだ[*5]。

28
弁論家の場合は、残念ながら老年とともに力が衰えていくのではないかと思う。弁論家の働きは、才知のみならず、肺の力や体力にも左右されるものだからね。総じて言えるのは、老年になると、朗々とした声の心地よい響きは、どういうわけか輝きを増すものだということであり、私も今に至るまで、それを失ってはいない。その私の歳は、君たちの見てのとおりだ。とはいえ、老人にふさわしいのは静かで抑制された語り口であって、弁に優れた老人の落ち着きのある穏やかな弁舌は、それ自体で傾聴を勝ち取るものだし、自分でそれを実践できなくても、スキピオーやラエリウスにあれこれ指示してやることはできよう。実際、若者の情熱に囲まれた老年ほど喜ばしいものが他に何かあ
29
るだろうか。それとも、若者を教育、指導し、彼らが務めとしての役割を果たせるように指南する力さえ、老年には認めてやらないとでもいうのかね。実際、これ以上誉《ほま》れある仕事に何がありえよう。本当に私は、高貴な若者たちを従えたグナエウス・スキピオー[1]やプブリウス・スキピオー[2]、それに君の二人の祖父御のルキウス・アエミリウス[3]やプブリウス・アフリカヌス[4]を幸せな人たちだと思ったものだ。善き学芸の師は、誰であれ、その体力がどれほど老化し、衰えようとも、幸せでないなどと考えてはいけないのである。もっとも、体力の衰えそのものも、老年によってもたらされる場合より、若い頃の悪癖のなせる業である場合のほうが多い。歓楽的で無節操な青年期は、肉体を惰弱にして老年に引き渡すのだ。

30 クセノポン[*1]の書にある話[*2]だが、キュロス[*3]は大変な高齢で身罷《みまか》ったとき、今わの際《きわ》に語った話の中で、こう言ったという、自分は老人になって若い頃より虚弱になったと感じたことは一度もない、とね。私も、子供の頃のことだが、二度目の執政官を務めた四年後に大神祇官[*4]に選ばれ、その後二二年間その神祇官職の長にとどまり続けたルキウス・メテッルス[*5]が最晩年になっても壮健そのもので、若い頃を恋しがったことがなかったのを覚えている。私自身については、自分の口から語る必要はなかろう。もっとも、この自慢話は老人特有の性癖であり、われわれ老人の年代には許されるものではあるのだがね。

一〇

31 ホメロスの詩で、ネストル[*1]が実に頻繁に若者に向かって自慢話をする場面があるのは、君たちも知っているね。彼は人間の三世代目を目にしている人であり、自分について本当のことを自慢しても、尊大すぎるとか饒舌すぎると思われるのではないか、などと心配する必要がなかったからだ。ホメロスの言葉を借りれば、「それというのも、彼の舌からは蜜よりも甘い言葉が流れ出たからである」[*2]。この甘美さには、肉体の力など何も必要なかった。にもかかわらず、ギリシアの例の総大将[*3]は、このネストルのような人を一〇人欲しいと語ることはあっても、アイアス[*4]のような豪傑を一〇人欲しいとは、どこでも語っていない。ネストルのような人が一〇人いれば、トロイアは短時日で滅びる、と信じて疑わなかったからなのだ[*5]。

32 それはさておき、私自身の話に戻ろう。私は八四になった。私もキュロスと同じ自慢ができればいいのだがね。しかし、これだけは言える、私には確かに、ポエニ戦時、一兵卒だった頃〔二一四年〕の体力、あるいは同じポエニ戦時、財務官だった頃〔二〇四年〕の、あるいは執政官としてヒスパニア〔スペイン〕にあった頃〔一九五年〕の、あるいは、その四年後、執政官グラブリオー麾下《きか》[*1]の軍団副官としてテルモピュライで激戦を戦い抜いた頃〔一九一年〕の体力はないが、見てのとおり、老年のせいで明らかに虚弱になったということもなく、老年に打ちひしがれているということもない、とね。元老院議事堂が私に求めるのは、体力ではない。演壇[*2]もしかり、友人も、庇護民[*3]も、賓客[*4]もしかりだ。それに、私はね、長く老人でいたければ、早く老人になるべし、などと忠告する、世間でもてはやされている例の諺[*5]にも賛同したことはない。いかにも、私なら、老人になる前に老人になるくらいなら、老人である年月が短いほうがまだしもだと思う。その思いがあるからこそ、これまで私のもとを訪れたいという人で、他に用があって忙しい、などという言い訳で断られた人が一人もいないのだ。

33 しかし、確かに私には君たち二人ほどの体力はない。だが、君たちにしても、百人隊長ティトゥス・ポンティウス[*1]ほどの体力はないのではないか。だからといって、彼のほうが優れているとでもいうのかね。力を適切に用い、各人がもてるかぎりの力で努力しさえすればいいのだ。そうすれば、力への過度の憧憬にとらわれることもない。ミロン[*2]は、オリュンピアで、牛を肩に担《かつ》いだまま競走路を歩き通したと言われる。では、君なら、そのミロンの体力を与えてほしいと思うだろうか。それとも、ピュタゴラスの知力のほうを与えてほしいと思うだろうか。要するに、君たちの、その善きものを、それがあるあいだは使えばよいし、ない時は求めてはいけない、ということなのだ。もっとも、ひょっとして、青年になれば少年期を、中年になれば青年期を恋しがるのは当然のことだというのなら、話は別だがね。人生の走路は定まっており、自然の道は一本道で、折り返しがない。生涯のそれぞれの時期に、その時期にかなったものが与えられている。例えば、少年期のひ弱さもそうだし、青年期の峻烈さも、すでに安定している中年期の重厚さも、老年期の円熟もそうだが、それぞれに、その時期に収穫しなければならない自然の恵みとも言うべきものがあるのだ。

34 思うに、スキピオー、君の祖父御以来の賓客であるマシニッサ[*1]が、齢《よわい》九〇にして、昨今どうふるまっているか、耳にしているであろう、彼が歩いて旅に出れば決して馬には乗らず、馬で出かける時には〔いかなる悪路でも〕馬から下りず、どんな雨でも、どんな寒さでも頭を覆うことをしないことを、また彼の体内はこれ以上ないほど乾燥しており、[*2]王としての務めや役目をすべて果たしているのもそのおかげであることを。だから、鍛錬と節制を怠《おこた》らなければ、老年にあっても、昔の頑健さの、なにがしかのものは維持できる、ということなのだ。

一一

よしんば老年には体力がないとしてみようか。だが、老年には体力を求められることもない。法律や制度で、われわれのような老人には体力がなくては担えない義務が免除されているのは、それゆえである。[*3]それゆえにこそ、われわれ老人は、できないことのみならず、できる範囲のことであっても強制されることがないのだ。

35

しかし、社会的な務めを果たすことはおろか、総じて生活上、必要な活動すらできないほど体力の衰えた老人は多い。だが、それは老年特有の難点というのではなく、病弱に共通する問題なのである。プブリウス・アフリカヌスの子息、君を養子に迎えた人[*1]だが、あの人は、いかに蒲柳《ほりゅう》の質《しつ》だったことだろう。羸弱《るいじゃく》というより、むしろ健康とは無縁の人とも言うべき質《たち》であった。もしそうでなかったら、彼は、あの名高い父御に続いて、国を照らす第二の光となっていたであろう。実際、あの人は、父親譲りの精神の高《こう》邁《まい》さに加えて、父御にもまさる学識をそなえた人だったのだからね。そういうわけで、

老人が時に病弱の身であったとしても、何を驚くことがあろうか。病弱は壮者でさえ免
れえないのだ。
　ラエリウス、それにスキピオー、老化には抗わねばならず、絶えず注意して、その欠
36 陥を補わねばならない。老化とは、いわば病気と戦うようにして戦わねばならない。健
康に配慮し、適度な運動をし、身体を潰してしまうほどの量ではなく、体力を回復する
のに足るだけの量の食事や飲み物をとるようにしなければならない。しかし、支えてや
らなければならないのは、肉体だけではない。心や精神は、それにもまして、はるかに
多くの支えを与えてやらねばならないのだ。なぜなら、心や精神は、いわばランプのよ
うに油を継ぎ足してやらなければ、老化とともに消滅してしまうものだからね。肉体は
鍛えればその疲労で重くなるが、精神は鍛えることで軽やかになる。カエキリウスが
「喜劇に出てくる愚かな老人たち[*1]」と言っているのは、信じやすく、忘れっぽく、いい
加減な老人のことを指しているが、こうした欠点は老年そのもののもたらす欠点ではな
く、怠惰で、物ぐさで、寝ぼけた老年から来る欠点なのである。例えば生意気さ、例え
ば性欲は、老年の特徴というより青年の特徴だが、すべての青年の、というわけではな
く、不品行な青年のそれであるように、耄碌《もうろく》と呼ばれる習いの老年の愚かさも、すべて
の老人の特徴というのではなく、軽佻浮薄《けいちょうふはく》な老人の特徴なのである。
37 　アッピウスは、盲目でもあり、高齢でもありながら、四人の強健な息子、五人の娘、

あれほど大きな一家、あれほど多くの庇護民を統率していた。その精神は、あたかも引きしぼった弓のごとく、ぴんと張りつめており、衰弱して老年に屈することがなかったからだ。身内の者に対して、権威はもとより、絶対服従の命令権さえ維持していた。奴隷たちは恐れ、子供たちは畏《かしこ》み、すべての者の敬愛の的であった。あの一家には、先祖代々の良風と家憲が脈々と息づいていたのである。いかにも、自衛し、みずからの権利を維持し、誰の自由にもさせず、最期の息を引き取るまで一家の主《あるじ》であり続けて、初めて老年は名誉あるものとなる。実際、私は、どこか老成した若者もそうだが、どこか若者らしさの残る老人もよしとするのである。老人の、その理想像を追い求める者は、肉体は老いるとも、精神は決して老いることはなかろう。

私の手許には、書きかけの『起源』[*1]の第七巻がある。私は古《いにしえ》の歴史の記録を残らず蒐集しているし、私が弁護に立った名高い訴訟の弁論を、あれもこれも、今になってやっと〔公刊するために〕推敲している。[*2]鳥卜官法や神祇官法、市民法を調べもしているし、ギリシア文学も大いに利用して勉強している。また、ピュタゴラス派の人たちの習いを真似て、記憶の鍛錬のため、一日一日、その日、何を言い、何を聞き、何をしたか、夕方に思い返している。[*3]こうしたものは、知力の鍛錬であり、精神の競走路なのだ。こうした営みに汗を流し、精を出しているとき、昔の体力があれば、と痛感する経験など一度もしたことがない。私は〔法廷で〕友人たちの弁護に立ちもするし、元老院

40

に足しげく赴いて、長く深く考え抜いた問題を、率先[*4]、提起し、身体の力ではなく精神の力で、その見解を守り抜きもする。よしんば、こうした活動ができないとしても、私の寝椅子が、もはや自分にはできない、そのことに思いをめぐらす私を楽しませてくれよう。だが、事実は、私の経てきた人生が、それを可能にしてくれているのだ。というのも、こうした学問研究や仕事に常に孜々《しし》として携わって生きる者には、老年がいつ忍び寄ったか分からないからなのだよ。そのような人の生は、それほど緩慢に、それと感じることもなく老いを重ねていくのであって、突然、老年に打ち砕かれるのではなく、長い歳月を経たのちに寂滅《じゃくめつ》するのだ。

一二

39

続く、老年に対する三つめの非難は、言うところの快楽の欠如だ。ああ、何と素晴らしい春秋《しゅんじゅう》の賜物であろう、老年が青年期の不徳の最たるものをわれわれから取り去ってくれるというのならね。いかにも、誰よりも優れた若者である君たち、耳を傾けるがいい、とりわけ偉大で名高い人、タレントゥムのアルキュタス[*1]の古の言葉に。これは、私が若いとき、クイントゥス・マクシムスと行動をともにしていた頃、よく聞かされた言葉だ。アルキュタスはこう言っていたという、「自然が与えたもので、肉体の快楽ほ

40 ど人間にとって致命的な害悪はない。これを得ようと、やみくもに、また、とめどなく、貪欲な欲望が煽られる。祖国への反逆はここから生まれ、ここから国家の転覆が、ここから敵との密談が生まれるのだ。快楽への欲望が駆り立て、企てさせない罪過は何一つなく、悪行は何一つない。淫行や姦通、その他、これに類するあらゆる破廉恥行為を煽るのは、ほかでもない快楽の誘惑なのである。自然が、あるいは神が人間に与えたもので、精神にまさる優れたものは他にないが、神からの賜物であるその精神にとっ
41 て、この快楽ほど危険な敵はない。快楽が支配するところ、克己の働く余地はなく、快楽の王権に隷属するところ、徳は存立しえないからである」と。この事実をさらに明瞭に理解できるよう、彼はこう促す、「想像してみるがよい、肉体の、考えうる最大の快楽に突き動かされている誰かのことを。思うに、そのような快楽に浸っているかぎり、精神的なものは何一つ成し遂げられず、理性的なもの、思索的なものは何一つ達成できないことは誰も疑うまい。それがさらに大きくなり、さらに長く続けば、精神の光明をすっかり消し去ってしまうものであってみれば、快楽ほど唾棄すべきものはなく、快楽ほど危険な悪疫はないのだ」と。タレントゥムの人で、私と賓客関係[*1]にあり、終始ローマ国民の友[*2]であり続けたネアルコス[*3]が先人から伝え聞いた話として語ってくれたところでは、アルキュタスのこの言葉は、執政官スプリウス・ポストゥミウスとティトゥス・ウェトゥリウス[*4]がカウディウムの戦いで敗北を喫した人の父であるサムニウム人ガイウ

42

ス・ポンティウス[*5]との談論で語られた言葉だといい、さらに、この談論の場にはアテナイ人のプラトンも居合わせたという。調べて分かったことだが、プラトンは、ルキウス・カミッルスとアッピウス・クラウディウスが執政官の年〔三四九年〕に、タレントゥムにやって来ていたのだ[*6]。

こんな話をしたのは、何のためだろうか。君たちに分かってもらうためだったのだ、仮にもわれわれが理性や叡知で快楽を拒絶できないとして、すべきでないことを喜びとしないようにしてくれる老年には感謝しなければならないのだ、とね。なぜなら、快楽は思索を妨げ、理性に敵対し、いわば心の目を閉ざすものであり、徳との交わりをいっさいもたないものだからである。

私はかつて、誰よりも勇敢な人ティトゥス・フラミニヌスの弟ルキウス・フラミニヌス[*1]を不本意ながら元老院から追放したことがあった。彼が執政官を務めてから七年後のことだが、その情欲は譴責《けんせき》の烙印[*2]を捺さねばならないものと私は考えたのだ。というのも、あの人物は、ガッリアで最高指揮官だったとき、宴会の折、男娼にせがまれて、死罪を申し渡された罪人として鎖につながれていた囚人たちの一人の首を斧で刎《は》ねさせたのである[*3]。あの男は、私の前任者の兄ティトゥスが監察官だったあいだは譴責を免れていたが、私とフラックス[*4]には、私的な醜行というにとどまらず、〔わがローマという〕覇権国家の恥辱でもある、これほど恥ずべき堕落した情欲を容認することは断じてできなかったのだ。

一三

43 私は、しばしば年上の人たちから、ある話を聞かされた。年上の人たちは年上の人たちで、子供の頃、老人たちから聞かされたと言うのだがね。その話はこうだ、ガイウス・ファブリキウスがピュッロス王のもとに使節として赴いた折、テッサリア人のキネアス[*1]から、アテナイには公然と賢者を名乗る、さる人物[*2]がおり、われわれ人間のなす行為〔の善悪〕は、すべて快楽を基準にして判断されねばならないと説いている、と聞いて驚いたが、マニウス・クリウスとティベリウス・コルンカニウスが、この話を彼ファブリキウスから聞くと、サムニウム人や、ほかならぬピュッロスも、その説を信じ込んでくれればいいのだ、そうすれば、彼らが快楽に溺れて、それだけ容易に戦《いくさ》で打ち負かすことができようから、と語ったものだった、と。マニウス・クリウスは、自身が執政官となる五年前に四度目の執政官の職にあって祖国のために一命を捧げたプブリウス・デキウス[*3]と親しく交わっていた人だ。この同じデキウスのことは、ファブリキウスも知っていたし、コルンカニウスも知っていて、彼らは自分たちの人生からも、また今言ったデキウスの行為からも、本質的に美しく立派なものが確かに存在するのであり、それはそれ自体の価値によって希求されるものであって、優れた人間なら誰しも快楽を卑《いや》しみ、蔑《さげす》んで、それを追求するものだと判断していたのである。

44 では、快楽について、これほど多言を弄した理由は何であろう。老年が快楽をさほど過度に欲求しないというのは、非難の言葉でないどころか、最大の賛辞でさえある、ということなのだ。老年は、宴会とも、馳走山盛りの食卓とも無縁であり、重ねてあおる酒杯とも無縁だ。それゆえ、泥酔とも、消化不良とも、不眠とも縁がない。しかし、快楽の甘い誘惑に抗うのは容易なことではないのだから――事実、プラトンは快楽を、人が魚《さかな》のように、その罠に引っかかることから、「〔最大の〕《メギストン》悪の餌《カクー・デアル》」と呼んでいる[*1]――、快楽に一歩譲るとして、老年は羽目を外した宴会と無縁とはいえ、節度のある酒宴であっても楽しめるのだよ。私は、子供のとき、マルクス〔・ドゥイリウス〕の子息で、初めてカルタゴ人を艦隊で撃破した人ガイウス・ドゥイリウス[*2]が、老境にあった頃、夕べの食事から帰っていくところを、よく見かけた。彼は私人としては例のない行動をとり、蠟松明《ろうたいまつ》の明かりに導かれ、笛吹きの音《ね》に合わせて通りを行くのを楽しみとしていた。その栄光が、それだけの自由奔放さは許容したのだ。

45 だが、なぜ他の人たちの話をするのだろう。私自身のことに戻ろう。まず言えば、私には常に講社仲間がいた。ちなみに、これはイダで祀られていた大母《だいぼ》神《しん》[*1]の儀礼が移入されたあと、私が財務官の年に創設された講社[*2]のことだ。だから、私は講社仲間と宴会を、それも総じて節度のある宴会を催したものだが、節度があるとはいえ、年齢相応の、ある種の熱気はあった。年を重ねれば、何事も日ごと穏やかなものになっていくものだがね。しかし、また、私にとっては、宴会の楽しみを測る尺度は、肉体の快楽などではなく、親しい友の集まりと歓談だったのだ。いみじくも、わが先人たちは親しい者同士が横たわって催す宴会のことを「ともに生きること《コンウィーウィウム》[*3]」と呼んだが、そこには生《ウィータ》の結びつき《コンユンクティオー》があるという理由からなのである。この呼び方のほうが、同じこの宴会のことを「ともに飲むこと《コンポーターティオー》」とか「ともに食事すること《コンケーナーティオー》[*4]」と呼んだギリシア人の呼び方よりも優れている。どうやら、彼らは、この種の催しで最も価値のないものを最も高く評価したようだね。

一四

46 私は、この歓談の喜びがあるから、早い時間の宴会[*1]であっても楽しんでいる。今では存命の人も本当に少なくなってしまったが、同年代の人たちとの歓談はもちろんのこと、君たちのような若い年代の人たちや君たちとの歓談もね。だから、飲食の欲求は取り去って、談論の欲求を増してくれた老年に、私は大いに感謝しているのだ。いやしくも、こうしたものにも喜びを見出す人間がいるとすれば——おそらく自然によって限度

46 が定められている快楽に対して私が全面的に宣戦布告したと思われてもいけないので言うのだが――、私の理解するところ、こうした営みの快楽においても、老年には感覚が欠如している、などという主張は正鵠《せいこく》を射た主張ではない。実際、先人の始めた酒宴の主《あるじ》[*2]の習慣も、また、やはり先人の習いに従い、杯《はい》を手にして左端の席から始められるスピーチ[*3]も、また、クセノポンの『饗宴《シュンポシオン》』に出てくるような滴々《てきてき》と注《つ》がれるごく小さな酒杯[*4]も、夏には〔村荘での〕納涼[*5]も、逆に、冬には日差しや暖炉の火も、私にはうれしいものなのだ。こうしたことを私はサビニ[*6]の地にあっても続ける習いで、毎日、隣人の酒宴に加わり、できるかぎり夜遅くまで、さまざまな談論で宴会を長引かせている。

47 しかし、老人には、快楽の、それほど大きな、いわば快感[*1]がない。確かにそうなのかもしれない。だが、また快感を得たいという欲念もないのだ。欲しいと思わないものは、ないからといって悩みの種になることはない。ソポクレスは、すでに老境にあった頃、ある人から今でも愛の営みはあるのかと尋ねられて、いみじくもこう答えた、「ごめんこうむりたいね。そんなものからは、わしのほうから逃げてきた、野蛮で狂暴な主人から逃げるようにしてな」[*2]と。こうしたものを欲しいと思う人には、おそらく、それがなければ忌々《いまいま》しく、悩みの種となるのであろうが、すでに堪能し、満ち足りている人には、享楽するより、ないほうが快適なのだ。もっとも、欲しいと思わない人は、欠けていると思うこともない。だから、欲しいと思わないのが、それだけ快適だと私は言うのだよ。

48

この点、若盛りの年代の人たちが、まさにこうした快楽を老人より喜んで享受しているにしても、まず前に言ったように、彼らが享受しているのはごくつまらないものであるということ、次には、老人は快楽を、あふれんばかりに手に入れているとは言えないにしても、まったく欠いているというわけでもないということなのだ。喩えれば、舞台のかぶりつきの観客のほうがアンビウィウス・トゥルピオー[*1]を観る楽しみは大きかろうが、最後列で観ている観客にも楽しみはあるのであって、それと同じように、快楽を間近に見つめている若者の喜びのほうがおそらく大きいのであろうが、老人もまた、それを遠くから眺めながら、十分なだけの喜びは得ているのだ。

49

だが、性欲や野心、争いや確執、またあらゆる欲望の、いわば苦役[*1]を果たし終えて、精神がみずからに立ち返り、よく言われる言葉を借りれば、みずからとともに生きるのは、どれほど大きな価値のあることであろう。まことに、仕事や学問のいささかの糧《かて》とも言うべきものがあれば、閑暇のある老年ほど心地よいものはないのだよ。私は、スキピオー、君の父御の親友であるガルス[*2]が天と地を計測する研究に励んでいる姿[*3]を目にしたものだ。夜に何かの図を描き始めた彼を、いくたび夜明けの光が驚かせたことか。明け方に仕事を始めた彼を、いくたび夜が驚かせたことか。日食や月食をはるか前にわれ

48

50

われに予言するのを、彼はどれほどの喜びとしていたことだろう。これよりは軽いが、それでも鋭敏な知性を必要とする学問や仕事は、どうだろう。ナエウィウス[*1]はみずからの『ポエニ戦争』に、プラウトゥス[*2]は『トルクレントゥス』や『プセウドルス』に、どれほどの喜びを覚えていたことか。私はまた老境を迎えていたリウィウス[*3]を目にしたことがあるが、彼は私が生まれる六年前、ケントーとトゥディタヌス[*4]が執政官の年に劇を上演したあと、私が青年になるまで春秋を重ねた。

プブリウス・リキニウス・クラッスス[*5]の神祇官法や市民法の研究について、あるいは、つい先日、大神祇官に選ばれたばかりで、現在存命のプブリウス・スキピオー[*6]の研究について、何を語る必要があろう。今、名を挙げた人たちが皆、老年になっても、こうした研究や仕事に燃えるような情熱をもって励んでいるのを、私はこの目で見てきた。さらに私は目にしたものだ、エンニウスがいみじくも「説得〔術〕の神髄[*7]」と呼んだマルクス・ケテグスが、老年になってなお弁論術の研鑽にどれほど大きな熱意をもって取り組んでいるのかもね。そういうわけで、宴会や見世物や娼婦の快楽で、こうした営みの快楽と比べられうる、どんな快楽があるというのだろう。彼らのこうした営みは学問の研究、研鑽だが[*8]、この学問の研究、研鑽というものは、賢明で、よく鍛錬された人にとっては、年齢とともに進歩していくものであって、だからこそ、先ほども述べたように、ある一片の詩に見えるソロンの例の立派な名言が生まれ、「私は、日々、多くのことを新たに学び知りながら老いていく」[9]と語られるのだよ。確かに、精神のこの快楽以上に大きな快楽はありえない。

51

一五

さて、次には農事に携わる者の快楽に話を移してみよう。この農事というものは、私が信じがたいほどの喜びを覚えているものなのだ。これは、どれほど高齢であろうと支障のない営みであり、私には賢者の生にきわめて近似したもののように思われる。というのも、農事に携わる者が貸借関係をもつのは大地とであり、この大地は命令[1]を拒まず、受け取ったものには必ず利子を、それも、少ない利子の場合もあるが、たいていの場合は多大な利子をつけて返してくれるものだからね。もっとも、私の場合、大地の稔りのみならず、大地そのものの力や、大地の自然的な性質にも喜びを覚えているのだよ。大地は、耕されて柔らかくなった懐《ふところ》に蒔かれた種を受け取ると、はじめはそれを暗闇の中に閉ざして隠す。この「闇に閉ざして隠す《オッカエコー》」ことから、その結果をもたらす作業が「馬鍬で搔き均すこと《オッカーティオー》」と呼ばれるのだ[2]。次いで、大地はみずからの蒸気と圧力であたためて種をふくらませ[3]、種から緑の新芽を芽吹かせる。芽吹いた新芽は根毛に支えられて徐々に成長すると節のある茎の上に立ち上がり、今や、いわば成年に達したかのように莢《さや》に収まる。莢から顔を現すと、穂状に並んだ実をつけ、その実は小鳥に啄《ついば》まれぬよう柵状の芒《のぎ》で守られるのだ。*4

52 葡萄の芽生えや栽培、成長について、私が言を弄するまでもなかろう。わが老年の憩いであり、楽しみであるものを君たちに知ってもらうために言えば、その喜びは尽きることがない。大地から生み出されるすべてのもののもつ力――それは、あんなにちっぽけな無花果《いちじく》の種や葡萄の種、あるいはその他の果樹や植物のごく微小な種から、あれほど大きな幹や枝を生み出すものなのだが――、その力そのものはさておくとしても、撞《しゅ》木挿《もくざ》し*1や挿《さ》し穂《ほ》*2、接《つ》ぎ枝《えだ》*3や根分《ねわ》け*4や取り木*5といったものを目の当《ま》たりにすれば、誰しも喜びを覚えると同時に驚嘆させられるのではないか。葡萄の樹は自然にまかせれば垂れ下がる性質があって、支えがなければ地面に向かってしまうが、同時にまた立ち上がろうとして、触れるものには何でも巻きひげを、いわば手のように用いて巻きつこうとする。下へ伸びたり、横へ上へとてんでにさ迷い、這いまわったりするその枝を、繁茂しすぎないよう、また四方八方、勝手に伸びすぎないよう、農夫の技が鉄の小刀を使って剪定《せんてい》し、抑制するのだ。

53 それゆえ、春になれば、残った枝の、いわば関節にあたるところから新芽と呼ばれるものが生え出て、その芽から成長した房が姿を現す。この房は大地の水分と太陽の熱で大きくなり、はじめは実に酸っぱい味がするが、やがてそのうち熟して甘くなってい

54

く。房は葉で覆われているので、適度な温度を保つと同時に、太陽の過酷な暑熱からも守られている。この葡萄以上に、味わうに芳醇にして、眺めるに美しいものが他に何かあるだろうか。

私が喜びを覚えるのは、先ほども言ったように、葡萄の有益性ばかりではない。その栽培と性質そのものも喜びなのだ。等間隔に並ぶ支柱、蔓の先端を結んだ格子棚、誘引結束、取り木や挿し木での栽培、先に述べた、ある枝は切り取り、ある枝は生育させる剪定といったものが、それだがね。土地をさらに肥沃にする灌漑《かんがい》のこと、畑地の溝掘りのこと、鋤《す》き返しのことを、なぜ持ち出す必要があるだろう。施肥の有益さについて、なぜ語る必要があるかね。これに関しては、農事について著した書*1の中で、私はすでに語っている。この施肥のことは、農耕について一書*2を著しながら、博識のヘシオドスは一言も述べていない。しかし、彼より何世代か前の詩人だと私には思われるが、*3ホメロスはラエルテスを、畑を耕し、肥《こや》しを与えつつ、帰らぬ息子への思慕の念を和らげている父親として描いている*4。田舎の農作の喜びは、畑地や牧場《まきば》、葡萄園や叢林《そうりん》にとどまらず、菜園や果樹園、さらには家畜の放牧や蜜蜂の群れ、色とりどりのあらゆる花々によってもたらされる。また、植えつけのみならず、農耕でこれほど巧妙な技術は他に見出すことができない接《つ》ぎ木《き》*5も楽しいものだ。

一六

55 実にたくさんある田舎の農作の愉楽をさらに続けて語ることもできるが、すでに述べ
たことだけでも長すぎたと私は感じている。もっとも、君たちなら許してくれるだろ
う。農作への情熱に促されたからでもあり、老年になると——老年にかけられている難
点の嫌疑を何でもかでも晴らそうとしていると思われてもいけないので言うのだが——
いささか饒舌になるからでもあるのだよ。マニウス・クリウスは、サムニウム人との戦《いくさ》
に、またサビニ人との戦、ピュッロス王との戦に勝利して凱旋したあと、この農耕生活
の中で晩年を送った[*1]。あの人の荘園を眺めていると——私のところから、さほど離れて
いないからね——、あの人の自制心にしろ、あの時代の規律にしろ、私にはいくら賛嘆
56 しても賛嘆しきれない。あるときクリウスが炉辺《ろばた》に腰かけていたところへサムニウム人
が多量の黄金を携えてやって来たが、受け取るのを拒絶された。クリウスはこう言った
のだ、「黄金をもっているのが立派なことなのではなく、思うに、黄金をもっている人
間に命令するのが立派なことなのだ」と。これほど偉大な精神が、老年を心地よいもの
にせずにおれようか。

それはそうと、私自身のことから逸れぬよう、農事に携わる人に話を戻そう。当時、

元老院議員《セナートル》たちは——これはとりもなおさず老人《セネス》たちは[*1]、ということだが——田舎の農場で暮らしていた。事実、ルキウス・クインクティウス・キンキンナトゥス[*2]に独裁官[*3]に選ばれたという報せがもたらされたのは、彼が畑を耕していた時のことだ。騎兵隊長のガイウス・セルウィリウス・アハラ[*4]が王権を狙うスプリウス・マエリウス[*5]を急襲して殺害したのは、独裁官となった、その彼の命令によってであった。クリウスも、またその他の老人たちも田舎の荘園《ウイツラ》から元老院に召集されたのだが、このことから、彼らを召集する役目を担った者たちは「ウィアートル」と呼ばれたのである。[*6] そういうわけだから、農作に喜びを覚えていた、こうした人たちの老年が、まさか惨《みじ》めなものであったはずはあるまい。私の考えでは、これ以上に幸福な営みは、おそらくないのではないか。それは、この農作の営みが全人類の健康に資する務めを果たしているという理由からだけではなく、私が語った喜びを与えもし、人の生活の糧に関わり、神々の礼拝にも関わる、ありとあらゆる産物をもたらすものでもあるという理由からでもある。こんなことを言うのも、そうしたものを欲求する人たちがいるのだから、このあたりで快楽と和解することも必要かと思うからなのだ。実際、立派で勤勉な一家の主《あるじ》の貯蔵庫は、葡萄酒の庫にしろ、オリーヴ油の庫にしろ、食料の庫にしろ、常に葡萄酒やオリーブ油や備蓄食料で満ち、荘園全体が豊かに富んでいて、豚肉、山羊肉、羊肉、鶏肉、牛乳、チーズ、蜂蜜であふれているものだ。しかも、園庭《えんてい》[*7]があり、農夫自身はそれを「第二の

54 塩漬け燻製《ベーコン》」と称している。農事の合間にする鳥獣の狩猟も〔農事の〕味つけとなるも
のだ。

57 　青々と茂る牧場や並木、あるいは葡萄園やオリーブ園の美しい眺めについて、これ以
上、何を語る必要があるだろう。はしょって手短に言おう。よく手入れされた農地以上
に、有用性において豊饒、景観において美麗なものはありえないのだ。老年は、その農
地に足繁く通うのを妨げるものでないどころか、招き、誘《いざな》うものでさえある。実際、老
境に入った者が田舎の農地以上に心地よく、あるいは日差しを浴び、あるいは炉の火で
暖をとってあたたまれる場所が、どこにありえよう。逆に、田舎の農地以上に健康的に
58 木陰や沐浴《もくよく》で身体を冷やせる場所が、どこにありえよう。そういうわけだから、若者に
は、武器をとり、馬にまたがり、投槍を投げ、木刀を構え、球を投げ、競泳し、競走し
てもらうことにしよう。われわれ老人には、数ある遊びの中から骨牌《こっぱい》と骰子《さいころ》*1を残しても
らえれば、それでよい。何なら、それすら奪ってもらっても、残してもらっても、どち
らでもかまわない。老年は、それがなくとも幸福でありうるものだからね。

一七

59 　クセノポンの書は、多くの事柄に処する上で、実にためになるものだ。だから、どう

か君たちには、今までどおり、それを読み続けてもらいたい。家政の管理について論じ、『家政論《オイコノミコス》』[*1]と題されたこの書で、農事は彼によって、いかに遺憾なく賛美されていることだろう。農耕に励むことほど王侯にふさわしい営みはないと彼がみなしている事実を君たちに分かってもらうために言えば、その書の中にソクラテスがクリトブロスにこう語る箇所があるのだ、[*2]卓越した才知と覇権の栄光に飾られたペルシアの王子である小キュロス[*3]は、この上ない有徳《うとく》の士のラケダイモン人リュサンドロス[*4]がサルディス[*5]の彼のもとを訪《おとな》い、同盟者たちからの贈り物を携えてきたとき、リュサンドロスに対して他のことでも丁重、懇切にもてなしたが、何より彼に丹精込めて植えた囲いのある畑を見せた、リュサンドロスが聳え立つ木々の高さや、骰子《さいころ》の五の目状に植えられたその並び[*6]、雑草一つなく綺麗に耕された土壌、花々から馥郁《ふくいく》と香り立つ芳香に驚嘆し、このように測量し、配置した人の丹精込めた努力のみならず、その技の巧みさにも驚いている、と言ったところ、キュロスはこう答えた、「いや、この私なのだ、そのすべてを測量したのは。あの木の並びも配置も、私が考えた。それに、あの木々の多くは、私がこの手で植えたものなのだ」と、すると、リュサンドロスは、王の紫の装束や、輝くように端正なその姿形、ペルシア人にふさわしい夥《おびただ》しい量の黄金や宝石の飾りをつくづく眺めながら、こう言った、「まことに人々が、キュロスよ、あなたのことを幸せな人と語るのも宜《むべ》なるかな。あなたの徳性には幸運が結びついているのですから」と。

60 そういうわけで、老人には、その気になれば、この幸運を享受することができるのであり、年齢に妨げられることなく、最期の時まで、その他の営みへの情熱もさりながら、何よりこの農耕への情熱を持ち続けることができるのである。われわれの伝え聞くところ、マルクス・ウァレリウス・コルウィヌス[*1]は、すでに平均的な生を生きたあと、田野にいて農地を耕しながら、一〇〇歳まで農耕への情熱を持ち続けたという。彼の最初の執政官職と六度目の執政官職のあいだには、四六年[*2]という年月の隔たりがあった。こうして、彼にとっては、われわれの先人が老年の始まり[*3]とみなす決まりであった、それほど長い年月が名誉の階梯[*4]の期間だったということになる。しかも、彼の晩年は、威信はますます高まり、労苦はますます減っていったという点で、それだけ壮年期よりも幸福であった。

61 ところで、この威信こそが、老年の栄誉の極みをなすものなのだ。ルキウス・カエキリウス・メテッルスには、どれほどの威信があったであろう。どれほどの威信が、アウルス・アティリウス・カラティヌス[*1]にはあったことか。このアティリウスには、このような銘が刻まれた。

　これなる丈夫《ますらお》一人のみは、数多《あまた》の民族、口を揃えて称《たた》う、
　ローマの民の第一の英傑なりき、と。

この頌詩[*2]は墓石に刻まれたものなので、よく知られている。だから、万人の衆評が一致して称える彼が重きをなす人だったのは当然のことなのだ。最近では、大神祇官であったプブリウス・クラッススに、また、その彼の跡を継ぎ、同じ大神祇官職を務めたマルクス・レピドゥス[*3]に、われわれは、いかに偉大な人物を見たことであろう。パウルスのこと、あるいはアフリカヌスのこと、あるいは前に述べたマクシムスのことを、ことさらに語る必要はあるまい。彼らにあっては、口にする見解のみならず、その頷《うなず》き一つにも威信が宿っていたのだ。老年、特に名誉ある公職を務めた老年は、青年の快楽をすべて集めても及ばないほど価値がある、この威信を手にするのである。

一八

62　とはいえ、忘れてもらっては困るよ、これまで語ったすべての話で私が賛辞を呈している老年は、若い頃の礎《いしずえ》の上に築かれた老年だ、ということをね。このことからは、また、こういう見解も導き出される——これは、かつて私が語って、居合わせていた全員の賛同を得たものだが——、言葉で繕《つくろ》い、弁解しなければならない老年は哀れな老年だ、と。威信というものは、白髪になり、皺ができたからといって、いきなりつかみと

れるものではない。それまで立派に送った生涯が最後の果実として受け取るもの、それ
63 が威信というものなのだ。挨拶されること、探し求められること、道を譲られること、
立ち上がって迎えられること、行くにも帰るにも誰かに先導されること、相談されるこ
と、こうしたことは大したことではなく、ありきたりのことだと思われようが、まさに
これこそが名誉の証《あかし》なのである。こうした慣習は、わが国でも、またその国の倫理観が
高潔であればあるほど他の国でも、鋭意、守られている。つい先ほど名を挙げたラケダ
イモン人のリュサンドロスは、よくこう語っていたという、ラケダイモンは老人の最も
誉れある宿舎だ、なぜなら、ここほど年齢に敬意が払われる国はどこにもなく、ここほ
ど老年が名誉をもって扱われる国はどこにもないからである、と[*1]。それればかりか、こん
な話も記録に伝えられている[*2]、アテナイの演劇祭でのこと、ある高齢の老人が劇場に入
ってきたとき、劇場は満員で、どこに行っても同胞のアテナイ人からは席を譲ってもら
えなかったが、使節として、とある一画に席を設けられていたラケダイモン人の座って
64 いる場所に近づくと、ラケダイモン人全員が立ち上がり、老人に席を譲って座らせた、
彼らラケダイモンの使節たちには、満席の観客全員から何度も拍手喝采が送られた、し
かし使節の一人はこう漏らした、アテナイ人は何が正しいことかを知っているが、それ
を実践しようとはしない、と。
君たちの同僚団[*1]にも立派な慣行がたくさんあるが、今の議論に関わることで言えば、

とりわけ立派なのは、年齢が上であればあるほど見解を先に述べる権利を有し、さらに上位公職者のみならず、最高指揮権をもつ者であっても、年齢が上の鳥卜官[*2]のほうが優先される、という慣行だ。そういうわけだから、威信が得る、こうした報酬と比べられうる、どんな肉体の快楽があるというのだろう。この報酬を立派に善用した人は、いわば鍛錬の足らない役者のように最後の場面で躓《つまず》いてしまわず、人生という舞台を最後まで見事に演じきった名優のように私には思われる。

65

しかし、老人は偏屈で、心配性で、怒りっぽく、気難しい。さらにあら探しをすれば、欲深くもある。だが、それらは性格の欠陥であって、老年の欠陥ではない。しかも、偏屈にしても、今言った他の欠陥にしても、正当な、とは言えないにしても、容認できるように思われる多少の弁解の余地がある。老人は、自分たちが軽んじられ、見下され、馬鹿にされていると思っているのである。さらには身体が虚弱であるために、打撃を受けるものは何であれ厭わしいものなのだ。もっとも、こうした難点はどれも、よい習慣を身につけることによっても、学芸を教育されることによっても改善される。この事実は、実生活を見ても分かるし、また劇の『兄弟』[*1]に登場する二人の兄弟の例を見ても分かる。一方の兄弟の何という恐ろしい頑《かたく》なさ、もう一方の兄弟の何という愛想のよさであろう。それが真相なのである。というのも、必ずしもすべての葡萄酒が古くなれば酸っぱくなるわけではないように、人の性質も、古くなったからといって、すべて

が劣化するわけではないのだからね。老年の厳格さはよいと思う。しかし、それも他の
66 ことと同様、適度なものに限る。厳酷は、いかにしても是認できない。だが、老人の欲深さに至っては、何を望んでのものか、私には理解不能だ。旅路がますます残り少なくなっていくというのに、なおさらに路費を得ようとすることほど、理不尽なふるまいがあろうか。

一九

老年が難じられる四つめの理由として残るのは、われわれ老人の生を最も苦しめ、不安にさせるものと思われているもの、すなわち迫り来る死だ。確かに、死が老年から遠くかけ離れていることはありえない。ああ、何と哀れであろう、これほど長い人生を送りながら、死が軽蔑すべきものであることがまだ分かっていない老人は。死は、もしそれが魂をすっかり消滅させてしまうものなら明らかに無視すべきものであるか、それとも魂を、それが永遠のものとなる、どこかに連れていってくれるものなら望むべきものであるか、いずれかだ。[*1] 確かに、この二つ以外の第三の選言肢を見出すことはできな
67 い。だから、死後には、惨めな存在とならないか、もしくは幸福でさえある存在となるかのいずれかだとするなら、なぜ死を恐れる必要があろう。もっとも、どれほど若かろ

68

うと、自分がその日の夕方まで存在しているのは確実だと思い込んでいるほど愚かな人間がいようか。それどころか、われわれ老人の年代より、その年代のほうが、死をもたらす不運に見舞われる機会は多いのだ。また、青年のほうが病にかかりやすく、病が重篤になり、治療が難しい。[*1]老年に達する青年が少ないのは、そのためなのである。そうでなかったなら、人の生きる生は、よりよく、より賢明なものになっているはずだ。実際、精神力や理性や思慮は老人の中にあるものであって、その老人が存在していなければ、国家というものはまったく存在していなかったであろう。

だが、差し迫る死の話に戻ろう。君たちにも分かっているように、老年にも青年にも共通する、その難点が老人だけの難点として責められるのは、どういうことなのかね。死があらゆる年代に共通のものであることを、私は息子[*1]の死で思い知らされたし、スキピオー、君は最高の顕職に就くことを期待されていた兄弟たち[*2]の死で思い知らされたはずだ。しかし、若者は自分が長く生き続けるという希望をもてるが、老人は同じ希望をもてないのではないか。だが、その希望は賢明なものではないのだ。なぜなら、不確かなものを確かなものと、偽りのものを真実のものとみなすことほど、愚かなことがあるだろうか。しかし、老人には何かの希望をもつことすらできないのではないか。だが、青年が希望するものを老人はすでに達成しているという点で、老人の置かれている状況のほうが青年のそれよりはましなのだ。青年は長生きしたいと願うが、老人はすでに長生きしているのである。

69 ああ、善き神々よ、人間の中に、本性上、長く存続するものなど、何があろう。いかにも、極限の寿命が与えられるとして、タルテッソス人の王の長寿を期待してみようか――こう言うのも、ガデスの地に八〇年間、王として君臨し、一二〇歳まで生きたアルガントニオス[*1]なる人物がいたと書かれているのを私は目にしているからだが――、だが、私には何であれ、何か終《つい》の時とも言うべきものをともなっているものが長いものとは、とうてい思えない。なぜなら、終の時がやって来た時には、過ぎ去ったものは、すでに流れ去り、消え去ってしまっているからである。徳と正しい行為によって達成したものだけが残るのだ。まことに、時も日も月も年も去りゆくもの。過ぎ去ったものは決して戻らず、未来のことは知るべくもない。各人に与えられている生の時間に満足しなければならないのである。

70 いかにも、俳優は観客を喜ばせるために出ずっぱりでいる必要はなく、自分の出番の場面で好評を得さえすれば、それで済む。それと同じで、賢明な人間も「拍手喝采を」と呼びかけられる終幕[*1]までたどりつかなくてもいいのだ。短い人生の時も、善く生き、立派に生きるには十分に長いのだから。しかし、また、他人《ひと》より長く齢を重ねたからといって、嘆き悲しむ必要はない。それは、ちょうど農夫が春の季節の快適さが去って、夏や秋になったからといって嘆き悲しまないのと同じである。[*2]いかにも、春はいわば青

71 年期の象徴であり、やがて訪れる稔りを表す。一方、残りの季節は稔りを収穫し、収納するのにふさわしい季節なのである。

ところで、老年の報酬は、何度も述べたように、それ以前に獲得した善きものの豊かさと、その思い出だ。だが、自然に従って生じるものは、すべて善きものとみなさなければならない。しかるに、老人が生を終えることほど、自然に従ったものがあるだろうか。青年も同じ運命に遭うが、それは自然の意に反し、自然に逆らっての出来事なのである。だから、思うに、青年がこの世を去るのは、燃えさかる火が多量の水で消し去られるのに喩えられ、老人がこの世を去るのは、火が何かの暴力的な力によるのではなく、おのずから消耗して消え去るのに喩えられよう。いわば、林檎が熟していなければ木からもぎ取るのに力が要るが[*1]、実り、熟すれば自然に落ちるのと同じで、青年からは暴力的な力が、老人からは成熟が命を奪い取るのである。少なくとも私には、その成熟は実にうれしいもので、近づけば近づくほど、喩えてみれば、長い航海の末に陸を目にし、ついに港にたどりつこうとする、その時の思いに似る。

二〇

72 ところで、老年には定まった期限はなく、義務である働きを遺漏なくこなし、死を無

64

視できるかぎり、老年を生き続けるのは正しい生き方だ。このことから、また、老人は青年より気概に満ち、勇気にあふれている、ということにもなる。僭主のペイシストラトス[*1]がソロンから聞かされた、あの返答がそれだ。彼ペイシストラトスが「いったい、おまえは何を頼りに、それほど無謀に反抗するのか」と尋ねたとき、ソロンはこう答えたという、「老年だ」と。[*2]しかし、生の最良の終焉の形は、精神が健全で、感覚が確かなうちに、自然そのものが、みずから組み立てた、その同じ創造物を解体する場合である。船を建造した者が、その同じ構造物を最も容易に解体できるように、人間も、それを結合し、創造した自然が最もうまく解体できるのだ。しかるに、何にせよ、真新しい結合は剝《は》がれにくく、年月を経た結合は簡単に剝がれる。

73

それゆえ、束の間の余生を貪欲に追い求めてはならず、また故なく捨ててはならない、ということになる。ピュタゴラスも、最高指揮官、つまり神の命令なしに人生の部署や持ち場から離れることを禁じている。[*1]確かに、賢者ソロンの詩[*2]に、自分の死が親しい友の悲痛や悲嘆を得られないことがないように願う、と語る短詩がある。定めて、彼は自分がまわりの人たちにとって大切な人間であるのを望んでいるのであろう。だが、思うに、エンニウスの次の言葉[*3]のほうが立派ではないか。

何人《なんぴと》も、われを涙もて飾り、落涙もて

葬ることなかれ。

あとに不死の生が続く死は嘆くべきものではない、と彼は考えているのである。

74 ところで、死に臨むとき、何らかの感覚はあるのかもしれない。[1] しかし、それはごく短い時間であり、特に老人にとっては刹那の時間である。死後には、感覚は望むべきものであるか、または皆無であるかのいずれかだ。だが、この事実を若い頃から熟考した上で、死を蔑視できるようになっていなければならない。この熟考なくしては、誰も平常心を保つことはできないのだよ。死が必然であることは確かだが、それがまさに今日この日かどうかは不確かだ。だから、死が刻一刻、差し迫っていると恐れていては、いかにして恒常心を維持できよう。

75 この点については、あることを思い出してみるとき、さほど長々とした議論は必要ないように私には思われる。そのこととは、祖国を隷属から解放しようとして命を落としたルキウス・ブルートゥス[1]のことでもなく、馬を馳せて突撃し、みずからの意志で死を選んだ二人のデキウス[2]のことでも、敵と交わした約束を守るためにカルタゴへ戻って拷問を受けたマルクス・アティリウス[3]のことでも、カルタゴ人の進軍を己の身命を賭してでも阻止しようとした二人のスキピオー[4]のことでも、カンナエでこうむった屈辱での同僚の無謀な行動[5]をみずからの死で償った君の祖父御のルキウス・パウルスのことでも、残虐この上ない敵[6]でさえ、その死が埋葬の礼を欠

66 くのを望まなかったマルクス・マルケッルス[*7]のことでもなく、これは私が『起源』[*8]に記したことだが、二度と戻れぬと分かっているところへ再三再四、意気揚々、敢然と向かっていった、わが軍団兵のことだ。つまり、若い人たち、それも学がないばかりか、田夫野人でもある若者たちが蔑視するものを、学のある老人が恐れるのであろうか。

76 私にはそう思われるのだが、間違いなく言えるのは、熱意をもって取り組むすべての営みの満足感が生の満足感を生む、ということだ。少年期には少年期特有の一定の営みがある。だからといって、青年がそれに憧れるだろうか。青年期の初期には青年期の初期だけに見られる一定の営みがある。しかし、中年期と呼ばれる安定した年代が、それを再び得ようとするだろうか。中年期にも中年期特有の一定の営みがある。それすら老年期になって求められることはない。老年期にも、ある種の最後の営みがある。それゆえ、以前の、それぞれの年代の営みが終わりを迎えるように、老年の営みもまた終焉を迎える。この終焉が訪れたとき、生の満足感が機の熟した最期の時を運んでくるのだ。

二一

77 こんな話をするのも、死について私が感じるところを君たちにあえて語ってはならない理由はないと思うからなのだ。私はますます死に近づきつつあるが、死に近づくにつ

78

れて、なおさらはっきりとそれを認識できるように私には思われるのだよ。私はね、プブリウス・スキピオー、それに君、ガイウス・ラエリウス、令名赫々とした偉人で、私の親友でもあった君たちの父御は、今、それだけが生と呼ばれるべき生を送っているのだと思っている。というのも、肉体という、この枠組みの中に閉ざされているあいだは、われわれは必然性によって課された、ある役割と重い労役を務めているからだ。[*1] 実際、魂は天的なものであって、いと高き天空の宿舎から沈下し、天から神的な自然や永遠性とは対極的な地へと、いわば浸潤したものだからである。[*2] しかし、私の信じるところ、不死なる神々は人間の肉体の中にその魂の種を蒔き、そうすることで地を見守り、天上の秩序に思いを致しつつ、生の節度と恒常心によって、その秩序をなぞるものが存在するようにされたのだ。[*3] 理性や議論のみならず、最高の哲学者たち[*4]の高貴さと権威も、私にそう信じさせる。

かつてイタリア派の哲学者と呼ばれていたから、ほぼわれわれの住人と言ってもよい[*1]ピュタゴラスやピュタゴラス派の人たちが、こう信じて疑わなかった、と私はよく聞かされた、われわれは宇宙の神的な魂から汲み取られた魂を有しているのだ、と。さらに、アポロンの神託で誰よりも賢者であると判定された人[*2]、かのソクラテスが、この世の生の最後の日に魂の不滅性について語った話[*3]も、よく説き聞かされた。これ以上、何を語る必要があろう。魂のこれほどの俊敏さ、過去のこれほどの記憶と未来に関するこれほどの予知、これほど数多くの技術、これほどの知識、これほど夥《おびただ》しい発明品のことを思い合わせてみるとき、私はこうだと確信し、こうだと感じている、すなわち、これほどのものを包摂する、その魂の本質は死すべきものではありえない、そして、魂は常に活動していながら、みずからがみずからを動かすものであるゆえに動因をもたず、また、みずからがみずからを離れることのないものであるゆえに活動の終わりをもたないものである[*4]、そして、魂の本質は単一であり、みずからの内に、みずからとは不均質で、非類似の不純物をいっさい包含していないゆえに分解されえず、分解されえないものであるのなら死滅することもありえない[*5]、そして、子供が難しい学芸を学ぶ際、無数の事柄を、そのとき初めてそれを受け取るのではなく、すでに記憶しており、想起しているように思われるほど素早く把握、吸収する事実は、人間が生まれる前から多くのことを知っているということの重要な証拠となるものである[*6]、と。プラトンの説を要約すれば、ほぼそうなるであろう。

二二

79 ところで、クセノポンの書[*1]で、大キュロスは、今わの際《きわ》にこう語っている。「こよなく愛するわが息子たちよ、わしが、おまえたちのもとから去ったとき、どこにも存在せず、何ものでもなくなる、などとは思ってくれるな。いかにも、わしがおまえたちとともにいたとき、おまえたちにはわしの魂は見えていなかったが、わしが成し遂げたことから、それがこの肉体の中に宿っていることは分かっていたであろう。それゆえ、たとえ見えずとも、その同じ魂が存在していると信じるがよい。

80

確かに、赫々として世に知られる人たちがいるが、彼ら自身の魂が働きかけて、その記憶をわれわれが長くとどめるようにしているのでなかったなら、彼らの栄誉は残り続けておらぬはずだ。少なくとも、わしは魂が死すべき肉体の中にある時には生き、死すべき肉体から出ていった時には死ぬとか、魂が知性のない肉体から出ていったとき知性的でなくなるといった考えなど一度も信じることができず、むしろ肉体のあらゆる不純物から解き放たれて、純粋で自己本来の姿に戻った時にこそ、魂は知性的なものとなると信じてきた。さらにまた、人間という自然物が死によって解体するとき、他の部分は、それぞれがどこへ去っていくかは瞭然としている。なぜなら、すべてはそれが生じた元の場所へと去っていくからだ[*1]。ところが、魂は、そこに存在している時も、去っていく時も、姿を見せないのである。加えて、眠りほど死に似たものがないことは、おまえたちにも分かっていよう[*2]。

81

しかるに、眠っている者の魂は、みずからの神性を最もよく示す。なぜなら、それは解き放たれ、自由なものとなって、未来の多くのことを見通すからである[*1]。このことから、魂が肉体の桎梏《しっこく》から完全に解放される未来において、どのようなものとなるか、分かろうというものだ。だから、もしそうであるのなら、わしを神のごとく崇《あが》めるがよい。よしんば魂が肉体とともに滅びるものであるにしても、おまえたちは美しいこの世のすべてを見守り、この世を治めている神々を恐れ、畏《かしこ》んで、わしの思い出を損なうことなく、敬虔に守り続けるがよい」。

二三

82

死に臨んで、キュロスはそう語った。よければ、私の見解[*1]がどういうものか、見てみよう。誰が何を語ろうとも、私を説得することはなかろう、君の父御のパウルスにしろ、君の二人の祖父御のパウルスとアフリカヌス[*2]にしろ、あるいはアフリカヌスの父御や伯父御[*3]にしろ、あるいは名を挙げるまでもない、その他の傑出した偉人たちにしろ、後世が自分たちと関わりをもつという意識を心に抱《いだ》くことなく、後世の記憶に残るような、あれほどの偉業を成し遂げようとした、などと。それとも――老人の習いに従って自分のことをいささか自慢するとして――、仮に生を終えると同時に私の栄光も終わるとして、にもかかわらず私が日夜、国内でも、遠征の異国でも、あれほどの労苦を引き受けようとした、などと君は考えるのかね。ならば、何の労苦も争いもない、暇で静かな生涯を送っていたほうが、はるかによかったのではないか。だが、私の魂は、どういうわけか、みずからを奮い立たせ、いわば、この世の生を離れた時にこそ、やっと真に生きることになるとみなして、常に後世を見据えていたのである。まことに、魂が不死のものだというのが真相でないのなら、誰であれ、最も優れた人の魂が不滅性の栄光を求めて奮励する、というようなことは絶えてなかろう。

83 さらに、死に臨んで、この上なく賢明な人は誰でもこの上ない平静な心でいるのに対して、この上なく愚かな人は誰しも、この上なく心を取り乱す、という事実はどうだろう。君たちには、こうだとは思われないか、つまり、より多くのこと、より遠い先のことを見ている魂はみずからがよりよい世界へと旅立つことが分かっているのに対して、心の目がより鈍い魂はそれが分からないのだ、と。

私はね、私が敬愛した君たちの父御に会いたい、という切なる願いに狂喜する思いだ。いや、私自身が知っているあの人たちだけではなく、私が話に聞いたり、書で読んだり、みずから書いたことのある人たちにも面会したいと切望している。そこに旅立とうとしている私を、おいそれと引き止めることなど何人《なんぴと》にもできないであろう。ペリアスみたいに釜茹でにして若返らせることもね[*1]。それに、何神かが私に、この老年から幼児に戻り、揺り籠で泣きわめくのを許してやろう、と言ってくれたとしても、固くお断りしたい。いかにも、喩えれば、走路を走り終えているのに、決勝点から出発点に呼び戻されるなんて、嫌だからね。

この世の生に、いいことの何があろう。いや、むしろ労苦の何がないであろう。[*1]だが、確かに何か、いいことはあるのかもしれない。しかし、満足とか限度というものがあるのも、また確かなのだ。実際、私には、多くの人、それも学のある人たちまでもがしばしばそうしてきたように、生を惜しんで嘆く気はないし、生きたことを後悔することもない。なぜなら、私は無駄に生まれてきたと思うことがないような生き方をしてきたし、それに、この世の生を去るにあたっては、いわば、わが家から去るのではなく、宿から去るという心づもりでいるからだ。というのも、自然がわれわれに与えた住まいは、住み続けるための家ではなく、仮寓するための宿にすぎないのだからね。

魂が一堂に会するあの神的な集会へと旅立ち、この世の群集や汚濁から離れる日の、何と輝かしい日であろう。私が目指して旅立つのは、これまで語った偉人たちだけではない。この世に生まれた者で、これにまさる優れた者は誰もおらず、これにまさる孝子は一人もいない、わが子カトーもいる。その亡骸《なきがら》を私はこの手で葬ったが、反対に私の亡骸こそ、あの子によって葬られるのがふさわしかったのだ。その彼の魂は、私を置き去りにするのではなく、私のことを顧みながら、必ずや私自身もやがてはやって来ると、あの子には分かっていたところへと去っていったに違いない。その不幸を私は雄々しく耐えていると他人《ひと》には思われたが、それは私が平静な心で耐えていたからではな

85

く、私と亡きわが子を隔てる別れが長くはないとみなして、みずからを慰めていたからにすぎないのだよ。

スキピオー、君がラエリウスともども常々賛嘆していると言ってくれたことがこれだからだが、まあ、こういった次第で、私には重荷の老年が軽いものであり、煩わしいものでないばかりか、心地よいものでさえあるのだ。この点で人間の魂が不死のものと信じる私が間違っているのなら、私は喜んで間違っていたいし、私に喜びを与えてくれるこの間違いを、私が生きているかぎり、奪ってほしくないね。だが、よしんば、ある種のつまらない哲学者たちが語っているように[*1]、死ねば何の感覚もなくなるものなら、彼ら哲学者たちが、死んだあと、私のこの間違いをあざ笑うのではないか、などと心配しなくてもよいことになる。だが、たとえわれわれが不死の存在とはならないにしても、人間にとって各々に与えられた時にこの世を去るのは望むべきことなのだ。なぜなら、自然は、他のすべてのものと同様、生にも限度というものを定めているからだ。老年は、いわば劇の終幕と同じ、生涯の終幕なのである。劇もそうだが、老年も、うんざりするのは避けなければならない。とりわけ満足感がともなっている場合にはね。

老年について私が心に抱いていた、語るべきことは以上のようなものだ。その老年に君たちが達した暁《あかつき》に、現実の中で身をもって体験し、私から聞いたことが正しかったと思ってくれるといいのだがね。

訳注

＊以下の訳注で引用あるいは出典を示す際には、書名のあとに巻・節（あるいは節のみ）、巻・行（あるいは行のみ）などを「一・一」、「二・二三」、「三三」のように漢数字で示した。プラトンとアリストテレスについては、伝統的なステパノス版およびベッカー版の頁数を「一二三A」、「一二三四b」のように漢数字と一〇行ごと、または左右の頁を示すアルファベットで示した。本書に収録した二篇については、見やすさを考慮して、本文の節番号を「2節」、「3節」のようにアラビア数字で示した。

1節

＊1　題名は写本によってまちまちで、古い写本（後九世紀）では *Cato Maior de senectute*（『大カトー老年について』）、後代の写本では便宜的で分かりやすい *De senectute*（『老年について』）が多いが、もとは *Cato Maior*（『大カトー』）が正式な題名で、*de senectute*（『老年について』）は副題的なものであったらしい。*Laelius de amicitia*（『ラエリウス　友情について』）と *De amicitia*（『友情について』）の二系統で伝わる併収の姉妹篇（『友情について』）に関しても同様のことが言える。ギリシアの哲学書にまま ある例に倣ったものだという。本訳書では、簡明さを考慮して、それぞれ『老年について』、『友情について』を題名とした。

＊2　この詩行、および直後に挙げられる二つの詩行は、エンニウス（10節訳注＊8参照）の歴史叙事詩『年代記』からの引用（一〇・二七以下（Warmington））。一九八年に執政官に選ばれたティトゥス・クインクティウス・フラミニヌス（後注＊4参照）が翌年、ギリシア諸都市の脅威となっていたマケドニア

王ピリッポス五世の陣を急襲して勝利した時のエピソード（リウィウス『ローマ建国以来の歴史』三二・一一参照）。マケドニアと境を接するギリシア北西部のエペイロスの町アンティゴネア近くに軍を進めたフラミニヌスに、土地の牧夫が敵陣の位置や経路の情報を与えて助力を申し出る場面の言葉で、「ティトゥス」という同じ個人名を利用してティトゥス・ポンポニウス・アッティクス（次注参照）への献辞の導入としている。

＊3　ティトゥス・ポンポニウス・アッティクス（伯父の継嗣となってのち、クイントゥス・カエキリウス・ポンポニアヌス・アッティクスを名乗る）。騎士身分ながら、ローマの第二代の王ヌマ・ポンピリウスに遡るという富裕な名家の出。八五年、二五歳のとき、内乱のうち続くローマを離れてギリシアのアテナイに移住し、エピクロス派の哲学など、学問に励むかたわら、事業で巨万の富を蓄え、たびたび財政危機のアテナイを救ったりもした。「アッティクス」という異名は、そのアテナイを主都とするギリシアの「アッティカ」地方の名にちなみ、「アッティカの人」あるいは「アテナイの人」の意。六五年にローマに戻るが、ローマの政治に参画することはなく、学問や出版業などの事業に専心した。政治からは身を引いていたものの、ローマの主だった指導者とは、政治信条や党派の枠を超えて、親しく交誼を結んだり、援助の手を差し伸べたりしたこともあり、キケローをはじめとして、多くの政治指導者が命を落とす中、内乱の魔手を逃れて、七七歳まで生き延びた。特に幼い頃の学友で、妹がその弟クイントゥスに嫁ぎ、三歳年下の義兄弟でもあったキケローとは、生涯、友誼を結び、あらゆる支援の手を差し伸べた。中でも、キケローの著作の公刊に尽力したことは特筆に値する（四二六通にのぼるキケローのアッティクス宛書簡が残されている）。本作のほか、併収の『友情について』、さらに両作と同じ年（四四年）に書かれた『栄光について』（散逸）も彼に献呈された。

＊4　ティトゥス・クインクティウス・フラミニヌス。一九八年の執政官、一八九年の監察官。一九七年、ギリシア諸都市の支配を強めようとしていたマケドニア王ピリッポス五世に対してキュノスケパライの戦

いで決定的な勝利を収め、その脅威からギリシアを解放した。

＊5　humanitas. 先行使用例は数例あるものの、実質的にキケローによって多用され、その概念が確立されて、のちの「フマニスムス」、「ヒューマニズム（人文主義）」へ連綿と受け継がれていった重要な語。ギリシア語のφιλανθρωπία《ピラントローピアー》（博愛性、人間性）とπαιδεία《パイデイアー》（教養）を合わせたような意味をもつ。ここでは後者のニュアンスが強い。キケローは、人を説得する弁論には「万般の知識」が必要不可欠だとして（『弁論家について』三・一二五など参照）、弁論術と結びつけ、その重要性を説いたが、キケローの言う弁論家とは、職業的な弁論家ではなく、市民弁論家であり、その意味で「人間的教養」、「万般の知識」は、市民として、また自由人として必須の属性と位置づけられる。本篇にも、また併収の『友情について』にも、このhumanitasの思想が背後にある言説が随所に見出せるが、何よりも本篇の大カトーの歴史上の実像とは異なる最大の潤色こそ、この「humanitasを体現した大カトー」にほかならない（3節訳注＊6、「訳者解説」二「登場人物」参照）。

＊6　本篇の執筆時期の問題とも関わるが、執筆は四四年初頭から同年三月一五日のカエサル暗殺以前と考えられるので、ムンダの戦いでの共和派の完全敗北（四五年三月一七日）以後、カエサルの独裁が確立し、みずからの隷属が確定していく政情、敗北者の悲哀を味わされ、絶望感さえ覚える状況、ということであろう。キケローは、そのような境遇の中で、政治の表舞台からは遠ざかり、哲学の研究と著作に没頭する（「訳者解説」一「キケローと共和政末」参照）。

2節

＊1　本篇執筆時（四四年）、キケローは六二歳、アッティクスは六五歳であった。ローマの一般的な年齢区分（60節訳注＊3参照）では、どちらも初老の年齢を終えて、老年に入るか入らないかの年齢とみなされる。

3節

＊1　写本によっては「アリストテレス（Aristoteles）」の名が記されているほど、テキストに混乱がある。老年をめぐる著作の作者と見られるが、老年論の著作とともにその名が言及されている証言が他になく、「アリストン（Aristo）」であることは間違いないにしても、アリストテレスの開いた学園リュケイオンの学頭を務めたペリパトス派の哲学者「ケオス（島）のアリストン（Aristo Ceus（Cius））」（三世紀後半）なのか、ゼノンの弟子でストア派の哲学者「キオス（島）のアリストン（Aristo Chius）」（三世紀初頭）なのか、確定できない。ここでは、最良の写本の一つとされるチューリヒ中央図書館所蔵ライナウ修道院版写本（通称「R写本」）（後一一世紀または一二世紀）の Ceus を採る Powell に従い、前者で訳した。

＊2　トロイア王ラオメドンの子で、トロイア戦時の王プリアモスの兄弟。曙の女神エオスに愛されて、その夫となり、メムノンなどをもうけた。エオスはゼウスに願って夫の不死をかなえられたが、不老を願うのを忘れていたため、ティトノスは老いさらばえ、萎び、干からびて、ついには声だけのような存在となり、エオスによって蟬に変えられたという。

＊3　本篇の主な語り手（「訳者解説」二「登場人物」参照）。

＊4　本篇の登場人物（主に聞き役）の一人（「訳者解説」二「登場人物」参照）。

＊5　本篇の登場人物（主に聞き役）の一人（「訳者解説」二「登場人物」参照）。

＊6　大カトーは一種の国粋主義的な思想をもっていたため、ギリシア文化の移入に積極的で、ギリシアの文化を吸収した文人のパトロンとなり、いわゆる「スキピオーのサークル」と呼ばれる集団（『友情について』69節訳注＊1参照）を作った小スキピオーなどと対立したが、本文にあるとおり、晩年はギリシアの文学を学び、吸収しようとしたとされる。ただし、「いつもの習いより教養豊かな」云々は、以下に展

開されるキケロー流の、より洗練された文体、よりギリシア的教養豊かな内容の「語り」に対する一種の弁解――弁論術の用語で言えば、予期される反論、批判にあらかじめ備える予弁法（anteoccupatio）――の意味合いが強い。この点と大カトーの人物像については、「訳者解説」二「登場人物」参照。

4節

＊1　アエトナ（エトナ）は、シキリア（シシリー島）にある三〇〇〇メートル級の火山。エウリピデスの『ヘラクレス』中の「私にはいつも青春がいとおしい。しかし、私の頭上には、アエトナ（エトナ）の岩山より重い重荷の老年が重くのしかかる」（六三七）を念頭にしている。アエトナは、このあと5節に言う巨人族の神話とも結びつき、巨人族でさえはねのけられない重しとして、重い物の代名詞とされた（5節訳注＊3参照）。

5節

＊1　「名」と訳した cognomen は、通常「異名、添え名」もしくは、それが定着した「家名」を意味する。Cato という家名は catus（賢い）に由来する、という説があり（プルタルコス『英雄伝』「大カトー」一）、それとの関連を示唆する解釈もあるが、むしろキケローはしばしば大カトーのことを「賢者（sapiens）」と呼び（『ウェッレース弾劾』二・二・五、『義務について』三・一六など）、また『友情について』の6節では、大カトーが「老年期に入ると、すでに賢者という一種の添え名のようなものを得ていた（quasi cognomen iam habebat in senectute sapientis）」とも述べていることなどから、異名としての「賢者（Sapiens）」を念頭にした言葉とみなすのが自然であろう。

＊2　大カトーはストア派の信奉者というわけではなく、「いかなる学問にも拠らずに、自然に従っていた（＝自然を範としていた）」（『善と悪の究極について』三・一一）古き良きローマの偉人の一人であるが、

キケローは意図的にストア派のモットー「自然に従って（secundum naturam）」あるいは「自然に従って生きる（ζῆν《ゼーン》 κατὰ《カタ》 φύσιν《ピュシン》）」を強く連想させる語り口にしている。このストア的な「自然」の思想が本篇の根幹的思想の一つになっていることについては、「訳者解説」三「作品について」参照。

＊3　世界の支配権を奪おうと、ガイア（大地）と、ウラノス（天空）の血から生まれたエンケラドスやエピアルテスなどのギガンテス（巨人族）が、ゼウスを主神とするオリュンポスの神々に襲いかかったことがあり、ゼウスはヘラクレスの助けを得て、これを撃退した。このとき、巨人のエンケラドスがゼウスに雷霆《らいてい》で打ち倒されて、アエトナ山の下敷きにされ、以来、アエトナ山は鳴動し、火を噴くようになったとされる（ウェルギリウス『アエネイス』三・五七八以下参照）。別伝では、ガイアが最後に産んだ最強最大の巨人テュポン（テュポエウスとも言う）がゼウスに挑みかかり、ゼウスは手足の腱を切り取られて危うく敗北するところだったが、ヘルメスなどの助けで回復し、ついには雷霆でテュポンを倒して、アエトナの下に閉じ込めたという（アポッロドロス『ビブリオテーケー』一・六・三）。

7節

＊1　この言葉から8節の終わりまでは、壮年のソクラテスと老ケパロスの老年をめぐる対話が描かれたプラトン『国家』冒頭（三二八D―三三〇A）の達意訳に近い翻案になっている。プラトンでは、このあと国家にとっての枢要な問題である正義の話にただちに移行していくが、キケローでは、これを手がかりに、「老年＝悪」論への反証として、動的・静的二つの肯定的老年の範例を挙げたあと（10～14節）、以下終章まで、老年の非として挙げられる四点について反駁を試みる形で老年論が展開される（「訳者解説」三「作品について」参照）。

＊2　ギリシア、ローマともに、この種の諺は多い。アリストテレス『弁論術』一三七一bでは、同類は同類を好むことを言った諺として、「同年は同年を喜ぶ」、「（人は）いつでも似た者を（求める）」、「獣は獣

を知る」、「鴉は鴉のもとへ」を挙げている。

＊3　ガイウス・リウィウス・サリナトルは、一八八年の執政官。11節で名を挙げられているマルクス・リウィウス・サリナトルの子。さしたる業績は知られていない。スプリウス・ポストゥミウス・アルビヌスは、一八六年の執政官。無礼講的な祭バッカナリア（バッコス祭）を厳しく取り締まった。

＊4　共和政ローマの公職のうち、軍の指揮、法の解釈・執行などに対する「最高指揮権（imperium）」を有する最高職。毎年（したがって任期は一年）、元老院議員の中から二名選ばれた。ローマの年の表し方は、「ローマ建都紀元何年」という示し方より、この二名の執政官の名で「誰と誰が執政官の年」として示すのが一般的。ローマでは、これを頂点とする「名誉（ある公職）の階梯（cursus honorum）」と呼ばれる階段を上っていくのが有為な人材の常であった。「名誉（ある公職）の階梯」については、60節訳注＊4参照。

＊5「人間性に富む（nec inhumani）」、「人間性の欠如（inhumanitas）」については、1節訳注＊5参照。

8節

＊1　アテナイを海軍国に仕立て上げ、来寇したペルシアのクセルクセス王をサラミスの海戦で破ったアテナイの政治家、軍人（五二七頃―四六二年頃）。のちには僭主への野望を疑われて陶片追放に遭い、ペルシアに亡命した。その最期については、『友情について』42節訳注＊1参照。

＊2　神話ではダナエとペルセウスが漂着した島として名高いが、面積わずか七五平方キロメートルの、エーゲ海に浮かぶ小さな島。キケローは前掲のプラトン『国家』の記述に倣っているが、原話（ヘロドトス『歴史』八・一二五）では、人物はテミストクレスの名声に嫉妬したティモデモス、出身地はセリポス島ではなく、同じくエーゲ海の小島ベルビナとなっている。

9節

＊1「諸々の徳の理の習得」と訳した部分の原文は、artes virtutum. ここで言う artes の意味は、はっきりしない。Powell は「質、特質（qualities）」ではないかとしているが、それでもしっくりこない。次に言う「徳の実践（exercitationes virtutum）」と対をなすものとして、「理」あるいは「理の習得」ほどの意に解しておく。

10節

＊1　イタリア南端（半島の土踏まずの部分）にある町。スパルタの植民都市として古くから栄え、二七〇年にローマの同盟国となった。ハンニバル来寇時の二一二年にカルタゴ軍の手に落ちたが、ローマは要塞を拠点に抵抗し、二〇九年、次に言うファビウス・マクシムスによって奪還された。

＊2　クイントゥス・ファビウス・マクシムス・ウェッルコスス・クンクタトル。二三三、二二八、二一五、二一四、二〇九年の執政官、二二一、二一七年の独裁官のほか、二六五年以来、鳥卜官、二一六年から没年（二〇三年）まで神祇官を連続して兼務。ハンニバルがイタリアに侵攻した第二次ポエニ戦時には決戦を避けてカルタゴ軍の消耗を待つ作戦で対抗し、「クンクタトル」（「遷延者」あるいは「逡巡者」）と綽名されたが、最後の執政官職にあった二〇九年（七〇代半ば頃）、タレントゥムを占領していたカルタゴ軍を攻め、町の奪還に成功した偉人。生年は二八五年頃とされ、大カトーより五〇歳ほど年長。

＊3　マクシムスが最初の執政官職に就いた年は二三三年なので、大カトーは二三四年生まれということになる。四度目の執政官を務めたのは二一四年で、大カトーは二〇歳、タレントゥム奪還戦は二〇九年で、大カトーは二五歳。いずれも一兵卒としてマクシムスに従った。カプアはカンパニア地方の主要都市で、二一四年、マクシムスはカンパニアのカシリヌムなどをカルタゴ軍から奪還する軍事作戦に従事した。

＊4　財務官（quaestor）は、ローマの「名誉（ある公職）の階梯」（60節訳注＊4参照）の最初の段階をなす公職。毎年二〇名（のち四〇名）、トリブス民会の選挙で選ばれ、本国ローマや属州、各都市に駐在して、主に公金管掌、食料供給などの職務にあたった。任期一年のローマの公職は、すべて前年（この場合、二〇五年）に選ばれ、翌年（この場合、二〇四年）に就任する。

＊5　二〇四年のこと。いずれもハンニバル侵攻時に活躍した人。プブリウス・センプロニウス・トゥディタヌスは一度は敗北を喫したもののハンニバルに勝利し、マルクス・コルネリウス・ケテグスはポー川流域の山峡に侵入したハンニバルの末弟《ばってい》マゴーを破った。ケテグスは「説得（術）の神髄」と称された傑出した弁論家として知られる。これについては、50節およびその訳注＊7参照。

＊6　二〇四年の護民官マルクス・キンキウス・アリメントゥスの提案になる法律で、法廷で弁護に立つ者が贈品や謝金を受け取ることを禁じたほか、親族間など以外での一定額以上の贈品の授受を禁じたもの。マクシムスの死の前年にあたる。

＊7　幼い頃よりローマへの復讐を誓い、長じてローマに侵攻、一五年にわたってローマを苦しめたカルタゴの勇将（二四七―一八三年）。二〇二年、大スキピオーにザマの戦いで敗れてのち、シュリアのアンティオコス三世のもとに亡命して再起を図るが、裏切られ、黒海沿岸のビテュニア王プルシアス一世の保護を求めたものの、ローマの厳しい追及を逃れられず、服毒自殺した。古代の名将として、アレクサンドロス大王、カエサルと並び称されもする。

＊8　クイントゥス・エンニウス（二三九―一六九年）。ギリシア植民市が多くあった南イタリアのルディアエに生まれ、ギリシア語、ラテン語に通じていた。サルディニア出征時、遠征中の大カトーに認められてローマに移り、ギリシア語などを教えるかたわら著作に励んで、ギリシアのそれを範にした悲劇や喜劇などのほか、諷刺詩や代表作の歴史叙事詩『年代記』（トロイア陥落から説き起こし、同時代までのローマの歴史を叙した）などを著し、「ラテン文学の父」と称される。以下の引用は、『年代記』一二・三六〇

—三六二（Warmington）。

＊9　写本の postque（のちに）を plusque（なおさらに）に改めるテキストで読む。

11節

＊1　多くの写本の fugerat in arcem（要塞に逃げ込んでいた）も捨てがたいが、底本の fuerat in arce（要塞にいた）で読む。

＊2　マルクス・リウィウス・サリナトル。二一九、二〇七年の執政官、二〇四年の監察官。7節で言及されていたガイウス・サリナトルの父。メタウルスでハンニバルの弟ハスドゥルバルと戦い、敗死させた。ただし、タレントゥム奪還戦のとき、要塞にはいなかった（次注参照）。

＊3　このエピソードの人物、事実関係などで、キケローに混乱があるらしい。要塞にいた人物は、リウィウスの記述（『ローマ建国以来の歴史』二七・三四）から、（マルクス・リウィウス・）サリナトルではなく、その縁者マルクス・リウィウス・マカトゥスで、皮肉が語られた舞台は、タレントゥムではなく、元老院議場（同所、およびプルタルコス『英雄伝』「ファビウス」二三）とされる。キケローは同じエピソードを『弁論家について』二・二七三でも取り上げているが、大カトーのタレントゥムでの直接の体験談と誤解したものか。

＊4　ローマ人の平服、あるいは市民服。通常、羊毛製の半円形の一枚布で、身体に巻きつけ、包むようにして着た。「軍事、戦、軍人」に対する「平時、平和、市民」の意の換喩としてよく用いられる。

＊5　スプリウス・カルウィリウス・マクシムス・ルガ。二三四、二二八年の執政官で、ここに言うように二度目の執政官の時はマクシムスと同僚であった。

＊6　元老院（senatus）は、王政の頃の、王を補佐し、助言する元老の集まり（その名称については、19節訳注＊3参照）に起源をもつとされるもので、共和政期には、執政官などの上級公職者に対して、元老

院決議（senatus consultum）をもって助言と勧告を行う諮問機関でもあり、法律を制定する立法機関でもある最高の合議体として機能した。キケローの生きた共和政末頃には、財務官以上の公職に選ばれれば、自動的に元老院議員となる資格を得たが、選任、罷免の権利は監察官（16節訳注＊4参照）がもっていた。

＊7　二三二年の護民官、二二三、二一七年の執政官、二二〇年の監察官。護民官のとき、元老院、特にクイントゥス・マクシムスの激しい反対を受けながら、ローマがガッリアのセノネス族から接収していたピケヌム地方の「ガッリア人の土地」と呼ばれる土地（現在のラヴェンナからセニガッリアにかけての地域）を貧しい平民に分配することを謳った法案を提出した。その行動は、グラックス兄弟以前の唯一の、元老院秩序に対する挑戦と位置づけられている。二度目の執政官のとき、トラシメヌス湖畔でハンニバルに大敗し、一万五〇〇〇の兵とともに戦死した。護民官（tribunus plebis）は、名称のとおり、公職者に対する拒否権を武器に「平民（plebs）」の身体と財産を護る公職。毎年一〇名が平民会で選ばれたが、その身体は神聖不可侵とみなされた。ローマが共和政に移行して程なく（一説では、四九四年、貴族政治の横暴に怒った平民が市街から最初に総退去（secessio）した時に）設けられたとされる。

＊8　フラミニウスの土地分配法は二三二年に通過しており、その四年後の、カルウィリウスとともに二度目の執政官を務めた年（二二八年）に「できるかぎりの抵抗を試みられた」というのはキケローの錯誤ではないかとする説もある。しかし、法律の実施の遅れと、その実現阻止の試み、鳥卜官（次注参照）でもある立場を利用しての抵抗などを挙げるPowell の解釈（Appendix 3）は納得できるもので、誤りはないのであろう。

＊9　公職者の就任、条約の締結、宣戦布告、神殿や植民市の建設など、さまざまな重要な国家行事の吉凶を占った神官。鳥卜官が占いを凶として「日を改めて（alio die）」と宣すれば重要行事が滞る、重要な役割を担っていた。終身制で、王政期には三名、共和政期には四名、三〇〇年には平民鳥卜官五名が加えら

れて九名、さらにスッラによって一五名に、カエサルによって一六名に増員された。長らく同僚団が成員の選任権をもっていたが、共和政末には、鳥卜官二名の推薦に基づいてトリブス民会の選挙で選ばれた。キケロー自身、五三年以来、鳥卜官を務めている。鳥卜官は、占いを行うためにポメリウムの外《そと》（＝市域外）の高みのある開けた場所（『友情について』7節で言われているように、誰か鳥卜官の邸宅の庭園を選ぶこともあった）を選び、templum と呼ばれる方形の区域（この語は、ほとんどの場合、「神殿」の意であるが、もとは「切り取られた、画された」聖域を意味するギリシア語の τέμενος《テメノス》 と同根とされる。わが国の「結界」とほぼ同概念の語）を大地に画し、それをさらに最終的に一六区画に画して、それぞれを神々に割り当て、同じことを天空にも行って吉凶を占った。吉凶の占いの対象は、天空の現象（雷、虹、雪、雨、雲など）、鳥（鷲、鷹、鴉、啄木鳥）の飛行、鳥（同）の声、四足獣（狼、狐、犬、馬）の現象の四種があった。きわめて複雑な規則と膨大な先例（過去の予兆の記録が残された）があり、鳥卜官は定期的に演習を行って、遺漏なきことを期さねばならなかった。

12節

＊1　二一三年の執政官で、同姓同名のクイントゥス・ファビウス・マクシムス（プルタルコス『英雄伝』「ファビウス」二四、ゲッリウス『アッティカの夜』二・二・一三参照）。

＊2　すべての写本にある bella を削除する Powell の読みは採らない。domestica bella を「内乱」に限定する理由はないし、また bella という限定がなければ、国内・国外を問わず、「ありとあらゆることを (omnia)」記憶していた、という虚言とも言うべき誇張となる。

13節

＊1　原文は Scipiones（スキピオーのような人たち）と複数で言われているが、大スキピオーを指す。大

スキピオーについては、19節訳注＊1参照。

＊2　原文 uno et octogesimo anno を直訳した。Powell は「キケローの意味するところは、厳密には、八〇歳」としているが、ローマでは、ふつう数え（inclusive）計算なので「八一歳」であろう。ディオゲネス・ラエルティオス（『哲学者列伝』三・二―三）は、三世紀の伝記作家ヘルミッポスの伝える享年「八一歳」説と、同じく三世紀の歴史家ネアンテスの伝える「八四歳」説を併記している。

＊3　イデアを真実在とする、いわゆる「イデア論」を唱え、西洋哲学に多大な影響を与え続けたギリシアで最も偉大な哲学者（四二七―三四七年）。ソクラテスの弟子で、アカデメイア派の開祖。師の言行や思想を伝える初期対話篇、イデア論や魂の不死説などを展開した中期対話篇、認識論や存在論、宇宙論などに向かった後期対話篇、計三四篇（『ソクラテスの弁明』および『書簡集』を除く）が残る。晩年は現実的な政治体制を模索し、『国家』に続く大作『法律』を執筆中にこの世を去ったと言われる。これを根拠に、文字どおり「書きながら」死んだと受け取られることも多いが、他にこれを裏づける典拠がなく、おおむね「執筆途中で」死んだと解釈されている。ディオゲネス・ラエルティオス（『哲学者列伝』三・二）は、伝記作家ヘルミッポスの説に従い、結婚の祝宴会場で亡くなった、としている。

＊4　アテナイの弁論家、修辞学者、思想家（四三六―三三八年）。ゴルギアスの弟子。アテナイで弁論代作者として出発、のちに修辞学校を開き、歴史家のテオポンポスやエポロスなど優れた弟子を育てて、ギリシアの修辞学思想や教育思想に大きな足跡を残した。長い構築的文（periodos）の完成者で、その文体のみならず、弁論術を全人教育、人間的教養の手段とするその思想は、キケローにも多大な影響を与えた。当時の社会や政治を知る上で、きわめて重要な弁論も残る。『パナテナイア祭演説』は、イソクラテスの最晩年の演説で、批判を受けたみずからの政治信条を弁明するとともに、スパルタとアテナイを比べながら、後者の栄光を称えつつ、ギリシアの一体化の重要性を訴えたもの。三四二年のパナテナイア祭（アテナイの守護神アテネを祀る民族祭典）の直前に祭典用にと書き始められたが、病のため、完成した

のは死の前年（九八歳の三三九年）のことだった。

＊5　コラコスやテイシアスによって始められたという弁論術揺籃の地シシリー島のレオンティノイ出身で、プロタゴラスとともに初期の代表的ソフィスト（四八五頃―三八〇年頃）。四二七年、シュラクサイとの紛争で、援助要請のための使節としてアテナイに赴いたとき、「ゴルギアス風言いまわし」と称された、その華麗な弁論によってアテナイ市民を魅了、その後ギリシア各地をまわって弁論術を教えた。イソクラテスは、その弟子。享年については、一〇〇、一〇五、一〇七、一〇八、一一〇と、伝によってさまざまに分かれる。

14節

＊1　以下の引用は、エンニウス『年代記』一五・三八八―三八九（Warmington）。

＊2　ペロポンネソス半島西端エリス地方の町ピサ近郊にあるゼウスの聖域。ヘラクレスが造ったと言い伝えられるスタディオン（競走路）があり、四年ごとにオリュンピア競技が開催された。

＊3　ティトゥス・クインクティウス・フラミニヌス（1節で言及されていたフラミニヌスと同姓同名の息子）とマニウス・アキリウス・バルブスが執政官の年は、本篇の対話が行われた年として設定されている一五〇年。したがって、エンニウスの没年は一六九年ということになる。

＊4　グナエウス・セルウィリウス・カエピオーは、一六九年の執政官。クイントゥス・マルキウス・ピリップスは、一八六、一六九年の執政官。二人が執政官の年は、当然、エンニウスの没年の一六九年。大カトーの生年は二三四年（没年は一四九年）で、したがって、この年は六五歳ということになる。

＊5　一六九年の護民官クイントゥス・ウォコニウス・サクサの提案になる法律で、一定額以上の財産評価を受けた者は女性を相続人にできないなど、遺産相続に関わる制約を規定した。

＊6　Powell は paupertas を「indigence（困窮、貧窮）よりは、むしろ frugality（節倹、質素）を意味

する」としているが、老年とともに「最大の重荷（maxima onera）」と言われていることから、やはり本来の語義である「貧しさ、貧窮」でなければ趣意が成り立たない。ただし、エンニウスがどのような「貧窮」状態にあったのか、あるいは、なぜそのような「貧窮」状態にあったのかは不明。

15節

＊1　マルクス・ポルキウス・カトー・リキニアヌス。大カトーの夭逝した長子。パウルス・マケドニクスの娘アエミリアを妻としたので、小スキピオーの義兄弟にあたる。法務官に選ばれた年（一五二年）に病死した。

＊2　ルキウス・アエミリウス・パウルス・マケドニクス。一八二、一六八年の執政官、一六四年の監察官。二度目の執政官のとき、ピュドナの戦いでペルセウス王を破り、マケドニア王国を終焉させた偉人。添え名「マケドニクス」は、その武勲による。武人であるとともに、ギリシアの文化、教養を敬重した。前妻パピリアとのあいだに生まれた年長の息子二人（一人は、本篇の登場人物小スキピオー）を養子に出したあと、再婚後に生まれた幼い息子二人に、ペルセウス王に対する勝利の凱旋式前後に先立たれる、という不運に見舞われている。セネカは、雄々しく悲しみに耐えるこの時のパウルスの姿を、やはり息子に先立たれて悲嘆に暮れる女性マルキアに対して手本とするよう勧めている（『マルキアに寄せる慰めの書』一三・二参照）。

＊3　ガイウス・ファブリキウス・ルスキヌス。二八二、二七八年の執政官、二七五年の監察官。サムニウム人との戦争や、イタリアに侵攻したギリシアのエペイロス王ピュッロスに勝利した偉人。質素、清廉、剛毅など、古き良きローマの美徳を体現する人物の典型として、よく名を挙げられる。

＊4　マニウス・クリウス・デンタトゥス。二九〇、二八四（補充）、二七五、二七四年の執政官、二七二年の監察官。サムニウム人との戦争やピュッロス王に勝利した偉人。ファブリキウスと並び称され、ま

た、質素、清廉、剛毅などの人格や事績などで彼と重ね合わされることが多い。

＊5　ティベリウス・コルンカニウス。二八〇年の執政官、二四六年の（選挙のための）独裁官。ウォルスキ族との戦いに勝利し、ピュッロス王と戦った。平民身分で大神祇官になった最初の人。ローマの法律家の先駆けで、最初に市民の法律相談に応じた人とされる。

16節

＊1　アッピウス・クラウディウス・カエクス。三一二年の（公職を経ぬままでの）監察官、三〇七、二九六年の執政官、二九一、二八五年の独裁官。ローマ以南の最初の要路アッピア街道やローマで最初の水道アッピア水道の建設などで功績を残したほか、高名な弁論家、法律家でもあり、また『名言集』（散逸）を編むなど、文人の嚆矢的存在であった。晩年は盲目になったため「カエクス（盲者）」の異名を得たとされる。その晩年については、37節参照。リウィウス（『ローマ建国以来の歴史』九・二九参照）が「言い伝えでは」として記しているところでは、それまでポティティウス氏《うじ》やピナリウス氏の私的なものであったヘルクレス（ヘラクレス）の祭祀を強制的に公的な儀礼に変えるという宗教的タブーを冒した祟りで盲目になったともいうが、にわかには信じがたい。

＊2　ギリシア北西部のエペイロスの王。二八二年、ギリシアの植民市タラス（ローマ名タレントゥム）の要請に応えてイタリアに侵攻。数度の勝利を収めるなど、八年にわたってローマを苦しめたが、兵站《へいたん》の困難さから次第に疲弊し、二七五年、三分の一に減った軍とともにエペイロスに帰国した。同じようにイタリアに侵攻したハンニバルほどにはローマ人に憎まれなかったことが、『友情について』で語られている（『友情について』28節およびその訳注＊4参照）。

＊3　エンニウス『年代記』六・一九四―一九五（Warmington）。

＊4　監察官（censor）は、最高指揮権をもたず、公職の序列では執政官、法務官より下位に位置づけら

れるが、元老院議員の選任・罷免や戸口調査、風紀の取り締まりなど、その職務の重大さから「至尊の公職（sanctissimus magistratus）」と呼ばれる。後代には執政官経験者から選ばれるのが通例となり、高位公職を経ぬまま選ばれるのは異例中の異例であるが、アッピウスの頃はままあった。

＊5　アッピウスの生年は不明なので、何歳の時か正確には分からない。ただし、執政官の法定資格は四三歳以上であっただろうとするマイヤー（『友情について』11節訳注＊2参照）に従って計算すると、最年少の法定資格で最初の執政官に就任した（三〇七年）と仮定しても、二度目の執政官就任年の二九六年は五四歳で、その一七年後には七〇歳を越えていたことになる。

18節

＊1　tribunus militum. 軍団（legio）に配属され、古くは最高指揮官を補佐しつつ軍団の指揮を執った将官。のちには、軍団指揮は次に言う参謀が担い、軍団副官はその補佐役に変化する。ある種の軍団副官は民会の選挙で選ばれた。

＊2　legatus. 属州統治や遠征を指揮する最高指揮官を補佐するために、その推薦に基づいて元老院が（共和政期末には最高指揮官自身が）選任した将官で、総督代理や軍団指揮の役割を担った。

＊3　大カトーが携わった戦については、このあとの32節参照。

＊4　大カトーは、晩年（八一歳）の一五三年にカルタゴへの使節を務めて以来、カルタゴがローマにとって致命的な障害となることを予見し、元老院でのどんな演説であれ、その最後を「ともかく、思量するに、カルタゴは殲滅されねばならぬ」という言葉で締めくくったと言われる（プルタルコス『英雄伝』「大カトー」二七参照）。

19節

＊1　大スキピオー（プブリウス・コルネリウス・スキピオー・アフリカヌス・マイヨル）のこと。二〇五、一九四年の執政官、一九九年の監察官。二〇二年、ザマの戦いでハンニバルを破り、第二次ポエニ戦争を終結させた偉人。小スキピオーを養子に迎えたプブリウス・コルネリウス・スキピオーの父で、小スキピオーにとっては義理の祖父にあたる。ハンニバルはカルタゴから東方へ亡命したものの、カルタゴそのものは残存した。「やり残した大業」とは、のち（一四六年）の小スキピオーによるカルタゴ殲滅を暗示する。

＊2　「今年」が一五〇年（14節訳注＊3参照）なので、大スキピオー没後三三年目という記述からは、没年は一八三年となり、これは大カトーが「監察官だった年（一八四年）の前年」という記述に一致するが、大カトーが「執政官を務めた年（一九五年）の九年後」という記述からは、没年は（どの時点から数えるかによってずれが生じるが）一八六年または一八五年ということになる。キケローに何らかの錯誤があるのであろう。実際、リウィウス（『ローマ建国以来の歴史』三九・五二）が紹介しているポリュビオスなどの説ではハンニバルの死んだ年（一八三年）と同じ年に大スキピオーも身罷ったとされている一方で、リウィウス自身は没年を一八四年、ウァレリウス・アンティアス（歴史書は散逸）は一八七年とするなど、諸伝にも混乱がある。

＊3　「元老院（senatus《セナートゥース》）」は、sen-（「老人」< senex：複数 senes《セネース》）と -atus（職名や機能を示す接尾辞）の合成語。

20節

＊1　スパルタの公式名称。

＊2　グナエウス・ナエウィウス（二七〇頃—二〇一年頃）。ローマ最初期の叙事詩人、劇作家。ローマに材を求めた悲劇プラエテクスタ劇を最初に書いた。第一次ポエニ戦争を描いた歴史叙事詩『ポエニ戦争』

が代表作。わずかな断片を除いて、作品はすべて散逸した。

＊3　Lupo（< Lupus（狼））の校訂もあるが、写本の Ludo（< Ludus）で読む。ただし、ナエウィウスの劇の題名を示す、この Ludus の意味（「遊び」、「芝居」、「学校」、あるいは Lydus の別綴として「リュディア人」など）は特定できない。

21節

＊1　8節訳注＊1参照。

＊2　当時のアテナイの人口については、正確なところは分からない。ヘロドトスの示唆（『歴史』五・九七・二）に基づいて市民数三万とする推定もあるが、二万を越えることはなかったとも言われる。いずれにしても驚異的な記憶力であるが、同様の例は他にも報告されており、ルキウス・スキピオーなる人物はローマ市民全員の名を、キュロス大王は軍隊の兵士全員の名を言うことができたという（大プリニウス『博物誌』七・八八）。

＊3　その正義感により「義人」と綽名されたアテナイの政治家、軍人（五二五頃―四六八年）。政敵であるテミストクレスの画策で陶片追放されたが、ペルシア軍侵攻の前に大赦で帰国、ペルシア軍の歩兵を全滅させるなど、ペルシア戦役で活躍した。テミストクレスが陶片追放されたあとは、デロス同盟を成立させ、アテナイ繁栄の礎を置いた。

＊4　アリステイデスの父親または息子。キケローがどちらを指して言っているのかは不明。

＊5　テミストクレスが陶片追放されたのは、おそらく五〇歳代後半のことで、それほど高齢というわけではない。追放後はアリステイデスに呼びかける機会はなかったはずで、キケローのこの例証が何の伝に基づくものなのか、また老化による記憶力の減衰の例話としても何に問題があるのかは不明。

＊6　古典古代のギリシア・ローマで、墓碑銘を読めば記憶力を失うという、この迷信を伝える記述は、キ

ケローのこの箇所以外に知られていない。

22節

＊1　pontifex. 数あるローマの神官職の中で最も枢要な位置を与えられた神官職。国家的な宗教行事に関して、これを統括し、公職者に助言したほか、暦を決定し、一年の主要な出来事や公職者名などを記した公式記録『年代記』を編んだ。三名から成り、古くは互選だったが、三世紀半ば以降はトリブス民会の選挙で長となる大神祇官を選んだ。

＊2　「政治的な《ポリーティコス》」生に対して、もっぱら「観想的な《テオレーティコス》」生を言う（『友情について』86節訳注＊1参照）。

＊3　ギリシア三大悲劇詩人の一人（四九六頃―四〇六年）。エウリピデスが人間を「あるがままに描いた」のに対して、ソポクレスは人間の「あるべき姿を描いた」と言われる。ギリシア悲劇の傑作の一つとされる『オイディプス王』や『アンティゴネ』が代表作。

＊4　ソポクレスの最晩年、一説では九〇歳の時（四〇六年）に書かれたこの作品は、四〇一年に死後上演された。父を殺し、母と結婚し、あまつさえ子供までもうけた、おぞましい己の真実が明らかになったあと、オイディプスがアテナイのコロノスに来着、王テセウスの保護を受け、神秘的な形で昇天して、その地の守り神となるのを描く。裁判では、訴えた息子イオポンのほうが「正気を失っている」との判決が下されたともいう（偽ルキアノス『長寿者』二四参照）。

23節

＊1　ギリシア最古、最大の叙事詩人（八世紀頃）。トロイア戦争とその後日譚を描いたギリシア詩の最高峰『イリアス』と『オデュッセイア』の作者とされるが、近年では、前者をホメロスの、後者をホメロスに近い人物の作とする説も出されている。

＊2　混沌からの天地創造に始まり、神々と英雄の系譜を歌う『神統記』、農事を叙しながら教訓をちりばめた『仕事と日』を残した、ホメロスと並ぶギリシア最古の叙事詩人（七〇〇年前後）。

＊3　ギリシアの詩人（五五六頃―四六八年）。合唱歌や祝勝歌、頌詩、エピグラムなどを書いた。ペルシア来寇時、テルモピュライで壮絶な戦死を遂げたレオニダス麾下《きか》のスパルタ兵の名高い墓碑など、わずかな断片しか残らない。「場所」を用いた記憶術の創始者としても知られる。

＊4　六世紀前半に活躍したギリシアの抒情詩人。本名はテイシアスとされるが、初めて「合唱隊《コロス》を組織した人」、つまり合唱歌の創始者ということから、ステシコロスと呼ばれたという。

＊5　「ピタゴラスの定理」で名高い、ギリシアの神秘思想家、数学者（五八〇頃―五〇〇年頃）。戒律を守る独特のカルト的教団を設立して教義を広めた。ピュタゴラス派の祖で、魂の不滅性や輪廻転生を説くその思想はプラトンにも大きな影響を与えたと言われる。イタリアのギリシア植民市クロトンに移り住んだことについては、『友情について』13節およびその訳注＊3参照。

＊6　師のレウキッポスとともに、万物が「不可分のもの《アトモン》」からできているとする原子論を唱えたギリシアの哲学者（四六〇頃―三七〇年）。

＊7　カルケドンのクセノクラテス。プラトンの弟子で、アカデメイアの学頭（三三九―三一四年）を務めたギリシアの哲学者。

＊8　キティオンのゼノン（三三五―二六三年）。ギリシアの哲学者で、ストア派の開祖。

＊9　アッソスのクレアンテス（三三一―二三二年）。ゼノンの弟子で、ストア派の第二代学頭。

＊10　バビュロン（ティグリス河畔のセレウケイア）のディオゲネス（二四〇頃―一五二年）。ストア派の第五代学頭。一五五年にアテナイが賠償金軽減要請のためにローマに派遣した三名の哲学者たちの使節の一人。ローマの知識人たちは熱狂的に彼らの講演を聴いたという（キケロー『弁論家について』二・一五五参照）。このくだり、および、この使節と大カトーにまつわる話については、「訳者解説」二「登場人

物」参照。

＊11　ここで言及されている文人、哲学者のうち、ホメロスとヘシオドスについては確かなことは分からないが、一般に両者とも「老詩人」とイメージされる（「アスクラの老詩人〔＝ヘシオドス〕」（ウェルギリウス『牧歌』六・七〇））。その他の人物については、異伝もあるが、偽ルキアノス（『長寿者』）が「記録のある」長寿者として伝える享年を以下に掲げておく。ソポクレス九五歳、シモニデス九〇歳以上、ステシコロス八五歳、イソクラテス九九歳、ゴルギアス一〇八歳、デモクリトス一〇四歳、プラトン八一歳、クセノクラテス八四歳、ゼノン九八歳、クレアンテス九九歳、バビュロンのディオゲネス八八歳。

24節

＊1　ローマの北東、ティベリス川（現在のテヴェレ川）西岸の地域。ローマ人に統合されたサビニ族（「サビニの女たちの略奪」の神話で名高い）の故地。大カトーは、一家がここに地所を所有していた関係で、子供時代の大半をここで過ごした。

＊2　カエキリウス・スタティウス（一六八年没）。ガッリアから戦争捕虜としてローマに連れてこられたが、解放されてのち、ギリシア新喜劇、特にメナンドロスの喜劇をローマ風にアレンジした自由な翻案劇（palliata 劇）を書いた。キケローは「喜劇作家の最高峰」（『最良の弁論家について』二）と評し、ゲッリウスの引くセディギトゥスの喜劇作家番付（『アッティカの夜』一五・二四・一）でもプラウトゥスやテレンティウスを抑えて第一位に挙げられている。引用は、メナンドロスの同名の喜劇の失われた翻案劇『青年仲間』の断片二〇〇（Warmington）。

25節

＊1　メナンドロスの同名の喜劇の失われた翻案劇『首飾り』の断片一六七―一六九（Warmington）。

*2　同じくメナンドロスの劇の翻案喜劇『エペソス人』の断片二五―二六（Warmington)。

26節

*1　アテナイの政治家（六四〇頃―五六〇年）。アテナイを民主制に導いた先駆者。「ソロンの改革」で名高い。アッティカ最初の詩人でもあり、七賢人の一人に数えられる。「自分は日々、何かを新たに学び知りながら老いていく」はプラトン（『国家』五三六D）、プルタルコス（『英雄伝』「ソロン」三一）、小プリニウス（『書簡』四・二三）など、多くの作家によって言及され、引用されている名句。このあとの72節で、ソロンが専制を狙うペイシストラトスに頑強に抵抗したエピソードが語られている。

*2　「無知の知」で名高いギリシアの哲学者（四六九―三九九年）。それまでの自然中心の哲学を人間中心の哲学に転換した。その思想や人となりは、弟子プラトンの、特に初期対話篇に描かれている。青年を堕落させ、国家の崇拝する神を信じない、という廉《かど》で誣告《ぶこく》され、毒人参を仰いで獄死した。

*3　プラトン『エウテュデモス』二七二Cに、ソクラテスが一緒に竪琴を習う子供たちに笑われ、子供たちは竪琴の先生のことを「爺さんを教える先生《ゲロントディダスカロス》」と呼んだ、という話が記されている。

*4　「昔のギリシア人」なのか、「昔のローマ人」なのか、いずれの解釈も可能で、はっきりしない。

27節

*1　イタリア半島の爪先部分にあるギリシアの植民市クロトン出の運動選手。オリュンピアのレスリング競技で六度、ピュティアのそれで七度、イストミアのそれで一〇度、ネメアのそれで九度優勝した豪傑。牛を担いで競走路を歩き通し、一撃でこれを屠《ほふ》り、一日でこれを平らげたという（アテナイオス『食卓の賢人たち』一〇・四一二e参照）。

*2　セクストゥス・アエリウス・パエトゥス・カトゥス。一九八年の執政官、一九四年の監察官。一二表

法とその解釈などを記した『トリペルティタ（三部作）』を著し、ローマで最初の法律書を公刊した法学者と言われる。添え名の「カトゥス」は「聡明な人」の意。

＊3　15節訳注＊5参照。

＊4　プブリウス・リキニウス・クラッスス・ディウェス。二〇五年の執政官、二一二―一八三年の大神祇官、二一〇年の監察官。キケローによって、市民に助言する「叡知ある人」と呼ばれた人。

＊5　本節の論旨を、早いうちに衰える体力と比較的高齢まで持続する知力を比べて、肉体の衰えを嘆くミロンの言葉に対する批判と捉え、不公平な比較という印象を抱くとすれば、それは誤解である。キケローの次のような言葉を見れば、真意が分かりやすいかと思われる。「各人の精神〔魂〕こそが各人である。指で指し示すことができる姿ではないのだ」（『国家について』六・二六）、「われわれ自身とは肉体のことではない。〔…〕したがって、「汝自身を知れ」と言うとき、それは「汝の魂を知れ」と言っているのである」（『トゥスクルム荘対談集』一・五二）。つまり、これは腕が死んでしまったのと同時に己も死んでしまったかのように悲嘆するミロンの言葉に対する批判なのである。肉体は精神を容れる単なる「器《うつわ》（receptaculum）」（同所）にすぎない。ここから、体力は老年とともに衰えようとも、知力（＝精神性＝自己）は少なくとも鍛錬を怠らないかぎり持続する、「肉体は老いるとも、精神は決して老いることはなかろう」（38節）という以下の主張の一つが導き出される。

29節

＊1　グナエウス・コルネリウス・スキピオー・カルウス。二二二年の執政官。大スキピオーの伯父。二一八年、ハンニバルがローヌ川を越えたあと、スペインのカルタゴ軍を討ち、ハンニバルとの合流や補給を断つためにスペイン戦を指揮した。次に言う弟のプブリウスとともに活躍したが、二一一年、弟プブリウスはハンニバルの末弟マゴーに捕えられて戦死し、その後いくばくもなくカルタゴ・ノウァ（現在のカル

タヘナ）近くでグナエウスも戦死した（75節参照）。

＊2　プブリウス・コルネリウス・スキピオー。二一八年の執政官。大スキピオーの父。

＊3　ルキウス・アエミリウス・パウルス。二一九、二一六年の執政官。アエミリウス・パウルス・マケドニクス（15節訳注＊2参照）の父で、したがって小スキピオーの実の祖父にあたる。

＊4　プブリウス・コルネリウス・スキピオー・アフリカヌス・マイヨル（大スキピオー）。小スキピオーの義理の祖父にあたる（19節訳注＊1参照）。

30節

＊1　ソクラテスの熱烈な弟子であったが、ペルシア王キュロスの傭兵になったあと、アテナイから追放されるなど、波乱に満ちた生涯を送り、その経験をもとにさまざまな分野の書を残したギリシアの著作家（四三〇頃—三五四年）。代表作は『ソクラテスの思い出』のほか、ギリシア傭兵のペルシアからの脱出と帰国を描いた『アナバシス』、ギリシアの歴史を記した『ヘレニカ』など。

＊2　クセノポン『キュロスの教育』八・七・六。

＊3　六世紀後半、小国アンシャンの王ながら、エジプトを除く中東一帯を征服し、アケメネス朝ペルシアを興した偉人（在位五五〇—五二九年）。クセノポン『キュロスの教育』で理想の君主として描かれる。

＊4　22節訳注＊1参照。

＊5　ルキウス・カエキリウス・メテッルス。二五一、二四七年の執政官。シキリアのパノルムス（現在のパレルモ）でハスドゥルバル率いるカルタゴ軍を破った。凱旋式で多数の象を行進させた最初の人と言われる。二四三年から没年の二二一年まで、大神祇官を務めた。

31節

＊1　ホメロス『イリアス』で重要な役割を果たすピュロス王。人間の三世代目を生きている、弁舌に長けた賢慮の老将として描かれる。

＊2　ホメロス『イリアス』一・二四九。

＊3　アガメムノンのこと。トロイアの王子パリスに妻ヘレネを奪われたメネラオスの兄。ヘレネ奪還のためギリシアの英雄を糾合、総大将として軍を率いてトロイアに遠征した。

＊4　トロイア戦争時のアキッレウスに次ぐギリシア方の豪勇。アキッレウスの武具をめぐる争いでオデュッセウスに敗れ、ギリシア軍への復讐を試みるが、狂気に陥り、自殺する。

＊5　ホメロス『イリアス』二・三七一以下参照。

32節

＊1　マニウス・アキリウス・グラブリオー。一九一年の執政官。執政官のとき、テルモピュライでシュリア王アンティオコス三世を破った。テルモピュライは、ギリシアの北方テッサリアからギリシアに通じる、カッリドロモス山とマリアコス湾に挟まれた狭隘な要路。古くは、四八〇年、侵攻したペルシアの大軍を、少数の兵を率いたレオニダスが迎え撃ち、壮烈な戦死を遂げた場所として名高い。

＊2　政治・経済の中心であるローマ広場（現在のフォロ・ロマーノ）に接して、その北側にあった、弁士が政治集会で演説を行った壇。戦利品の船嘴《せんし》飾り（rostrum）が飾られていたことからRostraと呼ばれた。キケローはしばしば言論の自由の象徴としているが、アントニウスの放った刺客によって暗殺されたあと、首級と右手をここにさらされた。

＊3　cliens. ローマにおいて社会的・政治的にきわめて重要な役割を果たした保護関係《クリエンテーラ》で、有力者である庇護者（patronus）に朝の伺候や同道、選挙支援などを与える見返りとして、さまざまな庇護を受けた市民。

＊4　hospes. 個人的あるいは公的に結ばれた、もてなしもてなされ、保護し保護される、儀礼化された友愛関係にある人のこと。この関係は、社会生活上あるいは政治上、重要なものであり、hospitium（賓客関係）と呼ばれた。

＊5　この諺に言及した記述は、この箇所以外に知られていない。

33節

＊1　力自慢と想像される百人隊長という以外、詳伝は伝わらない。キケロー『善と悪の究極について』一・九では、こう言われている。「百人隊長で、武勲に秀でた名士で、ローマの軍旗を担うポンティウス」。

＊2　27節訳注＊1参照。

34節

＊1　第二次ポエニ戦時、ローマに友好的であったヌミディア王（二三八―一四八年）。大スキピオーがハンニバルを破ったザマの戦いでは、騎兵隊を率いて大スキピオー麾下のローマ軍の右翼を担った。以来、スキピオー家とは賓客関係にあった。偽ルキアノス（『長寿者』一七）やウァレリウス・マクシムス（『著名言行録』八・一三・外国篇一）によれば、マシニッサの享年は九〇とされており、本篇の設定では対話後、程なく身罷ったことになる。

＊2　身体の乾燥、あたたかさ、寒さ、湿気を生むのは、身体の構成要素である四元素（地・水・火・風）の混合と、それぞれの性質であるが、乾燥した身体が最も健康で力強いとされた。「食物のこの節制から結果として生じる身体の乾燥と完璧な健康を付け加えるがよい」（キケロー『トゥスクルム荘対談集』五・九九）参照。プラトンも、さまざまな体液や粘液がうまく排出されずに体内に蓄積されると、魂の病

を引き起こす因となる、としている（『ティマイオス』八六E以下参照）。ただし、アリストテレスの身体論では、動物は自然本性的に湿気と熱をもち、生きているとはその状態にあることであり、それに対して老年は乾燥して冷たく、死者もこれと同じ状態になる、とする（『長命と短命について』四六六a参照）。

＊3　「法律では、五〇歳以上になると兵役の選抜対象からはずされ、六〇歳以上になると元老院には召集されないことになっている」（セネカ『生の短さについて』二〇・四）。

35節

＊1　大スキピオーの長男で、小スキピオーの義父であるプブリウス・コルネリウス・スキピオーのこと。一八〇年に鳥卜官となるも、病弱の体質のため、それ以外の公職には就かず、夭逝した（一七〇年頃）。キケローは、その彼を評して、こう言っている。「身体が健康であったなら、何より弁舌優れた者とみなされたことだろう。幾篇かの小演説とギリシア語で書かれた実に見事な文体の何かの史書が、それを示している」（『ブルートゥス』七七）。

36節

＊1　メナンドロスの劇の翻案で失われた喜劇『跡取り娘』の断片ともされるが、Warmington では不明の劇の断片二三六に分類されている。この断片は、『友情について』99節に完全な詩行（二行）の形での引用がある。

38節

＊1　建国から同時代までのローマの歴史を扱った、ラテン語で書かれた最初の史書（全七巻）。第一〜三巻でローマも含め、イタリア諸都市の起源（origines）と慣習を記したのが書名となった。没年まで書き

進められたが、散逸し、ごくわずかな断片しか残っていない。

＊2　その弁論はキケローが見出したものだけで「一五〇有余篇」にのぼる（キケロー『ブルートゥス』六五、『友情について』90節訳注＊1参照）。

＊3　セネカは、こう言っている。「心〔精神〕のほうこそ、帳簿合わせのために毎日呼び出す必要がある。セクスティウス〔新ピュタゴラス主義の影響を受けた一世紀の哲学者〕は常にこれを行う習慣だった。一日が終わり、夜の眠りへ退くとき、己の心に向かって尋ねたものである。「今日、お前は己のどんな悪を癒したか。どんな過ちに抗ったか。どの点でお前はよりよくなっているのか」」（『怒りについて』三・三六、兼利琢也訳）。ピュタゴラス派の学徒が記憶の鍛錬にと日々の言動を残らず思い返す習慣をもっていたことについては、イアンブリコス『ピュタゴラス伝』一六五参照。

＊4　Powell の挙げる utroque（どちらのところへも）で読まねばならない理由にそれほどの説得力はなく、多くのテキストどおり ultroque で読む。

39節

＊1　四〇〇年頃に活躍したピュタゴラス派の哲学者、数学者、政治家、将軍。プラトンの友人で、プラトンの『第九書簡』、『第一二書簡』は彼に宛てたもの。アルキュタスの言葉が口伝で伝えられた、という話は『友情について』88節にも出てくるが、一〇〇年あるいはそれ以上前のギリシアの哲学者の――一般の人間にとっては、いずれもそれほどインパクトがあるというわけでもない――言葉が何世代かにわたって口伝えで伝えられてきたとは信じがたく、おそらくキケローの創作である。

41節

＊1　32節訳注＊4参照。

＊2　ローマ国民と友好関係（amicitia）にある個人もしくは国家である「ローマ国民の友（Amici Populi Romani）」は、名簿にその名を記された。

＊3　タレントゥム（ギリシア語名タラス）のピュタゴラス派の哲学者。マクシムスによるタレントゥム奪還後、大カトーを歓待し、その友人となった。

＊4　スプリウス・ポストゥミウス・アルビヌスとティトゥス・ウェトゥリウス・カルウィヌスは、三三四、三二一年の執政官。第二次サムニウム戦争（次注参照）時の三二一年、軍を率いていた両執政官は謀略の嘘の噂に惑わされ、カウディウムの二股に分かれた「深く、狭隘で、鬱蒼と樹々の茂る」山峡（カプアとベネウェントゥムのあいだの山峡ということまでは分かっているが、正確な場所は不明）に誘い込まれ、サムニウム人の将軍ガイウス・ポンティウスになす術なく敗れて降伏し、軛の下をくぐらされるという屈辱を味わった（リウィウス『ローマ建国以来の歴史』九・二―六参照）。

＊5　前注の将軍ガイウス・ポンティウスの同姓同名の父。リウィウス『ローマ建国以来の歴史』九・三では、父親の名はヘレンニウス・ポンティウスとなっている。サムニウム人はローマがイタリア半島を支配下に収めるために戦ったアペニン山脈中央部の好戦的部族で、第一次（三四三―三四一年）、第二次（三二七―三二一、三一六―三〇四年）、第三次（二九八―二九〇年）の三度のサムニウム戦争でもなお屈せず、43節で語られているように、イタリアに侵攻したピュッロスやハンニバルを支援するなど、事あるごとにローマに抵抗し続けた。

＊6　プラトンのイタリアへの旅行は、三八九―三八八、三六七、三六一―三六〇年の三回とされている（プラトン『第七書簡』参照）。ここで言うルキウス・フリウス・カミッルスとアッピウス・クラウディウス・クラッススが執政官の年は三四九年で、プラトンの死の二年前、彼が七八歳という高齢の年にあたり、この四度目のイタリア行は疑問視もされる。しかし、ゲッリウスには「その頃、アレクサンドロスが生まれ、その何年かあとに哲学者のプラトンがシキリアの僭主ディオニュシオス二世のもとに出かけてい

った。それから、その何年かあと、ピリッポスがカイロネイアの大戦でアテナイ人に勝利した」(『アッティカの夜』一七・二一・二九)とあり、プラトンのイタリア行がアレクサンドロスの誕生年である三五六年から「何年かあと(annis post)」、カイロネイアの戦闘年である三三八年の「何年か(annis)」前という記述は、キケローの挙げる三四九年にほぼ符合する。両者ともが架空の出来事を記したとは考えられず、事実か否かは別にして、キケローとゲッリウスが、そのように伝える何かの典拠(アリストクセノスの失われたプラトン伝の可能性が示唆されている)に拠っていることは確かであろう。

42節

＊1　ルキウス・クインクティウス・フラミニヌス。一九二年の執政官。1節で名が挙げられていたティトゥス・クインクティウス・フラミニヌスの弟。

＊2　風紀の取り締まりを主要な任務の一つとする監察官は、行状に問題ありと判断すれば、市民原簿の当該の者の名に譴責の「印(nota)」をつけ、その理由(罪名)を記した。

＊3　少年の頃から寵愛し、属州ガッリアに帯同していた若者(男娼)が、宴席で、自分はローマにいて剣闘士が殺されるのを見たかった、と漏らしたところ、ルキウスは、その代わりにと囚人を連れてこさせ、その首を刎ねさせたという(プルタルコス『英雄伝』「大カトー」一七参照)。

＊4　ルキウス・ウァレリウス・フラックス。一九五年の執政官、一八四年の監察官。いずれの公職も大カトーが同僚だった。大カトーが政治の道を歩み出した時の後援者で、生涯の親友となった。

43節

＊1　テッサリア出身で、大弁論家デモステネスの弟子である有能な弁論家。イタリアに侵攻したエペイロス王ピュッロスの使節役を務めた。

＊2　ギリシアの哲学者エピクロス（三四一―二七〇年）のこと。原子論者で、快楽を最高善としたエピクロス派の創始者。

＊3　プブリウス・デキウス・ムス。三一二、三〇八、二九七、二九五年の執政官、三〇四年の監察官。第三次サムニウム戦争時の二九五年、執政官である彼と同僚のファビウス・マクシムス・ルッリアヌス（名高いファビウス・マクシムス・クンクタトルの祖父または曾祖父）は、イタリア中東部ウンブリア地方のセンティウムでサムニウム人とそれに加勢するエトルリア人、ウンブリア人の連合軍と、半島の覇権の行方を決する重大な戦いを行った。右翼を担っていたデキウスは、形勢不利に追い込まれたとき、父の範に倣って（75節訳注＊2参照）、単騎、敵の戦列めがけて突撃して、命を失う。これは、みずからの命か敵の命を地下の神霊に捧げて祖国の安寧を祈る、「献身（devotio）」と呼ばれる儀式的行為で、将としてデキウスはそれを実行したのである。その結果、戦況は一変し、ローマ軍は勝利を収めることができたという（リウィウス『ローマ建国以来の歴史』八・九参照）。

44節

＊1　プラトン『ティマイオス』六九D。

＊2　二六〇年の執政官、二五八年の監察官。新造されたローマの艦隊の司令官として、シキリアのミュラエ沖の海戦でカルタゴの艦隊を撃破し（二六〇年）、初めて海戦での勝利による凱旋を行った。父親のマルクス・ドゥイリウスについては不詳。

45節

＊1　小アジアのプリュギアを中心として崇拝されていたキュベレ女神の祭祀が二〇四年にローマに移入され、「イダなる神々の大母神（Mater Deum Magna Idaea）」という正式名称で呼ばれた。第二次ポエニ

戦時末期のことで、空から石が落下するという変事が相継いだため、国難の際の慣例でユッピテル神殿に保管されていたシビュッラの予言書を繙《ひもと》いてみると、「イタリアの地に戦を仕掛ける者があろうとも、イダの母神がペッシヌスからローマに連れ来《きた》られれば、その者はイタリアから駆逐され、征服されるであろう」という予言が記されているのが分かり、使節を派遣、キュベレとされる石を持ち帰って、儀礼を定めたと言われる（リウィウス『ローマ建国以来の歴史』二九・一〇以下参照）。イダ（現在のカズー）はアナトリア西部の山、ペッシヌス（現在のバルルヒサル）はアナトリアの町で、いずれもキュベレ信仰の中心地。

*2 主として宗教儀礼に関わる一種の同僚団あるいは兄弟《けいてい》団。軍神マルスに仕えるサリイ神官団が、その典型である。この大母神の祭祀の移入時のように、臨時に結成されることもあった。

*3 convivium（宴会、饗宴）は、接頭辞 con（ともに、一緒に）と動詞 vivo（生きる）の合成語からの派生語。

*4 「ともに飲むこと」、「ともに食事すること」は、原文では compotatio, concenatio とラテン語（キケローの造語）に訳されているが、元のギリシア語は συμπόσιον《シュンポシオン》, σύνδειπνον《シュンディプノン》.

46節

*1 昼日中から始まる宴会のこと。奢侈、贅沢という否定的ニュアンスをともなうことが多い。

*2 饗宴を準備し、差配する世話人のこと。カトゥッルス『カルミナ』第二七歌では、「女性の酒宴の主《あるじ》(magistra)」ポストゥミアのことが歌われている。

*3 宴会では、食卓を囲んで三方に三人が横臥できる寝椅子（臥台）が置かれ、食卓に向かって左端から順に「上席」、「中席」、「下席」と呼ばれた。参会者は、身体の左側を下に横臥した姿勢になり、右手で食事をし、杯を傾けた。杯と、それとともにスピーチも、上席の左端から順に下席に向かってまわってい

く。

＊4　クセノポン『饗宴』二・二六参照。

＊5　57節参照。夏用、冬用の部屋の向き（方角）については、ウァッロー『農事について』一・一三・七、コルメッラ『農事について』一・六・二参照。また、村荘への「納涼（避暑）」と夏用の部屋については、キケロー『弟クイントゥス宛書簡集』二一・一―二参照。

＊6　24節訳注＊1参照。

47節

＊1　原語は、用例の稀な titillatio. エピクロスの用語 γαργαλισμός《ガルガリスモス》（原義「くすぐり」）を写したもの。

＊2　キケローが達意訳で借用したプラトン『国家』の冒頭部でケパロスが披露する逸話（三二九C）。7
節訳注＊1参照。

48節

＊1　ルキウス・アンビウィウス・トゥルピオー。大カトーと同時代（二世紀）の人気俳優、かつ舞台監督。カエキリウス・スタティウスやテレンティウスなどの劇を演じた。

49節

＊1　この世の生を「兵役、苦役（stipendium）」と見る思想は、肉体を魂（精神）の「牢囲、牢獄」と見るプラトンに遡る（『パイドン』六二B参照）。「彼ら〔パウルスや他の人々〕は〔天界で〕生きている。あたかも牢獄からのように〔身体から〕翔《かけ》り出て逃れてきたのだ」（キケロー『国家について』六・一四〔「スキピオーの夢」六〕）参照。同様に、セネカも生を「苦役、兵役」とみなし、「責め苦

(supplicium)」、「罰（poena）」と呼んだ（『ポリュビウスに寄せる慰めの書』九・三、『ヘルウィアに寄せる慰めの書』一〇・六、一二・三など参照）。

＊2　ガイウス・スルピキウス・ガルス。一六六年の執政官。マケドニア遠征においてパウルス（小スキピオーの実父）のもとで参謀を務めた折、ピュドナの戦いの前に起こった月食（一六八年）を予言したとされ、食（＝日食および月食）に関する書も著したという。

＊3　写本の mori（死ぬ）を exerceri（鍛錬する、励む、行う）で読む校訂に従う。

50節

＊1　ナエウィウス（20節訳注＊2参照）は、その喜劇の中で当時の貴顕、特にメテッルス家の人々を誹謗中傷した廉《かど》で投獄された。護民官の介入で解放されたものの、二〇四年頃、六六歳前後でアフリカのウティカに移り住み、みずからも従軍経験のある第一次ポエニ戦争を題材にした叙事詩『ポエニ戦争』（ローマの歴史叙事詩の嚆矢をなす）を著した。

＊2　ティトゥス・マッキウス・プラウトゥス（二五四―一八四年）。テレンティウスと並んでローマを代表する喜劇作家。メナンドロスなどのギリシア新喜劇の自由な翻案ながら、独自性に富む喜劇を書いた。口語体を使用し、下品な表現も多いが、性格描写に優れ、痛快な笑いを引き出すその劇は大衆から歓迎された。プラウトゥスの生年は、キケローが記すその没年一八四年（『ブルートゥス』六〇参照）からのあくまで外挿《がいそう》法による算定（一八四＋七〇＝二五四）ではあるが、二五四年とされている。他に証言がないので、これに拠るしかないが、『プセウドルス』の制作年は「マルクス・ユニウスが都市法務官の年、メガレンシア〔キュベレー祭〕で上演」という上演録によって一九一年であることが分かっているので、死の七年前、六三歳の時の作品ということになる。『トルクレントゥス』の年代は不明ながら、この記述から、やはり晩年の作と考えられる。なお、いずれの劇も登場人物名が題名になっている。

＊3　ルキウス・リウィウス・アンドロニクス（二八四頃―二〇四年頃）。ローマ最古の詩人。南イタリアのタレントゥム生まれのギリシア人（古伝では混血という）。タレントゥムが奪還されたとき捕虜としてローマに来都。解放され、ギリシア語、ラテン語を教えるかたわら、教材用にホメロスの『オデュッセイア』をラテン語訳し、ムーサを「カメナ」、オデュッセウスを「ウリクセス」（英語名の「ユリシーズ」にあたる）と訳すなど、文学語のラテン語化に努め、ローマのギリシア文学受容の礎を置いた。他に悲劇や喜劇の題名も伝わるが、わずかな断片しか残っていない。没年は二〇四年頃、八〇歳前後で、その頃、大カトーは三〇歳前後だった。

＊4　二四〇年、リウィウス四四歳の時のこと。執政官ガイウス・クラウディウス・ケントーは、アッピウス・クラウディウス・カエクス（16節訳注＊1、37節参照）の息子。マルクス・センプロニウス・トゥディタヌスについては、さしたる業績は知られていない。

＊5　27節訳注＊4参照。

＊6　プブリウス・コルネリウス・スキピオー・ナシカ・コルクルム。一六二、一五五年の執政官、一五九年の監察官。大スキピオーの女婿で、法学に秀でていた。「コルクルム」は「聡明な人」の意の添え名。

＊7　キケロー（『ブルートゥス』五八）やゲッリウス（『アッティカの夜』一二・二・三）などによって伝えられる、エンニウス『年代記』の断片九・三〇五（Warmington）。マルクス・ケテグスについては、10節訳注＊5参照。

＊8　訳文の「こうした営みは学問の研究、研鑽だが」にあたる quidem studia doctrinae quae を大胆に削除する底本の読みは採らない。前文の主題である「快楽（voluptates）」を一般的な haec（これらのこと）という中性名詞で受けているとする Powell の解釈には無理がある。

＊9　26節訳注＊1参照。

51節

＊1　Faltner（Tusculum）や Merklin（Reclam）に倣って、写本どおり imperium で読む。

＊2　「馬鍬で掻き均すこと（occatio）」は「馬鍬（occa）」、それから派生した「（馬鍬で）掻き均す、平らにする（occo）」が語源で、「闇に閉ざして隠す、覆い隠す（occaeco（< caecus（盲目の））」とは関係がない。

＊3　底本どおり diffundit で読む。

＊4　主に麦の成長を念頭にした記述。

52節

＊1　malleolus. 挿し木で、挿し穂（＝接ぎ枝）となる枝の形状が、棒状ではなく、撞木のようなT字形に切り取られたものを用いるもの。挿し床（通常は土）に挿して不定根と呼ばれる根を生じさせ、発芽させて栽培する。

＊2　planta. 挿し木をする際の「挿し穂」あるいは「接ぎ枝」で、幹から出た若枝を用いるもの。

＊3　sarmentum. やはり「挿し穂」あるいは「接ぎ枝」に枝から分かれた若枝を用いるもので、特に葡萄の挿し木（接ぎ枝）を言う。

＊4　viviradix. もとの植物の根だけを取り分け、その根から芽を出させて増殖させる栽培法。

＊5　propago. 木の枝の一部の樹皮を剝ぎ、そこから不定根と呼ばれる根を生え出させて増殖させる栽培法。

54節

＊1　大カトーの唯一完全な形で残る著作『農事について』（施肥については、二九、三六―三七、一五一

など参照）。

＊2　耕作や牧畜、養蜂などの農事を叙しながら道徳的教訓をちりばめた、ヘシオドスの代表作である教訓叙事詩『仕事と日』。

＊3　ホメロスとヘシオドスの先後関係については、古代から論争の的であった（ゲッリウス『アッティカの夜』三・一一参照）。キケローは、ホメロスがヘシオドスより前の詩人だという一種の定説に従っている。

＊4　ホメロスの『オデュッセイア』に、トロイア陥落後、苦難を経て故郷イタケへ戻ったオデュッセウスが葡萄園で作業する父ラエルテスを見つける場面がある。該当する句は「オデュッセウスの目に映ったのは、〔…〕葡萄園の中で、果樹の根元を耕している老父の姿のみであった〔…〕一入《ひとしお》憐れを催させる」（二四・二二六—二二八）、「ラエルテスは頭を地に向けて木の根元を耕している」（二四・二四二）の部分（いずれも松平千秋訳）。傍点部分の原文は λιστρεύοντα《リストレウオンタ》 φυτὸν《ピュトン》 と φυτὸν《ピュトン》 ἀμφελάχαινε《アンペラカイネ》 で、どちらも「木を（φυτόν《ピュトン》）」鋤または鍬で「掘る」が直訳。ただし、「木（の根元）を掘る」作業は、当然、施肥の作業を前提としたものであり、キケローもそう解したのであろう。今一点、ホメロスの原文には「思慕の念を和らげている」に該当する記述が見当たらない、という疑問がある。これについては、キケローがホメロスの現今テキストの「一入憐れを催させる」の「一入〔…〕催させる（ἀέξων《アエクソーン》）」（直訳は「増やす、大きくする」）とは違い、「〔悲しみ、悲哀を〕追い払う（ἀλέξων《アレクソーン》）」となっていたテキストを読んでいた可能性が示唆されている。

＊5　insitio. 挿し木が、通常、挿し穂を挿し床である土に挿し、発根、発芽させる栽培法であるのに対して、台木《だいぎ》と呼ばれる根のある別の木に接《つ》ぎ穂《ほ》（穂木《ほぎ》）を接ぎ、一本の木に育て上げる栽培法。主に果樹で行われるが、モモの接ぎ穂をアンズの台木に接ぐなど、近縁植物でなければ成功しない。

55節

＊1 クリウスについては、15節訳注＊4参照。サムニウム人、サビニ人に対する勝利の凱旋は二九〇年、ピュッロス王に対する勝利の凱旋は二七五年のこと。ただし、二七二年には監察官としてティベル川の支流アニオーの水道橋建設の指揮監督にあたり、その任についている時（二七〇年）に亡くなっているので、完全に田舎に隠棲して農事に勤《いそ》しんだというわけではない。

56節

＊1 「元老院議員（senator）」や「元老院（senatus）」は、「老人、長老（senex）」からの派生語（19節訳注＊3参照）。

＊2 四六〇年の補充執政官、四五八、四三九年の独裁官。独裁官（次注参照）に指名されて農作業中に招聘され、任務を終えると即座に職を辞し、農場に戻ったという、古き良き時代の清廉、無欲の人士としてよく言及される。

＊3 dictator. 選挙実施のために任命されることもあるが、特に国家の非常時に制約のない大権を付与された超法規的な臨時の公職。任期は、最長六ヵ月（カエサルはこれを終身制にしようとして暗殺された）。元老院の推挙に基づき、執政官あるいは法務官が指名した。指名後、名目上は歩兵隊長（magister populi）である独裁官は、次文に言うように、ただちに副官としての騎兵隊長（magister equitum）を指名した。キンキンナトゥスが独裁官に選ばれたという報を受け、農作業中に招聘されたのは最初の独裁官の年（四五八年）とする伝承が一般的だが、伝承そのものに混乱があり、マエリウス事件（後注＊5参照）の年（二度目の四三九年）とする伝承もあったのであろう。

＊4 キンキンナトゥスに騎兵隊長に任命され、次に言う王権を狙うマエリウスを誅殺した英雄。

＊5 平民身分の富豪の穀物商人（リウィウスにある equester ordo は、後代の元老院議員、騎士、平民の

三「身分（ordo）」のうちの「騎士身分」を意味するのではなく、ケントゥリア民会組織中の単位ケントゥリアの「階位（ordo）」を指しており、一九三あるケントゥリアのうち最上位の「騎士隊のケントゥリア」（一八ある）に属していることを意味する。したがって、マエリウスの身分を騎士身分とするのは誤りである）。四四一年から四四〇年にかけてローマでひどい飢饉があった折、四四〇年から四三九年にかけてマエリウスは穀物を買い占めて平民に贈与し、その支持を集めて、政変と王の権力を狙おうと策動した。そのため、非常事態に対処する独裁官に指名されたキンキンナトゥスが、裁きにかけるため、騎兵隊長のアハラを送って召喚しようとしたが、マエリウスがそれを逃れようと支持者の群衆を煽動したため、アハラによって殺害された（リウィウス『ローマ建国以来の歴史』四・一二―一五参照）。

＊6　元老院議員を召集する役人の正式名称「ウィアートル（viator）」（原義は「旅人」（< via（道、旅路））の語源を「村荘（villa）」に関係づけたようだが、もちろん誤った語源解釈。まったく同じ誤った語源解釈が、コルメッラ『農業論』序・一八―一九にも見える。

＊7　hortum を菜園、果樹園を兼ねそなえる庭園の意味で「園庭」と訳したが、これがなぜ「第二の塩漬け燻製」と呼ばれるのかは不明。園庭で採れる野菜や果実が「塩漬け燻製」と同じ役割（備蓄食料）を果たしてくれるから、ということか。

58節

＊1　「骨牌」と訳したのは talus で、羊などの距骨《きょこつ》で作られる四面体のサイコロの一種。「骰子」と訳したのは tessara で、これはわれわれがふつうサイコロと呼ぶ六面体のもの。

59節

＊1　ソクラテスが親友クリトンの息子クリトブロスに農事の重要性、節度や勤勉の大切さ、家政の心得な

どを語って聞かせる対話篇。多くはソクラテスが聞いたというイスコマコスなるアテナイ人が若妻に説いた家政論となっている。キケローは、クセノポンのこの書を若い頃（八六年）に翻訳している。
＊2　以下のリュサンドロスと小キュロスのエピソードは、クセノポン『家政論』四・二〇以下の要約に近い達意訳。
＊3　アケメネス朝ペルシアを興した大キュロスと区別して、小キュロスと称される。ペルシア王ダレイオス二世の次男（五世紀末）。兄アルタクセルクセス二世に対してクーデターを起こしたが、クナクサの戦いで敗死した。
＊4　ペロポンネソス戦争時、艦隊を率い、アイゴスポタモイの海戦でアテナイの艦隊を破ったスパルタの有能、勇敢な将軍、政治家（三九五年没）。
＊5　小アジア西部のリュディア（当時はペルシアの総督管轄領《サトラップ》）の首都（現在のトルコ、イズミール近郊のサルト村にある遺跡）。
＊6　骰子の五の目の点の部分に木が配置されたような植え方。

60節

＊1　三四八年から二九九年のあいだに六度の執政官（二九九年は補充）、三四二、三〇一年の独裁官（?）。三四九年、一騎打ちを挑発する巨漢のガッリア人の将軍に軍団副官として果敢に応じたとき、突然現れた鴉（corvus）の助けを得て勝利し、「コルウィヌス」という添え名（のちに家名となる）を得たという（ゲッリウス『アッティカの夜』九・一一参照）。
＊2　コルウィヌスの最初の執政官職年（三四八年）と六度目の執政官職年（二九九年）の間隔は四八年で、キケローの言う四六年とは合わない。大まかな年数を言って次文に言う「老年の始まり」の四六（歳）に合わせた、あるいは二度目の執政官職年（三四六年）と最初の執政官職年を混同した、あるいは

キケローの単純な計算違いなど、さまざまな推測があるが、どれが正しいのかは判断できない。

＊3　ローマでは、おおよそ、男子が元服する一六歳までを「少年（puer）」、一七歳から三〇歳までを「青年（adulescens）」、三一歳から四五歳までを「壮年（iuvenis）」、四六歳から六〇歳までを「初老（senior）」（＝老年の始まり）、六一歳以上を「老年（senex）」とする年齢区分が行われていた。

＊4　共和政ローマの主要な公職は、すべて民会の選挙で選ばれた。下位のものから順に、財務官、造営官、法務官、執政官、監察官であり、これらの公職は「名誉（ある公職）（honor）」と呼ばれて、有為な人間は「名誉（ある公職）の階梯（cursus honorum）」と呼ばれる、この階梯を昇っていった。監察官の序列については、16節訳注＊4参照。ただし、コルウィヌスの場合、四八年というのは執政官のみを務めた期間であり、その前の階梯の期間が無視されている。

61節

＊1　二五八、二五四年の執政官、二四九年の独裁官、二四七年の監察官。カルタゴの拠点パノルムス（現在のパレルモ）を攻略するなど、第一次ポエニ戦争（二六四―二四一年）で活躍した英雄の一人。

＊2　totum（全体）を削除する校訂に従う。

＊3　マルクス・アエミリウス・レピドゥス。一八七、一七五年の執政官、一七九年の監察官。監察官時の一七九年から死去する一五二年まで、筆頭元老院議員であり続けた。ポー川流域（ガッリア・キサルピナ）への要路アエミリア街道の建設者。

63節

＊1　リュサンドロスに関する同趣旨の話が、プルタルコス『老人は政治活動に従事するべきか』七九五fに見える。

＊2　以下の話は、ウァレリウス・マクシムス『著名言行録』四・五・外国篇二にもある。また、プルタルコス『スパルタ人箴言集』二三五ｃには、舞台がアテナイの演劇祭ではなくオリュンピア競技祭とパナテナイア祭（アテナイの守護神アテネを祀る民族祭典）となっている二つの異伝が併録されている。

64節

＊1　共和政ローマの公職は、互いにチェック機能をもたせるために、すべて同僚制で、collegium と呼ばれる同僚団を形成した。この場合は、鳥卜官同僚団のこと。
＊2　「最高指揮権（imperium）」は、通常は執政官と法務官に、非常時には独裁官に与えられる権限で、場合によっては騎兵隊長、軍団副官にも付与されることがあった（7節訳注＊4参照）。

65節

＊1　喜劇作家テレンティウスの作品。一六〇年、小スキピオーの実父パウルスの葬儀の催しで上演された。一方は厳格で権威主義的な兄弟、もう一方は寛容で甘い兄弟が、それぞれの息子（一人は実子、一人は兄弟の子）の教育をめぐって繰り広げる喜劇。

66節

＊1　この二者択一については、プラトン『ソクラテスの弁明』四〇Ｃ参照。

67節

＊1　ヒッポクラテスも「老人が病にかかる時は、たいていの場合、若者より軽微である」（『箴言集』二・三九）と言っている。

68節

＊1　一五二年、法務官に選ばれながら夭逝した大カトーの長男（15節訳注＊1参照）。

＊2　パウルス・マケドニクスは、前妻パピリアとのあいだにもうけた長男と次男（のちの小スキピオー）を養子に出していたが、その小スキピオーと腹違いの兄弟にあたる、後妻とのあいだに生まれた二人の息子と、一人は一四歳、もう一人は一二歳のとき、凱旋式前後（一六七年）に相継いで死別した（セネカ『マルキアに寄せる慰めの書』一五・三以下参照）。

69節

＊1　七世紀から六世紀にかけて、八〇年間、王として君臨し、一二〇歳まで生きたという、スペイン南部ガデス（現在のカディス）北方、バエティス（現在のグァダルキビル）川の沖積地にあった小国タルテッソスの王。ここで言われている八〇年間在位、享年一二〇というのが、ほぼ一致した見解である（ヘロドトス『歴史』一・一六三、大プリニウス『博物誌』七・一五四、ウァレリウス・マクシムス『著名言行録』八・一三・外国篇四など）。偽ルキアノスでは、アナクレオンと、どういうわけかヘロドトスの説として享年一五〇説が挙げられているが、「ある人々には、これはお話《ミュートス》とみなされている」という但し書きがついている（『長寿者』一〇）。

70節

＊1　ローマの悲劇や喜劇は、劇が終わると「歌い手（cantor）」と呼ばれる口上役の役者が舞台に現れ、「（皆さん）拍手喝采を」と呼びかける習わしであった（クインティリアヌス『弁論家の教育』六・一・五二、ホラティウス『詩論』一五五参照）。

＊2 「〔農夫が〕〔…〕嘆き悲しむ必要がないのと（(non) dolendum est）同じである」とあるべきところ、「〔農夫が〕〔…〕嘆き悲しまないのと（(non) dolent）同じである」となっており、比較構文がやや変則的。キケロー流の洗練（3節訳注＊6参照）とは別に、72節のaudaciter（無謀に）―― audacter がキケローの頃の綴りであり、Powell によれば、-i- が表記されたとしても発音されなかっただろうという――などの大カトーの古風な語彙、また構文の古拙さをキケローは随所で彷彿させており、おそらくこの構文もその一つである。

71節

＊1 vix（かろうじて、やっとのこと）ではなく、vi で読む。

72節

＊1 アテナイの僭主（六〇〇頃―五二七年）。ポレマルコス（軍の指揮を担当するアルコンの一人）として名をあげ、ソロンの改革の混乱に乗じて小農や貧民の支持を集め、アクロポリスを占拠、僭主の地位に就いた。その独裁は、苛烈なものではなく、穏やかなものだったとされる。ソロンとは血縁関係にあった。

＊2 プルタルコス『英雄伝』「ソロン」三一、『老人は政治活動に従事するべきか』七九四f参照。アリストテレス『アテナイ人の国制』一四・二に、ソロンが「きわめて高齢だったため」、みずからは武器をとれないが、アテナイ市民に「武器をとれ」と呼びかける意思表示として、家の前に武器を持ち出し、専制を狙うペイシストラトスに頑強に抵抗したことが語られている。このときソロンは、ペイシストラトスが専制を狙っていることを知りながら声をあげずに黙っている者より「自分は勇気がある」と語ったという。しかし、ソロンのこの反抗にもかかわらず、ペイシストラトスは帯同を許された護衛隊を使ってアク

ロポリスを占拠し、僭主政を始めることになる。

73節

＊1　プラトン『パイドン』六一C以下で、ソクラテスはピュタゴラス派の哲学者ピロラオスから聞いたとする「みずから命を絶ってはならない」という教えを肯定し、肉体を一種の「牢獄」とみなして、人はそこからみずからを解き放つことも逃げ出すこともしてはならない、と語る。同じ考えは、キケロー『国家について』六・一五（「スキピオーの夢」七）でも述べられている。

＊2　ソロンは詩人のミムネルモスにエピグラムの形でこう語ったと伝えられている。「私に、泣いてもらえぬ死が来ぬように。死んだなら、親しい者たちには／悲しみ、嘆いてもらいたいもの」（プルタルコス『英雄伝』「ソロンとプブリコラの比較」一・四参照）。

＊3　キケロー『トゥスクルム荘対談集』一・三四に全体が引用されて残されている断片（エピグラム九―一〇（Warmington））。このあと「何ゆえか。われ、諸人《もろびと》の口の端《は》から口の端へと翔《かけ》りまわり、生き続けるゆえに」と続く。

74節

＊1　魂の肉体からの離脱（＝死）は「一般に感覚なしで起こる」（『トゥスクルム荘対談集』一・八二）。感覚があるとしても、老人の場合、ここに言うように「刹那の時間」であり、倉卒、突発的な死の場合も、死の感覚はないか、あるとしても刹那の時間であるとされる。「なぜなら、〔魂の〕離脱は一瞬のうちに起こるからである」（同所）。アリストテレスによれば、老年における死は苦痛を感じない、なぜなら彼ら老人には強い苦しみが生じなくとも死が訪れるからであり、魂の解放がまったく感覚されずに生じるからであるという（『呼吸について』四七九a参照）。

75節

＊1　ルキウス・ユニウス・ブルートゥス。ローマ王政最後の王タルクイニウス・スペルブスの甥。王に殺された兄の轍《てつ》を踏むまいと「愚鈍な（brutus）」人間に見せかけていたが、ルクレティアの凌辱を機に本性を現し、コッラティヌスと図って王を追放、共和政ローマの最初の執政官となった（五〇九年）が、その後、復権を図るタルクイニウスとの戦闘で戦死した。カエサルの暗殺者マルクス・ユニウス・ブルートゥスの遠祖。ただし、その後のユニウス氏は、代々、平民身分で、王家につながりがあるとは考えられず、多分に美化された伝説の色彩が強い人物である。

＊2　プブリウス・デキウス・ムス父子（同姓同名）のこと。息子については、43節訳注＊3参照。父親のデキウス・ムスは、三四〇年の執政官。第一次サムニウム戦争時、ラティニ人との戦闘で祖国ローマのために一命を犠牲に捧げた英雄。このデキウス父子は「献身（devotio）」の範として、しばしばその名を挙げられる。

＊3　マルクス・アティリウス・レグルス。二六七、二五六（補充）年の執政官。二五五年、カルタゴ軍に敗れて捕虜となり、捕虜交換の交渉役として帰国を許されるが、捕虜交換を拒否するよう元老院を説得したあと、約束を守ってカルタゴに戻り、惨殺された、という話が伝わる（ゲッリウス『アッティカの夜』七・四参照）。

＊4　29節でも言及されていた、大スキピオーの伯父グナエウス・スキピオー・カルウスと大スキピオーの父プブリウス・スキピオー。二人はハンニバルのあとを追ってスペインのカルタゴ軍がローマに進軍するのを阻止するためにスペインに派遣され、カルタゴ軍と戦ったが、二人ともスペインで戦死した。

＊5　二一六年、カンナエの戦いで、歩兵の数では圧倒していたものの、一万対六〇〇〇と騎兵の数で劣勢だったため、執政官であったパウルスは平地での決戦回避を主張した。しかし、一日おきに指揮権を交代

する慣例で、その日、たまたま最高指揮権を握っていた経験の浅い同僚執政官ウァッロー・テレンティウスが無謀にも決戦を指令したため、ローマ軍は歴史的大敗北を喫した。この戦いで、ウァッローは生き残ったが、パウルスは戦死した（ポリュビオス『歴史』三・一〇七―一一八参照）。

＊6　ハンニバルのこと（10節訳注＊7参照）。その残虐さについては、『友情について』28節訳注＊5参照。

＊7　マルクス・クラウディウス・マルケッルス。二二二、二一五（補充）、二一四、二一〇、二〇八年の執政官。第二次ポエニ戦時の偉人。ファビウス・マクシムスが決戦回避策でハンニバルに対抗しようとしたのに対して、果敢に決戦を求めた。二〇八年、南イタリアのロクリ・エピゼピュリイ（現在のジェラーチェ）奪還戦に赴いたが、ウェヌシア（現在のヴェノーザ）近辺でハンニバル軍の待ち伏せに遭って戦死。プルタルコスによれば、ハンニバルは、その死を聞くと、戦死した場所にみずから赴き、遺骸にしかるべきローブを着せ、しかるべく飾り立てて、荼毘《だび》に付したあと、遺骨を銀製の骨壺に納めてマルケッルスの息子（同じ戦闘で負傷した）に送り届けさせたという（ただし、運ぶ途中、一行はヌミディア人に襲われて遺骨は行方知れずとなり、そのままに放っておかれた）（『英雄伝』「マルケッルス」三〇参照）。プルタルコスは、この話をネポスやウァレリウス・マクシムスの伝えるところとして記す一方で、リウィウスやアウグストゥス（皇帝）の言として、骨壺は無事息子のもとに届けられ、埋葬された、としているが、実際はリウィウスでは、ハンニバルは戦場でマルケッルスの「亡骸を見つけて埋葬した」としか語られていない（リウィウス『ローマ建国以来の歴史』二七・二八参照）。

＊8　38節訳注＊1参照。

77節

＊1　49節訳注＊1参照。

＊2　キケローは、魂が天界から来たとする思想を諸所で述べているが（『国家について』六・一五、『トゥスクルム荘対談集』一・六六、『法律について』一・二四など）、その思想はプラトン『ティマイオス』四一D以下に遡る。

＊3　人間という存在の、いわば使命を語るこの思想については、プラトン『ティマイオス』四七C、キケロー『神々の本性について』二・三七参照。

＊4　プラトンとピュタゴラスを指す。

78節

＊1　23節訳注＊5参照。

＊2　ソクラテスの友人で、熱心な信奉者であったカイレポンが、アポロンの神託所デルポイで、ソクラテス以上の賢者はいるかと伺いを立てると、「一人もいない」という神託が下されたという（プラトン『ソクラテスの弁明』二一A、クセノポン『ソクラテスの思い出』一四四参照）。ソクラテスを戯画化し、揶揄したアリストパネスの喜劇『雲』一四四の古注では、デルポイの神託はヘクサメトロン（六脚韻）の詩形でこう語られたという。「ソポクレスは賢い。エウリピデスはなお賢い。／されど万人の中で最も賢いのはソクラテス」。

＊3　ソクラテスが刑死した当日、魂とその不滅性をめぐって弟子たちと交わした対話は、プラトンの『パイドン』に描かれている。

＊4　「常に動くものは永遠である」、「みずから自己を動かすものは永遠である」（キケロー『国家について』六・二七―二八）という、この思想の淵源は、プラトン『パイドロス』二四五C―Dに見出される。

＊5　プラトン『パイドン』七八B以下、キケロー『トゥスクルム荘対談集』一・七一参照。

＊6　イデア論とともにプラトンの思想で最も名高い「想起（アナムネーシス）」説を言う（プラトン『パ

イドン』七二E以下、『メノン』八三A以下参照）。

79節

＊1　クセノポンの代表作『キュロスの教育』。以下の引用部分は、その八・七・一七—二二の達意訳。

80節

＊1　「それぞれのものは、それがこの世の光の中にやって来た元の場所へと去っていく。息吹は大気へ、肉体は大地へ」（エウリピデス『ヒケティデス（救いを求める女たち）』五三二以下）、「大地から生じたものは再び大地へと戻っていく」（ルクレティウス『事物の本性について』二・九九九）。

＊2　「死の兄弟である眠り」（ホメロス『イリアス』一四・二三一）以来の表象。「眠りは死の似姿」（キケロー『トゥスクルム荘対談集』一・九二）。

81節

＊1　「魂〔精神〕は、眠りによって肉体との結合と接触から離脱するとき、過去を想起し、現在を認識し、未来を予知する」（キケロー『占いについて』一・六二—六四）。

82節

＊1　nostraを「わが国（ローマ）の話、あるいは、わが国の事例」ととるPowellの解釈は誤りのように思われる。キュロスはhaec（これらのことを＝これらの見解を）語ったという前文と、それに続く後文は一種の対照法（antitheton）をなしており、haecに対するnostraは、訳文のように「われわれ〔＝私〕の見解〔を見てみよう〕」でなければならないであろう。したがって、Falconer（Loeb）訳“my own (view)" あるいは Peabody 訳 "my opinion and feeling" が正しいことになる。Faltner (Tusculum) 訳 "(den Blick jetzt wieder) auf uns (richten)" (「われわれ〔=私〕に〔目を向ける〕」)、Merklin (Reclam) 訳 "unsere Anliegen (ins Auge fassenn)" (「われわれの関心事〔に注目する、を見てみる〕」) は、やや曖昧な訳、あるいは凝った達意訳ながら、いずれも「われわれ〔=私〕が思うこと、考えていること」の意であろう。実際、以下で述べられているのは、魂の不滅性をめぐる大カトーの、言い換えれば、キケローの見解となっている。

*2 29節訳注*3、*4参照。

*3 29節訳注*1、*2参照。

83節

*1 兄の王位を簒奪していたイオルコスの王ペリアスは、兄の子イアソンを亡き者にしようと、一族ゆかりの金の羊皮の捜索を命じたが、イアソンはコルキスの王女メデイアの助けで無事任務を遂げる。イオルコスにやって来たメデイアは、若返り術と称してペリアスの娘たちに父親ペリアスを釜茹でにさせ、夫イアソンの復讐を遂げる。ペリアスは若返るどころか死んでしまうので、比喩としてはやや不適切だが、若返りという点に焦点をあてたもの。

84節

*1 49節訳注*1参照。

85節

*1 キケローは『トゥスクルム荘対談集』一・五五で、同じ言葉「つまらない哲学者たち (minuti

philosophi)」を用いて、こう言っている。「プラトンやソクラテスとその学派に異を唱える者は、みなこう呼ばれて然るべきであるように思われる」。もっぱら原子論を信奉し、死ねば肉体も魂もすべて原子に解体されるとするエピクロス派の哲学者を指す。

友情について

登場人物

ラエリウス、ガイウス
一四〇年の執政官。「賢者」の異名をもつ進歩的知識人。小スキピオーの無二の親友。

スカエウォラ・アウグル、クイントゥス・ムキウス
一一七年の執政官。ラエリウスの女婿。高名な法律家。少年時代のキケローの師。

ファンニウス、ガイウス
一二二年の執政官。ラエリウスの女婿。パナイティオスの弟子。

一

1 鳥卜官《ちょうぼくかん》のクイントゥス・ムキウス〔・スカエウォラ〕[*1]は、彼の義父ガイウス・ラエリウス[*2]の思い出を、あれこれ、記憶も鮮やかに、楽しそうに語ったものだが、どのような会話でも、ためらうことなく彼のことを賢者と呼ぶのが常だった。かく言う私のほうは、元服[*3]すると、私にできるかぎり、また許されるかぎり、そばを離れない、という了解の上で、父[*4]によって〔見習いのため〕老年を迎えていた、そのスカエウォラのもとに連れていかれたのである。[*5] それゆえ、彼が論じる学識豊かな議論や、彼の語る簡潔で適切な多くの言説を、私は記憶にとどめ、その識見によって少しでも自分に学識が加えられるように努力したものであった。その彼が身罷《みまか》ったため、私は神祇官のほうのスカエウォラ[*6]に教えを乞うこととなった。あえて言えば、才知という点でも、また正義という点でも、これほど傑出した人は、わが国において他に類を見ない。しかし、この人については、また別の機会に譲り、今は鳥卜官のスカエウォラの話に戻ろう。

2 あの人が機会あるごとに語ってくれた談話の思い出は他にもいろいろとあるけれども、とりわけ記憶に蘇えるのは、私も、それにごく少数の親しい人たちも居合わせた折、あの人がいつものように自宅の庭にしつらえられた半円形の東屋《あずまや》[*1]に腰かけて、当時、衆口を賑《にぎ》わせていた例の話にたまたま言い及んだ時のことである。というのも、護民官だったスルピキウス[*2]が、その年の執政官で、それまでは膠漆《こうしつ》の契《ちぎ》りと実に深い友愛で結ばれて生きてきたクイントゥス・ポンペイウス[*3]と、これ以上はない険悪な憎悪を抱いて対立したとき、人々の驚きというか、あるいは嘆きというか、ともかくもそれがどれほど大きなものだったかは君[*4]もきっと覚えているに違いないからだ。君はプブリウス・スルピキウスとは昵懇《じっこん》の間柄だっただけに、なおさらだろう。

3 そういう次第で、たまたま今言った、まさにその話題に話が及んだとき、スカエウォラは、アフリカヌス[*1]の死後、幾日か経って、ラエリウスが友情というものをめぐって彼スカエウォラと、それにもう一人の女婿《じょせい》でマルクス〔・ファンニウス〕の子息ガイウス・ファンニウス[*2]と交わしたという談論を、われわれに披露してくれたのである。私はその議論の趣旨を記憶にとどめており、それを私なりの流儀で、この書で開陳した、というわけなのだ。私なりの流儀で、というのも、私は彼ら本人を登場させ、彼ら自身が会話を交わしているような描き方をしたからだが、あまりにも頻繁に「私は言った」とか「彼は言った」といった言葉を挟まずに済ませたい、また、談論があたかも目の前にいる彼らによって行われているかのような雰囲気を醸し出したい、という意図からなのである。

4 それというのも、しばしば君が友情について何かものするよう私に勧めてくれたからで、この友情というものは万人が知るに値するものでもあり、かつまたわれわれの友誼にふさわしいものでもあると私には思われたのだ。それゆえ、君の求めに応じて、私は喜んで多くの人の役に立つように努めた、という次第なのである。ところで、老年について記し、君に献じた『大カトー』では、論者として大カトー[*1]に登場願ったが、老人として過ごした歳月が誰にもまして長く、かつまた老年にあって誰よりも華々しく活躍していた彼以上に、その年齢について語るのがふさわしい人物は他にいないように思われたからであった。同様に、われわれが父親の世代の人たちから聞かされたところでは、ガイウス・ラエリウスとプブリウス・スキピオー[*2]の刎頸《ふんけい》の交わりは稀代《きたい》の語り種《ぐさ》となるものだったということであるから、そのラエリウスこそ、友情についてスカエウォラがラエリウスその人によって論じられたのを記憶していたという、まさにその高説を説くのに最適の人物と私には思われたのだ。実際、この種の談論は、古《いにしえ》の人で、しかも世に名高い人物の権威に託して語られると、どういうわけか重みを増すように思われる。そのせいであろう、時として、自分が書いたものでありながら読んでいると私ではなくカトーその人が語っているのではないか、という錯覚さえ覚える。

5　それはさておき、あの時は老人の私が老人の君に宛てて老年について書いたように、この書でも友情の最も篤《あつ》い者である私が無二の友である君に宛てて友情について書いたものだ。前回は、当時、彼以上の高齢者はおよそ一人もおらず、彼以上の賢者は一人もいなかったカトーが語り手だった。今回は、賢者でもあり——彼はそうみなされてきたからだが——、かつまた友情の誉《ほま》れ衆に抜きん出てもいるラエリウスが語り手となるであろう。君には心中、私という存在からはしばし離れ、ほかならぬラエリウスその人が語っていると考えてもらえたら、と思う。アフリカヌスが身罷《みまか》ったあと、ガイウス・ファンニウスとクイントゥス・ムキウス〔・スカエウォラ〕が義父〔ラエリウス〕のもとを訪《おとな》うのだ。談論の口火はこの二人が切り、ラエリウスがそれに答える。ラエリウスの所論は全体が友情に関わるもので、君は読み進めるにつれて、ほかならぬ君自身の姿をここに認めることになるはずだ。

二

6

ファンニウス　ラエリウス、あなたのおっしゃるとおりです。実際、アフリカヌスより優れた人はいまだかつて一人もおらず、あのかたにもまして名高い人はいまだかつて一人もいません。しかしながら、あなたは万人の視線があなた一人に注がれてきたことに思いを致さなければなりません。あなたのことを、人々は賢者と呼びもし、そうみなしもしているのです。[*1] 最近のこと、この誉れはマルクス・カトーに授けられていましたし、ルキウス・アキリウス[*2]がわれわれの父親の世代のあいだで賢者と呼ばれていたのは

7

私たちも承知していますが、二人とも、あなたの場合とは意味合いがいささか異なっていました。アキリウスの場合は市民法の分野で碩学《せきがく》とみなされていたからですし、カトーの場合は多方面の実践的知識に長《た》けていたからで、元老院でもフォルム[*3]でも示された、あの人の、あるいは思慮深い先見の明、あるいは恒心に裏打ちされた行動、あるいは犀利な応答が数多《あまた》、人々の口の端《は》にのぼっていたからです。あのかたが老年期に入ると、すでに賢者という一種の添え名のようなものを得ていたのは、それゆえでした。[*4]

一方、あなたの場合は、何か意味合いが異なるのです。あなたが賢者とされる所以《ゆえん》は、あなたの天与の資質や品性ばかりか、あなたの学問や学識にもよるのであり、一般大衆の言うような賢者ではなく、学識者が呼ぶ習わしの賢者ということなのであって、例えば、伝え聞くところ、ギリシアの他の地には一人もおらず――といいますのも、この問題を厳密に追究する人々は、世に七賢人[*1]と称されている人たちを賢者の部類には入れていないからです[*2]――、アテナイに一人だけいたとされ、しかもアポロンの神託によっても最高の賢者と判定された人[*3]のような類《たぐい》の賢者ということなのです。あなたには、ご自分に関わるものは、すべてあなたご自身の内にあるとみなし、徳は人間に降りかかる諸々の災厄を凌ぐと考える叡知がそなわっている、というのが、もっぱらの衆評なのです。そのあなたがどんなふうにアフリカヌスの死を耐えておられるのか、人々が私から聞きたがるのはそのためですし、同じように、きっとこのスカエウォラにも尋ねているに違いありません。今月のノーナエ[*4]の日のこと、私たちが定例の鳥卜《ちょうぼく》術の演習[*5]のために鳥卜官デキムス・ブルートゥス[*6]の庭園に集まった折、あなたが欠席なさったので、なおさらです。あなたはといえば、常にその定例日を誰よりも謹直に遵守し、その義務を果たす習いだったかたなのですからね。

8
スカエウォラ　ガイウス・ラエリウス、確かにファンニウスの言ったとおり、私もよく尋ねられますが、私は自分が気づいたことを答えるようにしています。つまり、あなたは誰よりも優れた人でもあり、無二の親友でもある人の死によって受けられた悲痛な思いを節度をもって耐えておられるし、また、あなたは動揺せずにはいられなかったけれども、動揺せずにいることなど、あなたの人間性に悖《もと》ることだった、と。ノーナエの日にあなたが欠席されたことについては、健康状態が理由であって、愁傷が理由なのではない、と私は答えています。

9
ラエリウス　スカエウォラ、君の答えに間違いはなく、それが本当のところだ。というのも、健康な時に決まって果たしてきた義務を、個人的な不都合が生じたからといって、なおざりにするのは許されないことだったし、恒心をもった人間なら、いかなる事態が生じようとも、どんな形にせよ義務の中断などありうるはずもない、と私は思うからね。

一方、君だが、ファンニウス、私が私自身認めもしないし、求めもしないほどの高い

10

評価を受けていると言ってくれる君の好意はありがたく受け取るとしても、カトーについての君の判断は、私の見るところ、正しくないように思う。というのも、こちらのほうが真実だと私は信じているが、賢者など一人もいないか、あるいは誰かいたとすれば、あの人こそが賢者と言える存在だったのだからね。他のことはさておくとしても、あのかたは子息の死をどのような態度で耐えられたことであろう。[*1] 私はパウルス[*2]のことも覚えていたし、ガルス[*3]の例も目にしていた。とはいえ、彼らが子息と死別したのは子息がまだ幼少期の頃のことだが、カトーの場合は成人し、すでに確固とした声価を得ていた人物だったのだ。

だから、君の言ではアポロンが最高の賢者と判定したとかいう例の人物その人といえども、ゆめゆめカトーの上に置くようなことをしてはいけない。というのも、称賛されているのは、カトーの場合は行動であるのに対して、例の人物の場合は言葉なのだからね。[*1]

ところで、私自身に関してだが、今度は君たち二人ともに向けて語るとして、こうだと考えてもらいたい。

三

私が今は亡きスキピオーへの悲哀や哀惜の念にとらわれていない、などと言えば——哀惜の念にとらわれないことが、どれほど正しいふるまいなのかは、賢者たちが判断すればいいが[*2]——、確かに嘘ということになろう。思うに、将来、二度と現れることはないであろうし、過去にも誰もいなかったあれほどの親友を奪われて、私は動揺を覚えずにはいられないのだ。しかし、私には、その喪失感を癒してくれる治療薬がないわけではない。私はみずからに慰めを求めているけれども、何より最大の慰めは、たいていの人がそのせいで親しい友の死去によって悲痛な思いに苦しめられるのが常である過ちを私が免れている、ということなのだ。スキピオーには何の不幸も生じなかった、私はそう思っているのだよ。何かが生じたとすれば、それは私に生じたのだ。しかるに、自分に生じた不都合で苦しむのは、友を愛する者のすることではなく、己《おのれ》を愛する者のすることだ。

11 あの人の生涯が輝かしい幸《さきわ》いを授かったものではなかった、などと言う者などいるだろうか。実際、あの人が不死を望みたいという思いをもっていたというのではないかぎり——あの人はそんなことなど露ほども思わぬ人だったが——、およそ人として願望す

12

るのが許されるもので、あの人が手に入れなかった何があるというのだろう。あの人はといえば、幼少の頃より同胞市民から絶大な期待をかけられ、成年に達すると信じがたい才能を発揮して[*1]、たちまちのうちにその期待さえ凌ぐ偉業を成し遂げた人だ。彼は、みずから執政官職を求めることがなかったにもかかわらず、二度、執政官に選ばれている[*2]。最初は法定年齢になる前に、二度目は、あの人自身にとっては時宜《じぎ》にかなった年齢だが、国家にとっては遅きに失した年にね。その執政官職にあって、あの人は、わが覇権国家にとっての不倶戴天の敵だった二つの都市[*3]を殲滅し、当面の戦争のみならず、将来の戦争〔の脅威〕まで払拭した。あの人の人好きのする性格や母御に対する敬愛の念について、姉妹たちに対する物惜しみしない鷹揚さや身内の人たちに対する懇《ねんご》ろな情[*4]について、万人に対する公正さについて、何を語る必要があろう。君たちの知るところだ。一方、あの人が国家にとってどれほど大切な存在であったかは、葬儀の際の〔国民の〕哀悼に示されていた。だから、寿命がいくばくか延びたからといって、あの人に何の益するところがあったであろう。いかにも、老年は厄介な重荷ではないとはいえ——カトーが、身罷る前年、私とスキピオーを相手にそう論じたのを私は覚えているが[*5]——、やはりスキピオーが死の間際までなお保っていた、あの瑞々《みずみず》しい若さは奪ってしまうものなのだ。

それゆえ、あの人の生涯は、幸運であれ、栄光であれ、これ以上何一つ付け加えることができないような見事なものだったのだ。一方、倉卒なその死は、死の感覚を取り去った[*1]。彼の死にざまがどのようなものだったか、言うのは困難だ。人々がどういう疑惑を抱いているのかは、君たちも知っているね[*2]。しかし、これだけは間違いなく言える、その生涯に、彼が目にした、祝賀の人々で満ち、無上の歓喜にあふれる日々は数多くあったが、中でも、死の前日、元老院が散会となったあとの夕刻、父なる元老院議員やローマ国民、同盟市の市民やラテン市民[*3]に随伴されながら自宅まで送り届けられた、あの日こそ、最も晴れがましい日であった、だから、あの人は、それほど高い威信の階段から、地下の死者たちのもとにではなく、天上の神々のもとにたどりついたように思われる、と。

四

13

こんなことを言うのも、近年、肉体が滅びるとともに魂も滅び、死によってすべてが雲散霧消する、などと論じ始めた人たちの説[*1]に私は同意しないからなのだ。私に関しては、古い時代の人たちの権威のほうが重い。あるいは、死者たちにあれほど厳粛な聖儀を捧げたわれわれの先人たちの権威――そうした聖儀が死者とはいっさい関わりのないものと考えていたのなら、確かにそのようなことなどするはずがなかったであろう、

14

——あるいは当地にあって今は消滅してしまったが、当時は栄えていたマグナ・グラエキア[*2]を、その教義と訓戒で教化した人たちの権威[*3]、あるいはアポロンの神託によって最高の賢者という判断が下された例の人[*4]、たいていの主題の場合のように、ある時は甲と言い、ある時は乙と言うのではなく[*5]、終始一貫、同じ主張、すなわち、人間の魂は神的なものであり、その魂には、肉体から出たあと、天界に回帰する道が開かれていて、魂が優れたものであればあるほど、正しいものであればあるほど、その天界への帰路は安楽平坦である、と語っていた、あの人の権威のほうがね。

　スキピオーも、同じ見解を是としていた。彼は、まるで予見していたかのように、死去するほんの数日前、ピルス[*1]もマニリウス[*2]も、他の多くの人たちも、それに、スカエウオラ、私と一緒にやって来ていた君も相手にして、三日間、国家について論じたが、その議論の最後は、ほぼ魂の不死性をめぐるものであった[*3]。スキピオーの言では、眠っている時に幻となって現れたアフリカヌス[*4]から聞いた話だという。もし、その話のとおり、その人が優れていればいるほど、それだけ容易に、その魂が死に臨んで肉体のいわば牢獄や桎梏《しっこく》から解放されて天翔《あまがけ》るとするなら[*5]、神々のもとへと至る道がスキピオーほど容易だった人間が、他に誰かいたと考えられようか。そういうわけだから、彼に起こったこの出来事で悲嘆するのは、友のすることというよりは、嫉妬心に駆られた者のすることではないかと私は思っているのだ。一方、また肉体の死と魂の死は同じであり、

15

〔死後には〕感覚はいっさい残されていない、という説のほうが真実だとするなら、死には善きものがいっさいないように、確かに悪しきものもいっさいないことになる。なぜなら、感覚が失われるのなら、いわばまったく生まれなかったのと等しいことになるのだからね。しかし、事実、スキピオーは生まれたのであり、その事実を、われわれも喜びとし、国家もそれが存続し続けるかぎり慶賀し続けるであろう。

そういうことで、あの人の生涯は至福の幸運に恵まれたわけだが、私に関しては、いささか問題ありであった。私のほうが彼より先にこの世に生を享《う》けたのだから[*1]、私のほうが先にこの世から去るのが公平だったのだからね。しかし、あの人との友情の思い出は私には楽しいもので、そのおかげで私の人生はつくづく幸せだったと思える。何しろ、私がともに生きたのはスキピオーだったのだ。彼と私とは国政に対する思いや私事に関わる苦楽をともにする一心同体の間柄で、家も軍務も一緒だったし[*2]、友情の真義はひとえにこれに存するのだが、志向や務め、物事に対する考え方の、これ以上はない一致協和があった。だから、ファンニウスが先ほど言っていた賢者という風評は、何よりそれが誤ったものなのだから、私はそれほどうれしいとは思わないのだ、われわれのこの友情の記憶が永遠《とわ》に残ってくれる、という私の期待ほどにはね。刎頸《ふんけい》の交わりの例として名を挙げられるのが、すべての時代を通じて三組か四組しかないことを考えれば[*3]、なおさらその期待を抱ける喜びは大きい。どうやら、私はスキピオーと〔私〕ラエリウ

16 スの友情が、その類《たぐい》の友情の例として後世に名を遺すと期待しているようなのだよ。

ファンニウス　いかにも、ラエリウス、必ずやそうなるに違いありません。ですが、せっかくあなたが友情について触れられ、私たちには時間があるのですから、あなたが何かを尋ねられた時に、常々、他の話題でもなさっているやり方で、この友情についても、どのような見解をおもちか、それがどのようなものとお考えか、どのような戒《いまし》めをお与えになるのか、お聞かせいただければ、私にとって——おそらくスカエウォラも同じだと思うのですが——大変ありがたいことです。

スカエウォラ　実際、私にもありがたいことで、私自身、あなたに談判しようとしていた矢先、ファンニウスに先を越されてしまいました。ですから、そうしていただければ、私たち二人ともにとって冥利に尽きます。

五

17 ラエリウス　私なら、自信があれば、そうするのにやぶさかではないのだがね。何しろ、主題は素晴らしいものだし、その上、ファンニウスが言ったように、われわれには時間がありもするのだから。しかし、私は何者なのだろう。あるいは、私にどんな能力があるというのだろう。そんなふうに、どれほど唐突であろうと、論題が提示され、そ

18

れを論じるというのは、学者連、それもギリシアの学者連の習いだ。[*1] それは大した業《わざ》であり、少なからざる鍛錬を必要とする。だから、友情についての可能な議論は、そうした営みをみずからの業と公言している人たちに頼むのがよかろうと思う。私にできることといえば、友情というものを人間に関わるあらゆる事柄に優先すべきものと位置づけるよう君たちに勧めることだ。というのも、友情ほど自然に即するものはなく、友情ほど、あるいは順境にも、あるいは逆境にも適するものはないのだからね。[*2]

しかし、第一に感ずるところを言えば、友情は善き人々のあいだで以外ありえない、ということだ。[*1] もっとも、私のその所感は、あまりにも微に入り細を穿《うが》った論を述べる人たち[*2]のように、徹底的に事柄を剔抉《てっけつ》した上でのもの、というわけではない。しかし、彼らの論は、おそらく正論なのかもしれないが、ほとんど一般の人々の用には立たないものなのだ。何しろ、彼らの言では、およそ賢者以外、誰も善き人間ではない、というのだからね。なるほど、そうなのかもしれない。しかし、彼らの意味する〔賢者の〕叡知とは、いまだかつて人間の誰も達成したことがないという代物なのだ。[*3] われわれが見据えるべきは、虚構や願望ではなく、一般の慣習や日常の生活の中にある現実だ。私はガイウス・ファブリキウス[*4]やマニウス・クリウス[*5]やティベリウス・コルンカニウス[*6]が——われわれの先人が賢者と判断した人たちだが——彼ら〔ストア派〕の基準に照らして賢者だったと言うつもりは、さらさらない。だから、彼らが、一歩譲って、今、名を

19

挙げた人たちが善き人たちだったと認めてくれるのなら、反感を買うものでもあり、理解しがたいものでもある〔賢者の〕叡知なるその名称を自分たち用に留保してもらっても、いっこうにかまわないのだ。だが、彼らはそれすら認めようとしないだろう。彼らの言では、賢者以外、それは認められないというのだからね。

それゆえ、われわれは世間で言うところの「太っちょのミネルウァ」[*1]で話を進めることにしよう。その信義、実直さ、公正さ、篤志が世に認められ、物欲や情欲や横暴さがなく、揺るぎない強固な恒心があるとされるような身の処し方をし、生き方をする人たち[*2]——先ほど名を挙げたような人たちだが、彼らが事実そうみなされたように——、そのような人たちは善き人たちとみなされるべきでもあり、そう呼ばれるべきでもある、と考えることにしよう。なぜなら、そのような人たちは、人間として能《あた》うかぎり、生の最良の導き手である自然に従っているからだ[*3]。

というのも、私にはこうだと明白に見て取れるように思えるからね、すなわち、われわれ人間は、あらゆる人のあいだに、それぞれの関係性が近しいものであればあるほど、それだけ強い、ある種の共同体的結びつき[*4]が存在するように生まれついているのだ、と。異国人より同胞市民のほうが、赤の他人より親類縁者のほうが好ましいのは、それゆえなのである。いかにも、そうした関係性をもつ人々とともに、それにともなう親愛の情を生んだのは、ほかならぬ自然なのだ[*5]。だが、その親愛の情には十分な強固さが欠けている。なぜなら、親近性からは善意を取り去ることができるが、友情からはそれができないという点で、友情は親近性にまさるからである。実際、善意を取り去れば友情の名は奪われるが、親近性は善意を取り去っても依然として残る。

20 友情の意義がどれほど大きいものかは、何より自然そのものが生み出す無数にある人間同士の共同体的結びつきの中で、この友情というものがきわめて限定され、局限されたものであり、互いを結びつけるどの愛情も二人もしくは少数の人間のあいだでしか成り立たない、という事実から最もよく理解できる[*1]。

六

実際、友情とは、すべての神的・人間的事柄に関わる、善意と愛情をともなった一体性以外の何ものでもない。人間にとって、不死なる神々から与えられたもので、叡知を除けば、これ以上に価値あるものはおそらくないのではないか[*2]。より高い価値を富に見出す者もいれば、健康、あるいは権力、あるいは名誉に見出す者もいる。また、快楽のほうをよしとする者も多い。だが、最後の快楽は獣特有のものだ。前のものは脆《もろ》く、不確かなもので、その実現は、われわれの思慮次第というより、運命の気まぐれに委ねられている。一方、最高善は徳にある、とする人たち[*3]の説は実に優れたものだが、まさにこの徳こそが友情を生みもし、維持もするものなのであって、この徳なくしては、いかにしても友情は存立しえないのである。

21

さて、その徳だが、われわれはこれを、ある学者連[*1]のやっているように、言葉の仰々しさによってではなく、われわれのふだんの生活の習いや日常の言葉に即して解釈してみよう。そうして、実際にそうみなされている人たち、パウルスのような人たちや、カトー、ガルス、スキピオー、ピルスといったような人たちを、善き人々として、その名を挙げることにしよう。通常の生は、こうした人たちを賢者とすることで満足なのである。[*2]一方、まったくどこにも見出せない〔ストア派的な机上の空論の〕善人は無視することにしよう。

22

それゆえ、このような人たちのあいだに生まれた友情には、語り尽くせぬほど大きな便益が内在している。第一に、友人相互の善意に安んじて依拠することのない生は、エンニウス[*1]の言葉を借りれば、いかにして「生きるに値する生」[*2]でありうるであろう。自分自身に語るように、すべてを腹蔵なく打ち明けることのできる友をもつこと以上にうれしいことがあるだろうか。自分自身と同じように喜んでくれる友がいなければ、いかにして順境を享受する大きな喜びを得られよう。また、逆境にしても、自分以上に心を痛めてくれる友がいなければ、耐えるのは容易ではない[*3]。要するに、人々が求める友情以外のものは、それぞれが、ほぼ単一の目的にしか役立たないものなのだ。つまり、富は使うため、権勢は敬われるため、名誉ある公職は称えられるため、快楽は喜びを得るため、健康は苦痛なく暮らし、身体の機能を全うさせるためのものだ。だが、友情は多くのものを内包している。友情は、人がどこに向かおうとも、そこに存在し続け、いかなる場所からも排除されることはなく、いかなる時にも時宜にかなわぬことはなく、煩わしく思うことの決してないものなのである。皆がよく口にする言葉を使えば、火や水といえども、友情ほどには多くの場所で使われることはない、ということだ。[*4] 私が今、言っているのは――それそのものは喜びを与えもするし、役に立ちもするものではあるのだが――、通俗の友情あるいは平均的な友情についてではなく、〔刎頸の交わりの例として〕名を挙げられる少数の人たちのあいだに見られたような、完璧な、真の友情についてなのである。というのも、そのような友情は順境をさらに輝かしいものにし、逆境を、関与し、共有することで、より軽くしてくれるものだからだ。[*5]

七

23 友情が内包する利点はきわめて多く、またきわめて大きいが、それが将来に向かって希望の光を照らし、心が挫《くじ》けたり、萎《な》えたりするのを許さないという、その一点で、他のすべてのものにまさっていることは疑いない。また、真の友を見つめる者は、いわば自分自身の似姿[*1]を見つめるのだ。それゆえ、友はいなくともそばにおり、貧しくとも豊かであり、虚弱であろうとも頑健であり、この点は曰《いわ》く言いがたいが、死んでいながら生きているのである。友に対する大きな敬意や鮮やかな追憶、強い思慕の念は彼らとともに終生残り、そのために、友は死すともその死は幸福に思われ、自分は残されるともその生は称えるべきものに思われるのである。

24

　仮にも自然界から善意に裏打ちされた和合が取り去られるとするなら、いかなる家庭も、いかなる都市も存立しえないであろうし、農耕でさえ存続しえないであろう。これが分かりづらいというのなら、軋轢や不和分裂のことを考えればよい。友情や協和の意義がいかに大きいものであるか、見て取れるはずだ。いかにも、憎悪や分裂によって根底から瓦解させられないほど強固に安定した家や都市など、どこにあろう。このことから、友情にどれほど大きな利点が内在しているかが判断できる。

　実際、伝わるところ、アグリゲントゥム人の学識ある、さる人物[*1]は、ギリシア語の詩に乗せて、このような教えを歌ったという、この地上世界と全宇宙に存在する静止するもの、また運動するものを、友愛は接合し、不和は離散させる[*2]、と。この卓説は、すべての人が理解し、かつ現実に照らして是認してもいる。そういうわけだから、危険に向かっていったり、危険をともにしたりする、親友の何か目覚ましい義務的行為のようなものが行われたと分かった場合には、その行為を最大の賛辞を呈して誉めそやさぬ者などいるであろうか。最近のこと、私の賓客[3]でもあり友人でもあるマルクス・パクウィウス[4]の新作の劇の上演の折、ピュラデス[5]が、王には正体を知られていなかったので身代わりに殺されようとして自分がオレステス[6]だと言い、オレステスはオレステスで、事実のとおり、自分こそオレステスだと言い張り続けたとき、満座の観客席から、どれほど大きな歓声が沸き起こったことだろう[7]。観客は、作り話であるにもかかわらず、立ち上がって拍手喝采したのだ。これが現実の出来事だったら、どうしただろうね。人間の本性そのものに内在する力の、おのずからの発現を、ここに見ることができる。人々は、自分にはできないことであっても他人によってなされるのを見て、正しい行為と判断した、ということなのだからね。

以上で、私が友情についてどういう見解をもっているか、語りえたのではないかと思う。まだ何か漏れていることがあるのなら——さぞかし多々あるのかもしれないけれども——、よければ、この種の問題で議論を戦わせるのを事としている人たちに尋ねるといい。

25

ファンニウス　ですが、私たちはむしろあなたにお尋ねしたいのです。私もしばしば、今あなたがおっしゃった類《たぐい》の人たちに、むろん私のほうから進んでですが、尋ねたことがあり、話を聞いたことがありますけれども、あなたのお話の風合《ふう》いは、それとはまたどこか違っているのです。

スカエウォラ　ファンニウス、あの時なら、なおさら確信をもってそう言っていただろう、最近のこと、スキピオーの庭園で国家について議論が交わされた折、君がその場に居合わせていたならね[*1]。あの折、微に入り細を穿ったピルスの主張に反駁されて正義を弁護されたお義父《とう》さんの見事な弁護人ぶりは、いかばかりであったことか[*2]。

ファンニウス　誰にもまして正義の人である人にとっては、そんなのは造作もないことだったさ。

スカエウォラ　では、友情はどうだろう。友情をこれ以上はない信義と恒心と正義をもって守り続けたことで最高の栄誉を授けられている人にとって、友情を弁護するなど、いともたやすいことではないか。

八

26 ラエリウス　こりゃ、力ずくの仕業だね。実際、私にどうやって押しつけるかなど、君たちにはどうでもよく、お構いなしなのだから。確かに、君たちのそれは有無を言わせぬ押しつけだよ。何しろ、婿殿たちの熱意に、とりわけ立派な事柄で抗うのは難しいことでもあるし、正当性に欠けてさえいることでもあるのだからね。

さて、そこでだ、友情については私も何度となく思いをめぐらせてきたが、いつも思うのは、考察すべき最大の問題は次の点ではないか、ということだ、つまり、友情が求められてきたのは、人間の劣弱性や欠如ゆえに、各々、長所とするところを与えたり受け取ったりすることで、自分一人ではなかなか実現できないものを相手から受けたり、逆に与えたりするという目的からなのか、それとも、この与え与えられる互恵関係は、なるほど友情固有のものであるとはいえ、自然の本性そのものに発する、さらに古く、さらに美しい別の理由があるのか、という問題である。[*1] というのも、互いに好誼を結び合う、そもそもの始原は、友情《アミーキティア》という言葉がそこから命名された愛《アモル》なのだからね。[*2]なるほど、便益は、しばしば友情を装って大事にされたり、時機を狙って敬重されたりする人たちからも得られる。しかるに、友情には欺瞞や見せかけはいっさいなく、すべてが真実であり、すべてが自発的なのだ。

27

だから、友情というものは欠如からというより自然の本性から生まれた、言い換えれば、それがどれほどの便益をもたらすかという思惑からではなく、むしろ、ある種の愛の感情をともないつつ、相手に心を通わせ、寄り添うことから生まれた、[*1] と私には思われるのだよ。それがどのような心の働きであるかは、ある種の獣畜に見て取ることができよう。獣畜のあるものは、ある一定の時期まで、その感情が容易にうかがい知れるような仕方で自分の仔を愛し、仔もまた親を愛する。この点は、人間の場合、第一に、親子のあいだに存在する、おぞましい罪によって以外、奪い取ることのできない愛情から

28 さらに明瞭に見て取れるし、次には、その人の倫理観や性格に相和《あいわ》することのできる誰かと相識となった場合、その相手の中に、善良さと徳性の、いわば光明を見る思いがするため、愛に似た感情が生じる時に、さらに判然と窺知《きち》できる。

　というのも、徳ほど愛されるものはなく、徳ほど愛へと誘うものはないのだからね。実際、われわれは一度も会ったことがない人であっても、その徳性や善良さゆえに、ある種の愛情を抱くことができる[*1]。その謦咳《けいがい》に一度も接したことがなくとも、ガイウス・ファブリキウスやマニウス・クリウス[*2]の記憶を、ある種の好意のこもった愛情を抱きながら語らぬ者などいるだろうか。一方、タルクイニウス・スペルブスやスプリウス・カッシウスやスプリウス・マエリウス[*3]に憎しみを覚えない者などいるだろうか。イタリアでは、覇権をめぐって二人の将軍との戦いが行われた。ピュッロス[*4]とハンニバル[*5]だ。一方のピュッロスには、その善良さゆえに、われわれはそれほどの嫌悪感を抱かない。これに反して、もう一方のハンニバルには、その残酷さゆえに、わが国の人々は憎悪の念を抱くのである。

九

29 われわれが、一度も目にしたことのない人であっても、さらに甚《はなは》だしきは敵であっても、善良さを認めれば、それを愛《め》でるほどの力が善良さにあるとすれば、交誼で結ばれた相手の徳性や善性が見て取れるように思われるとき、人の心が感動を覚えるとしても、何の不思議があろう。もっとも、この愛の感情は、相手から恩恵を受けたり、相手の厚情が窺知《きち》されたり、深い親交が結ばれたりすれば、さらに強固なものとなり、心に芽生えた愛の感情の最初の衝動にこうした事情が付け加われば、何か大きな、驚くべき善意の火のようなものが燃え上がるのだ。

友情が人間の劣弱さに由来し、各々が希求するものを、その人の手を借りて手に入れられるような誰かがいるようにしようとする目的をもつものと考える者がいるとすれば、それは友情が欠如や欠乏から生まれたと主張するものであって、友情を、言ってみれば、いかにも卑しく、高貴さのまったくない出自に帰し、貶《おとし》めているのである。そうであるなら、みずからの内にそなわるものが少なければ少ないと思う人ほど、それだけ友情に適した人間ということになるであろう。だが、その考えは真実からかけ離れること程遠いものだ。

30

いかにも、誰にせよ、自己を恃《たの》む心が大きければ大きいほど、また、欠けるものは何一つなく、自分の持ち物はすべて自己の内にあると考えるほど強固にみずからを徳性と叡知の守り[*1]で固めていればいるほど、それだけ、その人は友情を求めるのに優れ、友情を大切にすることに秀でているのである[*2]。実際、どうであろう、アフリカヌスは私を必要としていただろうか。誓って、そんなことは決してなかった。私にしても、あの人を必要としていたわけではない。[3] そうではなく、私は、あの人の徳性に対する、ある種の賛嘆の念から、あの人を愛したのであり、反対に、あの人のほうは、私の倫理観や性格について、あの人が抱いていた、おそらくは決して低くはない評価から、私を愛してくれていたのだ。そして、親交を重ねるにつれて、互いの善意はいや増しに増していった。しかし、その結果、多大な便益が得られたとはいえ、相互の愛の因は、そうした便益への期待から生じたのではないのだよ。

31 いかにも、恵み深く、寛仁大度であろうとするわれわれの行為が相手からの報恩を期待してのことではないように——なぜなら、われわれが他人《ひと》に恩恵を与えるのは、利得を得ようとしてのことではなく、自然の本性からして、われわれが寛仁大度に向かう性向を有するからなのだ——、それと同じで、われわれが友情を求むべきものと考えるのは、利得の期待に惹かれた結果ではなく、友情の果実がすべて愛そのものの中に内在するからなのである。

32 家畜のように万事を快楽に帰す人たち[1]は、こうした考えとは甚だしく意見を異にしている。それも驚くにはあたらない。なぜなら、みずからの想念のすべてを、快楽という、これほど低劣で軽蔑すべきものに放擲してしまった彼らには、目を上げて、高邁なもの、壮大なもの、神的なものをいっさい見つめることができないからなのだ。だから、こういう人たちは、この談論から排除することにしよう。そうして、われわれ自身はこうだと理解することにしよう、すなわち、善良さの印が示されたとき、自然の本性から愛の感情や善意のこもった慈《いつく》しみの心が生じるのだ、と[*2]、そうして、その善良さを求めようとした人は、相手に身を寄せ、さらに近づいていき、愛し始めたその人との親交も、またその倫理観や性格も享受しようとするとともに、愛において比肩し、同等になろうと努め、相手から利益を求めようとするよりは相手の利益を図ろうとするほうにますます傾き、さらには相互のあいだに誉《ほ》むべき競い合いが生じるに至るのだ、と[*3]。こう考えれば、友情から得られる便益は最大のものとなるであろうし、劣弱性ではなく自然の本性に由来するその友情の出自は、より重々しく、より真実なものとなるであろう。実際、友情を結びつけるものが便益だというのなら、便益が変化し、消失してしまえば、友情も解体してしまうことになるはずだ。だが、自然の本性は変化することはありえず、したがって真の友情は永遠のものなのである[*4]。

　友情の始まりについては、以上で分かってもらえたであろう。もっとも、君のほうで、これに対して何か言いたいことがあるのなら、話は別だがね。

ファンニウス　あなたのほうこそ、ラエリウス、続けてください。この人は私より年下ですから、私が〔年長の〕権利を行使して、彼に代わってお答えします。

33 スカエウォラ　いかにも、君の言うとおりだ。だから、お話をうかがおうじゃないか。

一〇

ラエリウス　では、聞きたまえ、誰よりも優れた君たち。これは、私とスキピオーのあいだで、友情について数えきれないほど、たびたび交わされた議論なのだ。もっとも、あの人はよくこう言っていた、友情を人生の最後の日まで続かせることほど難しいことはない、なぜなら、あるいは利害が一致しなくなったり、あるいは国政に対する見解を異にするようになったりすることがよく起こるからだ、と。また、人の倫理観や性格は、ある場合には逆境に見舞われて、ある場合には歳をとることによって、しばしば変わる、とも言っていた。そうして、類例の青少年期からその喩えを引いて、こう言うのだ、少年たちが何より愛好する相手が、紫縁のトガ[*1]を脱いで元服するとともに放念されることがよくある、と。

34 「また、その愛好が青年期まで持続したとしても、時として、あるいは結婚相手をめぐる競い合いによって、あるいは両者ともが同じ一つのものを獲得できない何かの利便をめぐる争いによって引き裂かれるし、たとえそれより長く友情を保ったまま年齢を重ねたとしても、名誉ある公職をめぐって、たまたま争わなければならなくなった場合、友

35

情に亀裂が入って崩壊することもしばしばである。実際、大多数の人たちの場合は金銭欲以上に、きわめて優秀な人たちの場合は名誉ある公職や栄誉をめぐる争い[*1]以上に、友情にとって深刻な害毒はないのであって、この害毒から、きわめて篤《あつ》い友情で結ばれた親友同士のあいだにも、きわめて深刻な敵意がしばしば生じてきたのだ。

さらに、また、友人に何か正しくないことが求められる時にも、深刻で、たいていの場合、無理からぬ亀裂が生じる。愛欲をかなえるために一役買うよう求められたり、あるいは不正に加担するよう求められたりする場合がそれで、求めを拒んだりすれば、その拒絶がどれほど誠実なものであっても、拒んだ人が、意に添おうとしなかった相手から、友情の掟を破る行為だといって指弾されるのだ。一方、友人にどんなことでも要求して憚《はばか》らない者は、まさにそのような要求をすることによって、自分は友人のためなら何であってもする用意がある、と公言しているのである。彼らの難詰がしこりとなって長く残るとき、通例、親交が雲散霧消するばかりか、永続的な憎悪さえ生まれる。友情は、このような実に数多くの、いわば受難の運命に脅かされているので、そのすべてを回避するには、叡知のみならず、幸運もまた必要だと私には思える」、あの人はよくそう語っていた。

一一

36 そういうわけだから、異論がなければ、まず友情においては、愛情はどの程度まで深く踏み込まなければならないのか、という問題を考えてみることにしよう。[*1] コリオラヌス[*2]に友人がいたとしたなら、彼らはコリオラヌスのために彼と一緒になって祖国に反逆すべきだったのだろうか。友人なら、王権を狙うウェケッリヌスに、あるいはマエリウス[*3]に援助の手を差し伸べるべきだったのだろうか。

37 ティベリウス・グラックス[*1]について言えば、彼が国家に混乱をもたらし始めると、クイントゥス・トゥベロー[*2]やその他の同年輩の友人たちに見放されたのを、われわれは目にした。だが、スカエウォラ、君たちの家と賓客関係にあった人物、クマエ人のガイウス・ブロッシウス[*3]は、私が執政官ラエナスとルピリウス[*4]の顧問団[*5]の一員として〔裁判に〕関わっていた関係で、私のところに嘆願にやって来て、自分はティベリウス・グラックスのことをきわめて高く買っていたから、彼が望むことは何であれ、する義務があると思っていた、という弁解を持ち出し、自分を赦免してくれるよう訴えたのだ。そのとき、私は言ってやった、「彼がカピトリウム[*6]に火をつけるのを君に望んだとしても、か」と。「あの人はそんなことなど望まなかっただろうが、望んでいたら私は従っていた」、それがブロッシウスの返答だ。君たちには見て取れよう、これがいかに非理、無法な言葉であるのかがね。誓って、彼はその言葉どおりのことをやった、いや、それ以上の無法さえ働いたのだ。実際、ブロッシウスは、ティベリウス・グラックスの無謀な企てに従ったというのではなく、その先頭に立ったのであり、彼の狂気の仲間としてではなく、首謀者としての役割[*7]を演じたのである。だから、この狂気のせいで、新たに設置された査問所[*8]に恐れをなし、アシアに逃れて〔ローマの〕敵[*9]のもとに身を寄せたが、当然ながら、国家に刃向かった大罪の峻厳な報いを受けることとなったのだ。

そういうわけで、罪を犯したのは友人のためだった、と言ったところで、何の弁解にもなりはしない。実際、友情を仲立ちしたものは徳に対する評価だったのだから、徳から逸脱してしまえば、友情が存続するのは無理だ。

38 仮に、友人が望むことは何であれ聞き入れること、あるいはわれわれの望むことは何であれ友人に頼むことが正しいと決めてみるとして、確かに、われわれに完璧な叡知がそなわっているのなら、何事にも不都合は生じないだろう。だが、われわれが語っているのは、われわれの目の前におり、われわれが目にしている友人、あるいは記憶に伝えられてわれわれが知っている友人、われわれがふだんの生活の中で知っている友人についてなのである。例を引くのなら、そうした人たち、とりわけ叡知に最も近づいている人たちの中からでなければならない。

39

われわれの承知するところ、パプス・アエミリウス[*1]はガイウス・ルスキヌス[*2]の親友で――父親の世代の人たちから、われわれはそう伝え聞いている――、二人は二度、一緒に執政官を務め、監察官時代にも同僚だった。さらに、マニウス・クリウス[*3]とティベリウス・コルンカニウス[*4]は、彼らアエミリウスとルスキヌスとも、また互いのあいだでも緊密に結ばれた親友だった、と伝えられている。されば、だ、このような人たちの誰かが、友人に、何か信義に反すること、何か誓約に反すること、何か国家の利益に反することを催促したことがあるのではないか、などと邪推するのは影を搏《う》つに等しい愚行だろう。実際、このような人たちの場合、彼らが誰にもまして高潔きわまりない人たちだったことを考えれば、また、そのような何かを求められてすることも、求めることも許されざる行為であることを考えれば、「催促していたとしても、かなえられなかっただろう」などと、ことさらに言う必要もないことではないか。だが、ティベリウス・グラックス[*5]の場合は、ガイウス・カルボー[*6]やガイウス・カトー[*7]が心服していたし、さらに、当時はその気配がまったくなかったが、今は誰よりも過激に〔ティベリウスの〕弟ガイウス[*8]が兄の顰《ひそみ》に倣おうとしている。

一二

40 そういうわけだから、友情においては、このような法規が定められねばならないのだ、すなわち、恥ずべきことは求めてはならず、求められてもしてはならない、と。というのも、誰であれ、国家に反逆する行動をとったのは友人のためだった、などと告白しても、他の罪でもそうだが、恥ずべき言い訳であり、決して容認されてはならない弁解だからである。現に、われわれは今、ファンニウス、それにスカエウォラ、遠く将来を見据えて、国家に降りかかる災厄[*1]をはるか前から予見しなければならない状況に置かれている。先人の築いた慣習は、すでにそのあるべき場所と進路をいささか逸《そ》れてしまっているのだ。

41 ティベリウス・グラックスは、王権を手中に収めようと企てた、否《いな》、むしろ数ヵ月、王として君臨した[*1]。ローマ国民が、これと似た事態を聞いたり、見たりしたことがあっただろうか。彼の死後も、なお彼に追随した友人や縁者たちがプブリウス〔・スキピオー〕・ナシカ[*2]に対して働いた所業が、どんな結末をもたらしたか、涙なしには語れない。カルボーについては、ティベリウス・グラックスが誅罰された記憶がまだ生々しかったため、われわれはできる範囲の手立てを尽くして忍耐した[*3]。だが、ガイウス・グラ

42

ックスが護民官に就いた場合、いかなる状況が出来《しゅったい》すると思えばよいのか、予測する気にもならない。事変は日ごと、ひそかに忍び寄り、いったん動き出せば、奈落に向かって真っ逆さまに転落していく。以前、すでに投票の方法に関して、はじめはガビニウス法によって、その二年後にはカッシウス法によって、どれほどの崩壊がもたらされたか、君たちも分かっていよう。[*4] 国民の心がもはや元老院から離反してしまっており、国政の大事が大衆の恣意によって決せられているのを目の当たりにする思いがしている。実際、いかにすればこの事変に抗《あらが》えるかを学ぼうとする人間よりも、いかにすればそれが成就するかを学ぼうとする人間のほうが多いのだ。

　こんな話をしたのは何のためであろう。同志がいなければ、誰もこのようなことを企てようとはしない、ということなのだ。だから、善き人々には、こういう戒《いまし》めを与えてやらねばならない、すなわち、この種の友人関係に知らずして陥ったとしても、国家の何かの大事で罪を犯そうとする友人から離れられないほど、自分が友情に束縛されていると考えてはならないのだ、と。一方、悪に走る者たちには懲罰を、それも他人に追随した者にも不敬な罪を主導した張本人に劣らぬ重罰を定めなければならない。ギリシアでテミストクレス[*1]ほど名高い人物が、テミストクレスほど権力を握った人物が誰かいようか。彼はペルシア戦役の際、総指揮官としてギリシアを隷属から救ったが、妬《ねた》みを買って追放され、亡命を余儀なくされたとき、忘恩の祖国から受けた不当な仕打ちを、そうすべきだったにもかかわらず忍耐できなかった。その二〇年前、わが国でコリオラヌス[*2]がやったのと同じことをやったというわけだ。二人とも祖国に弓を引こうとしたのだが、彼らに助勢する者は一人も現れなかった。そのため、二人とも、みずから命を絶ったのである[*3]。

43 それゆえ、悪に走る者たちの、このような共謀が、友情を口実に擁護されるようなことなどあってはならず、むしろ、あらゆる刑罰で罰せられるべきであり、そうすることで、祖国に戦を招来しようとする友人に追随することは許される、などと考える輩《やから》が一人も現れることがないようにしなければならないのだ。だが、動き始めた状況の成り行きから察するに、やがてそのような事態が、ひょっとして出来《しゅつたい》することになりはしないかと危惧される。私には今、国家がどのような状況にあるのかということに劣らず、私の死後、どのような状況になっているのかということも気がかりなのだよ[*1]。

一三

44 したがって、友情の第一の法規[*1]は、こう定めねばならない、すなわち、われわれが友人に求めるものは立派なものでなければならない、また、友人のためには立派なことをしなければならない、また、求められるまで手をこまぬいているようなことをしてはならず、常に熱意をもち、逡巡は忌避しなければならない、また、忌憚なく自由に真実の忠告を与え、善きことを勧めてくれる友人の権威には、友情においては、最大の力をもたせなければならず、その権威は率直な、かつまた事情が求めるなら厳しい忠告を与えることに行使されなければならない、また、その権威が行使されれば従わなければならない、と。

45

というのも、聞くところ、ギリシアで賢者と称されたという、さる人たち[*1]が、私に言わせれば、ある驚くべき説を——もっとも、彼らが巧緻な詭弁を弄して追究しないものなど何一つないのだがね——、ともかく、ある驚くべき説を主張したからなのだ。つまり、一部の人たちの説では、一人で多数の人たちのために心を悩ませる愚に陥らないよう、過剰な友情は避けなければならない、各人は自分のことでせいいっぱいか、自分のことでも手に余る、他人事《ひとごと》に巻き込まれるのは面倒なことだ、最も好都合なのは、望む時に引き締めたり緩めたりできるよう、できるだけ友情の手綱を自由にしておくことである、なぜなら幸福に生きるための肝心要《かなめ》は〔悩み、煩いのない〕心の平静[*2]であり、一人で多数の人たちのために、いわば生みの苦しみを味わったりすれば、その心の平静を享受することができないからである、と言うのだ。

46

また、聞くところでは、さらに人間性に背馳《はいち》する主張をなす人たちもいるという。その論点については先ほどごく簡単に言及したが、それによれば、友情は善意や愛情ではなく、庇護や援助という観点から求められねばならない、したがって虚弱で無力であればある人ほど、熱心に友情を追い求めるのであり、男性よりか弱い女性のほうが、富裕な人より貧しい人のほうが、幸福と思われている人より不幸な人のほうが熱心に友情の庇護を得ようとするのはそれゆえである、と言う。[*1]

47

ああ、何と輝かしい叡知であろう。いかにも、神々からわれわれ死すべき人間に与えられたもので、これほど善きもの、これほど心地よいものはない友情を、この世の生から抹消しようとする彼らのその曲論は、この世界から太陽を抹消せんとするのに等しいもののように思われる。実際、彼らの言う心の平静とは、いったい何なのであろう。なるほど、それは外見は魅惑的だが、実体は多くの点で排斥すべきものなのである。いかにも、心を煩わせたくないからといって、立派な事柄や立派な行為を引き受けようとしなかったり、あるいは引き受けておきながら途中で投げ出してしまったりするのは当を得ない行為だからね。もしも、彼らの言うように心労を避けようとするのなら、徳を避けねばならないことになる。なぜなら、徳というものは、例えば善良さが悪意を、自制心が快楽を、勇敢さが臆病を、というように、みずからと正反対の物事や行為を蔑《さげす》み、憎むとき、何らかの煩いをともなうのは必然だからだ。ところで、正義感の強い人が不正なことを、勇敢な人が臆病なことを、慎み深い人が破廉恥なことを最も嘆かわしく思うという事実は、誰しも見て取れよう。だから、善きことに喜びを見出すのも、その逆の悪しきことに心を痛めるのも、善き心性をした人の特質なのである。

48

したがって、賢者も心痛に見舞われることがあるとすれば——賢者の心から人間性が根こそぎ取り除かれていると考えるのではないかぎり、心痛に見舞われずにはおかないのだ——、友情ゆえに、あれこれの煩いをこうむることがないよう、この世の生から友情をすっかり取り去ってしまわねばならない理由などどこにあろう。いかにも、感情を取り去ってしまえば、家畜と人間とのあいだはおろか、木や石、あるいは何であれ、それに類したものと人間とのあいだにさえ、何の相違があろう。また、徳は固く、いわば鉄のごときものだと主張する例の人たち[*1]の言にも耳を傾けてはならない。徳は、多くの事柄においてもそうであるように、友情においても柔軟であり、伸縮自在であって、友人に慶事があればいわば伸長もするし、友人に凶事があれば収縮もするものなのである。だから、言うところの友人のためにしばしばこうむらねばならない心痛が、この世の生から友情を排斥しなければならないほどの意味をもつものでないのは、徳が少なからぬ心痛や煩労を招来するものだからといって排除すべきものということにはならないのと同断だ。

一四

ところで、前に言ったように、相似た心がそれに近づき、それとつながりをもとうとする徳の何らかの印が明らかに示された場合、徳に媒介されて友情が結ばれるのだから、そのような状況が生じた時に愛の感情が生まれるのは必然である。

49 実際、例えば公職、例えば栄光、例えば邸宅、あるいは身体を装う衣服や飾りといった多くの虚しいものには喜びを見出しながら、愛することも、あるいは、いわば「愛し返す」[*1]こともできる徳のそなわった心には喜びをそれほど見出さなかったり、あるいはまったく見出さなかったりすることほど、理不尽なことがあろうか。なぜなら、善意の授受ほど心地よいものはなく、厚情と義務の応酬ほど心地よいものはないのだからね。

50 さらに、どうだろう。これは正当に付け加えることのできる事実だが、類似性が友情へと誘《いざな》い、引き寄せるほどの強い力で、何かをみずからへと誘い、引き寄せるものなど何一つない、という事実を付け加えるならば、善き人たちが善き人たちを、あたかも親族関係や自然の本性に促されてでもいるかのように、愛し、わがものにしようとすることは、必ずや真実と認められるはずだ。というのも、自然の本性ほど、みずからに似たものを求め、みずからに似たものをわがものにしようとするものはないからである。[*1] し

51

たがって、ファンニウスとスカエウォラ、思うに、善き人たちのあいだには、自然によって友情の源泉として定められたものである、互いに対する必然的とも言うべき善意が働く、という事実も明らかではないか。しかし、同じこの善意は〔善き人々＝賢者たちに限らず〕一般大衆にもあまねく及ぶ。なぜなら、徳は非人間的なものでも、義務を果たさないものでも[*2]、傲慢不遜なものでもないのであって、常に一般大衆をも見守り、一般大衆のために最善を図るものだからである。もしも徳が大衆の愛を忌避するものなら、そのようなことにならないのは確かだ。

さらにまた、友情が便益のために生まれた、などと言いなす人たちの説も、友情の最も愛すべき絆を取り去ろうとしているもののように私には思われる。実際、友人を通じて得られる便益の喜びは、友人の愛そのものによって得られる喜びに比べれば、何ほどのものでもない。友人に由来するものであっても、その厚情から発したものである場合にのみ、心地よいものになるのである。友情が欠乏ゆえに大切にされる、という考えは、真実から隔たること程遠いものだ。むしろ、勢力や財があり、特に、きわめて多くのことで助けとなる徳をそなえ、他人をまったく必要としない人こそ、最も物惜しみせず、最も善行を施す人である、というのが本当のところなのだ[*1]。とはいえ、また、おそらく、欠けるものがまったくないことが友人の必須の要件というわけでもない。実際、スキピオーが家郷にあっても戦場にあっても私の助言や尽力をまったく必要としていなかったのなら、どこに私の厚情の働く余地があったであろう。[*2] だから、便益が先にあり、友情があとからついてきたというのは嘘で、友情が先にあり、便益はあとからついてきたというのが真実なのだ。

一五

52 したがって、愉楽に耽溺している例の人たちが、実践によっても、理論によっても、その何であるかを知りもしない友情について論じるとしても、耳を傾ける必要はない。いかにも、神々と人間の信義に誓って、いったい誰をも愛さず、誰にも愛されないことを前提にして、ありとあらゆる富にあふれ、ありとあらゆる財に満ちた生を送りたい、と思うような者などいるだろうか。[*1] それは暴君の生であり、そのような生には、当然のことながら、いかなる信義も、いかなる愛情も、善意へのいかなる確固とした信頼もありえず、すべてが常に疑心暗鬼と不安に満ち、友情の余地など、いっさいないのである。[*2]

53 実際、自分が恐れている者を愛したり、自分が恐れられていると思っている者を愛したりする人間がどこにいよう。もっとも、時機に合わせて見せかけの愛を受けることは、あるいはあるのかもしれない。しかし、たいていの場合がそうであるように、いったん没落の悲運に見舞われれば、そのとき初めて、自分には友がいかに少なかったか、思い知らされるのだ。伝わるところ、タルクイニウス[*1]も、追放されて亡命の浮き身となったとき、そう漏らしたという、「余は、もはや報恩も報復も、いずれもかなわぬ今になって、やっと誰が忠実な友で、誰が不実な友であったか、分かった」と。

54

もっとも、例の傲慢さや横柄さからして、そもそも彼に友人と呼べるような誰かが一人でもいたかどうか、怪しいものだ。ともかく、今言った、このタルクイニウスが、その性格ゆえに真の友人を作れなかったように、大きな権力をもつ多くの者は、その権勢ゆえに誠実な友情に恵まれる道が閉ざされている。なぜなら、運というものは、それ自体が盲目であるばかりか、たいていの場合、慈《いつく》しんだ者をも盲目にするからだ。[*1] だから、そのような人間は、十中八九、思い上がりや不遜さで有頂天になるものなのである。そして、幸運な愚か者[*2]ほど耐えがたいものはない。また、以前は人に好かれる性格をしていた者が、往々にして指揮権や権限や順風満帆の境遇によって、その性格を変え、古くからの友情を唾棄して、新しい友情に現《うつつ》を抜かす、という事実も見て取れよう。

55

ところで、財や能力や勢力によって誰よりも力のある者が、金で手に入るその他のもの、つまり馬や召使い、華美な衣服や高価な什器《じゅうき》は手に入れようとしながら、人生で最も貴重で、最も美しい、いわば調度である友人を手に入れようとしないことほど愚かなことがあろうか。しかも、そのような財を手に入れようとするとき、誰のために手に入れようとしているのか、誰の利益のために苦労しているのか、分かっていないのである。友情以外のものは、すべて力で勝利する者の手中に落ちるものだからだ。[*1]だが、友情という所有物は、揺るぎなく、確固とした、自己固有の所有物として、永遠に各人に残る。したがって、たとえ運の賜物とも言うべき他の財物が残るとしても、友人によって彩《いろどり》を与えられない生、友人が離れ去った生など、心地よいものではありえない。だが、この点については、これくらいにしておこう。

一六

56 さて、ここで、友情において愛の境界線や、いわば境界石がどこにあるのかを定めなければならない。[*1]これについては、私の理解するところ、三つの見解が出されているが、そのどれにも私は賛同できないのだ。一つは、友人に対して抱く感情は、われわれ自身に対して抱く感情と同等のものでなければならない、という見解だ。もう一つは、友人に対するわれわれの善意は、友人のわれわれに対する善意と同等で均衡していなければならない、というものだ。三つめは、われわれ各人の自己評価と、われわれ各人に対する友人の評価は一致していなければならない、という見解である。

57 この三つの見解のどれにも、私はまったく同意できない。各人、みずからに対して抱くのと同じ気持ちを友人に対しても抱かなければならない、という最初の見解は真実ではない。実際、われわれが自分のためには決してしなくても、友人のためにはするという行為が、どれほど多くあることであろう。そうするのがふさわしくない者に懇願したり、嘆願したり、また誰かを常ならず厳しく、激しく攻撃し、追及する、といった行為だ。それは、われわれ自身の問題では、さほど立派な行為とは言えないにしても、友人のためであれば、きわめて立派な行為になりうる。また、善き人士なら、自分の利となる物事であっても、自分より、むしろ友人がそれを享受できるよう、多くのものを放棄したり、多くのものが奪われるのを甘受したりする、といった場合が多々ある。

58 もう一つの見解は、友情を対等の義務と対等の厚情という観点で規定するものである。これは、貸借の帳尻を合わせようとして、あまりにもこせこせと、けち臭く友情の帳簿計算をするようなものだ。真の友情は、はるかに豊かで富んだものであり、借りより貸しのほうが多くならないように、などといった、さもしい用心などしないものだと私には思われる。実際、何か無駄になりはしまいか、何か余計なことになりはしまいか、平等を越えて友情に注《つ》ぎ込みすぎてはいまいか、といった心配などするべきものではない。

59 だが、各人の自己評価と各人に対する友人の評価が一致しなければならない、というあの第三の限定は最も粗末だ。というのも、往々にして、意気消沈していたり、あるいは境遇改善の望みを打ち砕かれていたりする人たちがいるからである。したがって、相手の自己評価と同じ評価を下して同調するのではなく、むしろ相手の打ちひしがれている心を鼓舞したり、希望や、より肯定的な考えを抱かせたりしようと努力するのが友人の務めというものであろう。そういうわけで、真の友情を規定する、また別の限定が設けられねばならないのだが、その前にスキピオーが最も批判していた点を語っておくことにしよう。彼はよくこう言っていた、「いつか憎むことになるかもしれないという心構えで、人を愛さなければならない」と語った人の言葉ほど友情に敵対する言葉はない、また、自分はこの言葉が、一般にそう思われているように、七賢人の一人とみなされたビアスの言葉[*1]だと信じる気にはなれない、これは誰か不純な者、あるいは野心家、あるいはすべてを自分の権力の道具にする者の見解に違いない、と。実際、誰にせよ、どうして自分がその敵になりうると考えている人物の友人になりえよう。いや、それどころか〔このような友人関係では〕友人が、できるかぎりたびたび過ちをしでかすのを願い、友人を非難する、いわばとっかかりが、それだけ多く得られるよう望むのは必定だ。一方、また、友人の正しい行為や友人の利益となる事柄に対しては、切歯扼腕し、苦々しく思い、嫉妬するのも必至であろう。

したがって、この戒《いまし》めは、誰のものであるにせよ、友情を根絶する効果しかもたないものだ。むしろ、こういう戒めを与えるべきであった、われわれは友情を育《はぐく》もうとするとき、いつか憎むこともありうる相手は決して愛し始めてはならない、と。さらに、不幸にして友人選びに失敗した時には、敵として袂《たもと》を分かつ時機を考えるのではなく、むしろそれに耐えねばならない、というのがスキピオーの考えであった。

一七

61

そういうわけだから、このような限定が用いられねばならないと思うのだ、すなわち、友人の倫理観や性格に非の打ちどころがない場合、友人同士のあいだには、あらゆる事柄での考え方や意志の例外のない共有がなければならず、たとえ何らかの事情で正義に悖《もと》る友人の意志を援助しなければならない機会が訪れたとしても、その生命や名声がかかっている重大事であれば、この上なく恥ずべき不名誉がみずからにともなわないかぎり、正道から逸脱することが求められる、と。今述べた条件がつくのは、友情に鑑《かんが》みて宥恕を与えるにしても、限度というものがあるからである。[*1] 確かに、世評は無視されてはならず、また同胞市民の好意は事をなすに並ならぬ武器だと考えるべきで、それを甘言や媚《こ》びへつらいで得ようとするのは恥ずべきことなのだ。愛がそのあとに付き従う徳を蔑《ないがし》ろにすることは、決してあってはならない。[*2]

62 だが――友情についての話はすべてスキピオーのものだったのだから、そのスキピオーの話にたびたび戻るのだけれども――、彼は常々、こういう苦言を呈していた、人は〔友情以外の〕他のことなら、何であれ、熱心であり、自分が山羊や羊を何頭もっているかは言えても、自分に友人が何人いるかは言えない[*1]、他のものを手に入れようとする時は慎重を期すのに、友人を選ぶ時は疎《おろそ》かになる、また、友情に適した人を判断する、ある種の、いわば目印や標識を持ち合わせていない、と。だから、友人を選ぶのなら、志操堅固で、安定しており、恒心のある人を選ばなければならないのだが、この類《たぐい》の人はめったにいるものではない。試してみなければ、その判断は難しいが、友情そのものの中で試さなければならないのだ。だから、友情が先にあり、判断はあとに来る。先に試してみる機会は与えてくれないのだ。

63 したがって、それが賢明な人のすることだが、いわば〔使う前に〕馬を試してみるように、友人の倫理観や性格を一部でも試した上で友情になじんでいこうとして、戦車競技のように〔はじめは〕善意の衝動を抑え気味にしようとするだろう。往々にして、はした金《がね》で、いかに軽薄な人間かが分かる人物もいる。一方、また、はした金では心を動かされなかったが、大金で本性が知れる人物もいる。また、金を友情に優先させることを浅ましいと考える人間は見出せるにしても、名誉や公職、指揮権や権限や勢力を友情より大事とは考えず、右手に前者、左手に後者の権利を差し出されて、何を措いても前

64

者を選ばないような人間など、どこに見出せよう。人間の性《さが》は、権力を一顧だにしないほど強くはない。また、その権力を手に入れるために友情を蔑《ないがし》ろにしたとしても、友情を蔑ろにした大きな理由がないわけではないのだから、罪過は覆い隠されるだろう、と高《たか》をくくるのだ。

名誉ある公職や国政に携わる人たちのあいだで真の友情を見出すのがきわめて難しいのは、それゆえだ。いかにも、自分の立身出世より友人の立身出世を優先する人間など、どこにいよう。さらに、どうだろう。今述べたようなことはさておくとして、たいていの人にとって、〔友人の〕災厄をともにするのは、いかに難儀なことであり、いかに困難に思われることか。友人のとはいえ、災厄の中にわざわざ足を踏み入れようとする人間を見出すのは難しい。もっとも、いみじくもエンニウスはこう言っている。[*1]

確かな友は不確かな境遇の中で確かめられる。

とはいえ、やはり、たいていの人に軽々しさや節操のなさの烙印を捺すのは、この二つの場合なのだ、つまり、〔自分が〕順境にある時に友人を蔑ろにするか、あるいは〔友人が〕逆境にある時に友人を見捨てるか、である。だから、友情関係の中で、順境と逆境、いずれの境遇でも、重厚で、恒心をもち、恒常的な態度を保ち続ける人こそ、きわめて稀であり、ほとんど神的とも言える類に属する人だと判断しなければならないのである。

一八

65 ところで、われわれが友情において求める安定性や恒心の礎《いしずえ》は信義[*1]である。なぜなら、信義なきものは、すべて安定的なものではないのだからね。さらに、率直で[*2]、誰にでも打ち解け、同調性のある人、言い換えれば、同じ物事に対して同じ心の反応を示す人を〔友に〕選ぶのが理にかなっているのだが、こうした美質はすべて信義に関わるものなのである。実際、気まぐれな気質や、ひねくれた気質は信義に篤《あつ》いものではありえないし、また、同じ物事に対して同じ心の反応を示さず、本性上、同調しない人は、信頼できる友でも、安定した友でもありえない。これに次の点も付け加えておかねばならない、すなわち、これは皆、すでに前から取り上げている恒心に関わることなのだが、友人の罪科《つみとが》を言い立てて喜んだり、友人に着せられた罪科を〔軽々に〕信じたりしてはならない、と。したがって、はじめに語った命題、つまり、友情は善き人々のあいだで以外ありえない、という命題は真なのである。

いかにも、友情において、次の二つの戒めを守るのは、善き人――これはまた賢者とも言い換えることができるのだが――、その善き人の特性なのだ。すなわち、第一に、偽りや見せかけがいっさいあってはならない、という戒め――なぜなら、うわべを繕《つくろ》って本音を隠すのではなく、腹蔵なく嫌悪を示すのが高潔な人のすることだからね――、次に、誰かから〔友人に〕かけられた罪科の嫌疑を〔友人として〕払拭しようとするのは当然のこととして、みずからが猜疑心を抱くなどもってのほかであり、いつもいつも、友人が何か過ちを犯したのではないか、などと邪推してはならない、という戒めである。

66　さらに、友情の並々ならぬ味つけとなる、談話と人柄の、ある種の甘美さが、これに加わらねばならない。一方、厳格さやどんな場合にも例外のない峻厳さは、それはそれで重厚さの表れとも言えるが、友情はやはり、より温和で、鷹揚で、心和むものであるべきであり、できるかぎり懇《ねんご》ろで快闊なものであろうと努めるものでなければならない。

一九

67　さて、ここで少し難しい、ある問題が浮かんでくる。われわれは、ふつう老いた馬より若駒のほうを選ぶように、古い友人より友情に適した新しい友人のほうを選ぶべきではないのか、という問題だ。しかし、これは人間にはふさわしくない問いである。なぜなら、他の物事でもそうだが、友情に倦怠を覚えるなどというのは、あってはならないことだからね。長い年月を経た葡萄酒のように、何であれ、古くなればなるほど、当然、芳醇さは極まるのであって、世に言う例の諺《ことわざ》「友情の務めが全うされるまでには、一緒に何モディウスもの塩を食らわねばならぬ」[*1]は真なのだ。

68

一方、新しい友情は、それが希望のもてるものなら、期待を裏切らずに実をつけてくれる、いわば青葉のように、排除する必要はないが、古いものもまた、それ本来の場所に保ち続けねばならない。古くから慣れ親しんだものの力は、きわめて大きいのだからね。いや、今、喩えに挙げた、ほかならぬ馬にしても、何も支障がなければ、試したことがない新しい馬より、乗り慣れた馬のほうに喜んで乗らない者がいようか。慣れ親しむことが力を発揮するのは、何も生き物に限ったことではない。無生物でも同じで、例えば山間の土地や樹々の鬱蒼と茂る土地であっても、ある程度、長く滞在したことがある土地なら、われわれが喜びを覚えるのがそれだ[*1]。

69

だが、友情で肝心要なのは、より優れた者がより劣った者と対等になることである。というのも、友人のあいだには、われわれの、いわば群[*1]の一人スキピオーのそれのような、何らかの優越性が存在するものだからである。その彼は自分がピルスやルピリウスやムンミウス[*2]より上の存在であるかのようにふるまったことなど一度もなかったし、自

70

分より地位の低い友人たちに対しても同様であった。また、彼は非常に優れた人ながら自分に匹敵するほど卓越した人というわけでは決してなかった兄のクイントゥス・マクシムス[*3]を、年齢が上ということで自分より上職の人間のように尊《たっと》んだし、自分に近しい人たちの誰もが自分の力添えで栄達[*4]をかなえられるのを望んだものだった。

誰しもそうすべきであり、これに見習うべきで、もし徳性や才知や地位の何らかの優越性を手にしているのなら、それを身内の人たちや近しい人たちに分かち与え、ともにそれを享受するようにしなければならない。また、自分を生んでくれた両親が社会的地位の低い人たちであったり、身内の者に才覚や地位で恵まれない者がいたりすれば、そうした人たちの資力が増すよう尽くしてやり、彼らの名誉や威信の源となってやるようにしなければならない。伝説で、いっとき血統や家系が分からなかったために僕《しもべ》に身を落としていたが、神々や王家の子と判明し、認知されたあとも、長年、両親と思い込んできた牧夫への愛をなおも持ち続けた人物[*1]のようにね。まして間違いようのない本当の両親なら、なおさらそうすべきなのは確かだろう。才知や徳性、その他、あらゆる卓越性は、その果実が最も近しいすべての人たちに授けられたとき、最大の実りとなるのだ。

二〇

71
そういうわけだから、友情や縁故のつながりの中で、より優れた者は、より劣った者と同等になるように努めなければならないのだが、同じように、より劣った者も、自分が近しい人たちに才知や地位や威信でひけをとっているのを嘆くようなことをしてはならない。そうした人たちの多くは、常に何か不満を口にしたり、非難さえ口にしたりする。自分が義務に忠実に、愛をもって、さらに、いささか労苦をともなってなしたと言える何かの行為があると思っていれば、その不満や非難はなおさら募る。友情の務めを持ち出して難じるとは、誠に厭うべき類《たぐい》の人たちだ。友情の務めなどというものは、それを果たしてもらった者は覚えているべきものだが、それを果たした者が喋々《ちょうちょう》すべきものではないのだからね。

72
そういうわけで、友情においては、より優れた者は謙譲を旨としなければならず、より劣った者を何とか引き立ててやるようにしなければならない。実際、当人自身、自分が軽蔑されていると思っていることで友情を気まずいものにする人たちがいる。当人自身も、自分が軽蔑に値すると思っている人たち以外、このようなことは、まあ起こりえないのだが、この手の人たちは、言葉だけではなく行動によっても、その思いから救い

73　出してやる必要があるのだ。

もっとも、誰に与えるにせよ、分かち与えるべきは、当然、まず自分の能力が及ぶかぎりのもの、次には愛し、援助してやろうとする相手が担えるかぎりのもの、ということになる。というのも、どれほど卓越した存在であろうと、近しい人たちを残らず最高の顕職に就くまで導いてやることなど、できない相談だからね。スキピオーにしてしかりで、彼はプブリウス・ルピリウスを執政官にすることはできたが、その弟ルキウス〔・ルピリウス〕を執政官にすることはできなかった。[*1] また、たとえ他人に自分の望みどおりの仁恵を施すことができるにしても、当人がどのような任に耐えられるのかを考えてみなければならないのだ。

74　およそ友情というものは、知性も年齢も成熟し、揺るぎなく確固としたものになって初めて、その適否を判断しなければならない。青年になるかならないかの年頃[*1]に狩りや毬遊び[*2]に熱中していた者が、その頃、同じ遊びに熱中していたので好んでいた幼友達を〔その後も〕友人にしなければならない、というものではない。実際、その理屈でいけば、乳母や、学校へ送り迎えしてくれた家僕は、関わりを持ち始めた古さの権利で、きわめて大きな善意をわれわれに要求できることになろう。確かに、そういう人たちを蔑ろにしてはならないが、その価値判断は、何かまた〔友情とは〕別の基準に拠らなければならないのだ。[*3] 知性と年齢の成熟を待つのでなければ、友情は安定し、長く続くもの

にはなりえない。実際、異なる性格は異なる専心の対象を求めるもので、その対象の相
違は友情に分裂を生じさせる。善き人たちが悪しき人たちの、逆に悪しき人たちが善き
人たちの友人になりえないのは、両者のあいだに、これ以上大きな隔たりはありえない
性格の乖離《かいり》と専心の対象の乖離があるからにほかならない。

75 また、友情では、このような戒めを与えるのも正しいであろう、すなわち、これは実
に頻繁に生じることなのだが、ある種の、いわば濫《みだ》りな善意によって友人の重大な便益
を妨げるようなことがあってはならない、と。いかにも、伝説に再び戻るとして、ネオ
プトレモスはリュコメデスのもとで養育されたのだが、しきりに涙を流して出征を思い
とどまらせようとする、そのリュコメデスの言葉に耳を傾ける気になっていたなら、ト
ロイアを攻略することはできなかったであろう。[*1] さらに、友人から遠ざからねばなら
いような重大な事態も、しばしば生じる。友人を失くした喪失感に耐えるのは容易でな
76 いからといって、そうした事態を阻止しようとする者は、生来、劣弱で惰弱な人間であ
り、まさにその理由で、友情においては適切な人とはみなされえないのだ。要するに、
いかなる場合でも、友人に何を求めるのかということも、友人の求める何を許容するの
かということも熟慮しなければならないのである。

二一

　また、友情を解消する際に起きる避けがたい災難とも言うべきものもある。友情の解消と言ったのは、ここで賢者の親交という高尚な話題から一般大衆の友情という世俗的な話題に話を落としたからなのだがね。それはともかく、一方の友人の悪行が突発的に明るみに出て、場合によってはほかならぬもう一方の友人に、場合によっては無関係な他人に累《るい》を及ぼし、その悪評がまたまわりまわって、もう一方の友人に害をもたらす、といった事態がしばしば生じる。このような友情は付き合いを徐々に緩めて解消すべきであり、カトーがそう語るのを私は聞いたことがあるのだが、何か許容しがたい不当な行為が発覚して、縁を切り、交わりを絶たずにおくのが正しいことでも立派なことでもなく、またそうせざるをえないような場合以外は、一刀両断で断ち切るのではなく、むしろ縫い目を解《ほど》くようにして解消しなければならないのだ。

　一方、よくあるように、性格や専心の対象に何らかの変化が生じた場合や、国政に関わる党派内での意見の不一致が介在した場合——ここでも、今言ったように賢者の友情についてではなく、通常の友情について語っているからなのだが——、友情が解消されたと思われるだけではなく、敵意が生まれもしたと思われることのないよう注意しなければならない。というのも、それまで親交を重ねて生きてきた友と戦《いくさ》をすることほど恥じられることはないのだからね。君たちも知ってのとおり、スキピオーは私のためにクイントゥス・ポンペイウス[*1]との友好関係をご破算にしたことがあったし、国政をめぐる意見の相違から、われわれの同僚メテッルス[*2]とも袂《たもと》を分かった。しかし、そのいずれの場合も、あの人のふるまいは重厚で、節度を弁《わきま》え、決して心に深い遺恨を抱くものではなかった。

78 それゆえ、第一には友人との亀裂が生じないよう努めねばならないのだが、何かそのようなものが生じた場合には、友情を潰したと見られてはならず、友情が徐々に消滅したという印象を与えるようにしなければならない。また、友情が口論や誹謗、侮辱を生む激しい敵意にまで変わらないよう注意が必要だ。そのような危機に瀕した友情でも、我慢できるものなら我慢しなければならず、古くからの友情は尊重されねばならない。ただし、不当な行為を行った者に咎《とが》があり、それを受けた者に咎はない、という大前提のもとでね。

総じて、以上述べたような不幸な事態や不都合を回避する唯一の安全策や予防策は、あまりにも性急に愛さないこと、さらに〔友情に〕ふさわしくない人を愛さないこと、である。

79 ところで、友情にふさわしい人とは、その人自身の内に愛すべき理由がある人だ。類い稀な人たちではある。それも宜《むべ》なるかな。およそ輝かしいものはすべて稀なものであり、各々の類において、あらゆる点で完璧なものを見出すことほど難しいことはないのだ。だが、たいていの人は、人間の関わる物事の中で、利得が得られるもの以外の善きものをいっさい知らず、まるで家畜ででもあるかのように、何を措いても自分が最大限の利得を得られると期待する人間を友人として大事にしようとする。

80

こうして、彼らの友情には、それ自体で、またそれ自体のゆえに求められる、あの最も美しく、最も自然な友情が欠けており、したがって、そうした者たちはみずからがみずからの範となりえず、その本然の友情の意義がどのようなものであるのかも、どれほど大きなものであるのかも分からないのである。実際、人は誰でも自己を愛するものだが、それは、その自己愛の何かの報酬を自分から得ようとしてのことではなく、各人、自分自身がそれ自体、愛しいものであるからにほかならない。この同じ心の動きが友情でも働くのでなければ、真の友人を見出すことは決してできないであろう。なぜなら、真の友人とは、いわばもう一人の自分だからである。[*1]

81

もし空を飛ぶ動物でも、水中に棲息する動物でも、野を駆けまわる動物でも、また飼い馴らされた動物でも、野生の動物でも、次の事実、すなわち、まず、皆、自己を愛する、という事実——なぜなら、それはすべての動物に共通する生得的な感情だからである——、次に、寄り添うことのできる同類の動物を探し求める、という事実——ある種、人間の愛に類似した思慕の心をもってそうするのだ——、この二つの事実が明白だとすれば、まして人間なら、自然の本性からして、それと同じ現象が起きる蓋然性は、いかばかり大であろう。[*1] みずからを愛し、かつ他者を求め、その他者の魂をみずからの魂と和合させて、二者から一心同体同然の存在を生み出すもの[*2]、それこそが人間というものなのだ。

二二

82

だが、たいていの人は、恥知らずにも、とまでは言わないにしても、心得違いをして、自分自身がその部類の人間にはなれないような友人をもちたいと願い、自分自身が友人に与えられないものを友人から得たいと願う。しかし、まずみずからが善き人間となり、次に自分に似た人を探す、それが正しい行動というものだ。そういう行動をとる人たちのあいだでこそ、先ほどから論じている友情の安定性は強固なものにされうるのであり、そのとき善意で結ばれた人たちは、まず他の人たちが隷属している欲望に命令を下して、これを制御することであろう。[*1] 次いで公正さと正義に喜びを見出し、一方が他方のためにあらゆることを引き受けることであろう。また、一方が他方から立派なこと、正しいこと以外の何ものも要求することはなく、互いに慈しみ合い、愛し合うだけ

83　ではなく、互いに畏敬の念[*2]さえ抱くことであろう。こう言うのも、互いに対する畏敬の念を友情から取り去れば、友情の最高の飾りを取り去ることになるからだ。

それゆえ、友情においては、あらゆる快楽や犯罪を恣《ほしいまま》にする自由が開かれている、などと妄想する者たちの錯誤は致命的である。友情は、自然によって、悪徳の伴侶としてではなく、徳を介助するものとして創造されたのだ。徳が孤立したままでは最高の高みにまで到達することができないために、他のものと結合し、連帯して、そこに到達できるように、という意図からである。その友情が誰かのあいだに現在あるのなら、あるいは過去あったのなら、あるいは将来あるのなら、その人たちは自然の与える至高の善へと至る最良にして最も幸福な連れ合いとみなされねばならない。

84　これこそ、いいかね、人々が求むべきものと思っているすべてのもの、名誉や栄光、魂の平静や愉悦をその内に含む至高の交わりなのだ。したがって、それがあれば生は幸福なものとなり、それがなければ幸福なものとはなりえないものなのである。

この幸福な生こそが至善、至高の理想なのだから、まずは徳を修めることに努力しなければならない。徳なくしては、友情も、その他の求むべきいかなるものも、われわれは手に入れることができないのだ。実際、徳を蔑ろにしながら自分には友人がいると思っている者は、何か大きな不幸が生じて否応なくその友人たちの真価が試される機会が訪れたとき、やっと自分が間違っていたことに気づかされる。

85
そういうわけだから、これは繰り返し何度でも言わなければならないことだが、判断したあとで愛さなければならず、愛したあとで判断するようなことがあってはならない。*1 われわれは多くのことで怠慢の罰を受けて痛い目に遭うが、とりわけ友情を大切にし、慈しむことを疎《おろそ》かにすることに対するしっぺ返しは厳しい。古くからの諺で、してはならないとされてきたことを、われわれはしてしまうのだ、つまり、虚仮《こけ》の後思案《あとじあん》で、もう済んでしまったことを、あとになって、とやこう論《あげつら》*2うのである。実際、われわれは、長い付き合いや友人としての務めを果たすことで互いに結び合っていながら、何かの障害が生じると突然〔後先も考えず〕中途で友情をご破算にしてしまう。

86

二三

それだけになおさら、これ以上不可欠なものはない友情に対するぞんざいな態度は非難されねばならない。なぜなら、友情は、人間の関わる物事の中で、万人が異口同音にその有益性を認める唯一のものだからである。徳そのものでさえ、多くの人たちによって軽んじられ、ある種の見栄であり、虚栄であると誹《そし》られる。富を蔑《さげす》んで、少しのもので満ち足り、質素な衣食住に喜びを見出す人は多い。また、名誉にしても、ある人たちはそれを手に入れたいという欲望に燃えるが、いかに多くの人が蔑視し、これほど虚しく、これほど愚にもつかないものはないとみなしていることであろう。同様に、ある人たちには垂涎《すいぜん》の的《まと》と思われているが、実に多くの人たちが塵芥《ちりあくた》の値打ちもないと考えているものは他にもある。だが、友情だけは、一人残らず、すべての人の意見が一致している。国政に身を捧げた人たちも、事物の認識や学問に喜びを見出す人たちも、公職から遠ざかって個人の事業に精を出す人たちも、果ては快楽にすっかり身を委ねた人たち[*1]も、皆、意見は同じである、すなわち、多少なりとも自由人にふさわしく、人間らしく生きたいと思うかぎり、友情なくしては生は何ものでもない、とね。

87

いかにも、友情は、摩訶不思議にも、あらゆる人の生に忍び込み、それを欠いた、いかなる齢《よわい》の重ね方もありえなくさせるものなのだ。

いや、それどころか、伝え聞くところ、アテナイ人のティモン[*1]なる人物がそうだったとかいう、性《せい》、粗野にして粗暴なあまり人間の集まりを避け、人との交わりを嫌う者がいるとしても、その彼にして、なお胸中のつらい思いの毒をぶちまけることのできる誰かを求めずにはいられないのだ。この見解は、何か次のようなことが起こると仮定してみたとき、最もよく妥当すると了解されよう。何神かが、われわれを、この人間の集団から引き離し、どこか人跡未踏の地に置き、自然の欲求する物資はたっぷり潤沢にあてがってくれるが、人間を目にする機会はいっさい取り上げてしまうのだ。このような生に耐えられるほどの鉄の心をもった人間が、あらゆる喜びの果実を奪われてしまわない

88 ような人間が、はたしているだろうか。[2]

だから、タレントゥムの人アルキュタス[1]だったと思うが、彼がよく言っていたとわが国の老人たちが語るのを私が聞いたことのある例の話——老人たちは老人たちで、また老人たちから聞いたと言うのだがね——、あの話は真実なのだ。つまり、天に昇り、この大宇宙の自然や星々の美しさを眺めた者がいるとしても、話を聞いてもらえる誰かがいれば、この上なく喜ばしいものとなるはずの賛嘆の念も、聞いてもらえる人間が一人もいなければ、索漠としたものになるだろう、とね。このように、自然[2]は孤独なものは何一つ好まず、常に何か支えのようなものに寄りかかってみずからを支えるものなのであり、中でも親友のうちに見出す支えは最も心地よい支えなのである。

二四

しかし、その同じ自然が、これほど多くの印によって、何を望み、何を求め、何を願っているのかを明らかにしているにもかかわらず、われわれは、どういうわけか耳を塞《ふさ》ぎ、自然の与える忠告を聞こうとしないのだ。実際、友情の体験は種々様々であって、疑念や憤懣の原因が数多く生じる。それを、ある場合には回避し、ある場合には軽減し、ある場合には耐えるのは賢者の業だ。だが、例の苦痛だけは、友情の有益性をも信

89

義をも守るために、忍耐する必要がある。つまり、友人に忠告を与えたり、非難したりしなければならない場合がしばしば生じるが、忠告も非難も、それが善意でなされたものなら、友人らしく聞き入れなければならない、ということである。

だが、私の友人[*1]が『アンドロス島の女』で語っていることは、どういうわけか真実なのだ。

追従《ついしょう》は友人を生み、真実は嫌悪を生む。

確かに、真実は友情にとっての害毒である嫌悪が生まれる要因であってみれば厄介なものだが、過ちを大目に見ることで友人が奈落に転落するのを許してしまう追従は、なおさら厄介なものだ。しかし、最も罪が重いのは、真実を蔑《ないがし》ろにし、あまつさえ追従によって罪過に駆り立てられもする者である。

したがって、このような場合には分別と注意深さをもって対処しなければならず、忠告には辛辣が、非難には軽蔑がともなわないように気をつけねばならない。一方、相手の意に添う追従《ついじゅう》[*2]には――「追従」と言ったのは、喜んでテレンティウスの言葉を使いたいからなのだが――相手を思う親切心がともなっていなければならないが、悪徳の幇助者である阿諛《あゆ》追従《ついしょう》は、はるか彼方に遠ざけねばならない。それは、単に友人としてだけではなく、自由人としてもふさわしくないものだ。暴君と生をともにする生き方と、友人と生をともにする生き方は、別物なのだからね。

90 一方、真実に耳を閉ざし、友人から真実を聞くことができない者の無事息災は望むべくもない、とあきらめねばならない。いかにも、カトーの例の金言は、彼の他の多くの金言と同様、味わい深い。[*1] 曰く、ある種の人たちについては、甘い言葉で心地よいと思える友人よりも辛辣な敵のほうから恩恵を受けることがある、後者はしばしば真実を語るが、前者は決して真実を語ることがないからだ、と。また、忠告を受ける者が心を痛めなければならないことに心を痛めず、心を痛めてはならないことに心を痛めるのは理不尽なことだ。実際、自分が過ちを犯したことに苦痛を覚えず、それを非難されることに苦痛を感じる者がいるのだ。逆に、みずからの過ちを嘆き、過ちが正されることに喜びを覚えるのが道理というものであろう。

二五

91 そういうわけだから、忠告を与えもし、与えられもする関係にあり、一方は自由に、しかし粗野になることなく忠告を与え、他方は反抗的になることなく、我慢して忠告を受け入れるのが真の友情の特徴であるように、友情において、へつらいやおもねりや迎合ほど有害な害毒はない、と思わなければならない。実際、この悪徳は種々の言葉で言い表せるものだが、軽薄で、欺瞞に満ち、語ることがことごとく真実を意図したものではなく快楽を狙ったものである人間特有の悪徳なのだ。

92

また、何事につけて、ふりをする見せかけは陋劣《ろうれつ》である。なぜなら、それは真実の判断を奪い、真実の判断を汚してしまうものであると同時に、何よりも友情と相容れないものでもあるからだ。というのも、ふりをする見せかけは、それなくしては友情の名が意味をなさない真実を消し去ってしまうものだからである。実際、友情の本義は、複数の人間から、いわば一つの心が生まれる[*1]という点にあるのだから、同じ一人の人間でありながら、常に同じ一つの心をもたず、心が変転し、斑気《むらき》で、多重人格であれば、どうしてそれが可能であろう。

93

いかにも、他人の意見や意向のみならず、その表情や頷《うなず》きにまで合わせて態度を変える者の心ほど、移り気で、正道を逸れたものが他にありえようか。

誰かが「嫌」と言うと俺も「嫌」。「いいよ」と言えば俺も「いいよ」。
　　要するに、俺は自分にこう言いつけたんだ、
何でも「はい、はい」と言え、とね。

グナトーという登場人物に語らせている言葉だが、同じテレンティウスはそう言っている。[*1] このような類《たぐい》の友人をもつのは軽薄な人間がよくすることだ。

94 ところが、このグナトーに類した人間は多い。しかも、生まれや境遇や名声の点でグナトーより恵まれた者がね。そうした者たちの迎合は、不実さに威厳が加わるときているのだから、質《たち》が悪い。

95 しかし、純粋なものや真正なものから、あらゆる虚飾を施されたものや見せかけのものを識別し、区別できるのと同じで、細心の注意を払えば、媚びへつらう友人を真の友人から識別し、区別することは可能である。政治集会は、これ以上はない素人の群衆で成り立つものだが、常々、民衆煽動家、言い換えれば大衆迎合家にして軽薄な市民と、恒心を保ち、重厚な、真の市民とはどう違うのか、見分けている。

96 最近のこと、ガイウス・パピリウス[*1]は、護民官の再選に関する法案を提案したとき、政治集会に集まった聴衆の耳にどのような甘言で取り入ろうとしたことであろう。私は反対演説を行ったが、自分のことはさておき、むしろ喜んでスキピオーのことを語りたい。あの時の彼には、不死なる神々よ、どれほどの重厚さが、その演説にはどれほどの荘重さが宿っていたことか。彼のことをローマ国民の同勢《どうぜい》とではなく領袖《りょうしゅう》と誰しもためらうことなく呼んだことであろう。もっとも、君たちはその場に居合わせたのだし、その時の演説も公刊されて手にすることができる。そういうわけで、あの大衆迎合の法案は国民の投票によって否決されたのだった。

さらに、私の話に戻るとして、スキピオーの兄クイントゥス・マクシムスとルキウス・マンキヌスが執政官の年[*2]のこと、ガイウス・リキニウス・クラッススが提案した神官職に関わる法案[*3]は、どれほど民衆受けのする法案と思われたか、君たちも覚えていよう。何しろ、同僚神官がもっていた補充神官の選任権が国民の任命権に移されようとしていたのだからね。ちなみに、国民に訴えかけるとき、フォルムに向かって立つことをし始めた最初の弁士が彼であった。[*4] それはさておき、彼の演説は民衆受けのするものではあったが、従前の慣行を擁護する私の演説も与《あずか》って、不死なる神々に対する敬虔な思いが容易にその演説に打ち勝ったのである。私が法務官だった年のことで、私が執政官に選ばれる五年前のことだ。[*5] こうして、この一件は、きわめて高い権威のおかげでというよりは、むしろ事案そのものの力によって、〔善悪を見分けた〕国民の賛同を勝ち得て、勝利したのである。

二六

97　さて、舞台[*1]で、つまり作り事や見せかけの入り込む余地がきわめて大きい政治集会で、ということだが、それが明るみに出され、解明されさえすれば、真実が力を発揮す

98

るのなら、その全体が真実を基準に斟酌される友情では当然どういうことになるであろうか。この友情においては、世間でよく言われるように、お互いに胸襟を開かなければ、信頼できるもの、確かだと思えるものは何もなく、その本当の姿が分かっていないのであってみれば、そもそも愛し愛されることさえ覚束ないものとなるであろう。もっとも、この迎合は、いかに破滅的なものとはいえ、それを真に受けて喜ぶ人間以外、誰にも害を与えることはない。かくして、迎合する者に誰よりも安易に耳を貸すのは、己に迎合する人間であり、誰よりも己に喜びを見出す人間なのである。

　何はともあれ、徳はみずからを愛するものなのだ。なぜなら、徳は何よりもみずからを熟知しており、みずからがいかに愛すべきものであるか、分かっているからである。もっとも、私が今語ろうとしているのは、徳そのもののことではなく、徳の評判についてだ。というのも、まぎれもなく徳そのものをそなえている人は、そう見られたいと思っている人の数ほど多くはないのだからね。この手の者たちは、迎合を喜び、自分の意に添うおべんちゃらを言われると、その空虚な話を自分の美点の証拠と思い込むのである。だから、一方が真実を聞きたがらず、もう一方が虚言を弄しておもねろうと待ち構えているような友情など、まったく友情とは言えないものなのだ。喜劇に登場する食客たちの迎合も、法螺《ほら》吹き兵士たちがいなければ、面白おかしいものとは思われないだろう。[*1]

99

本当に、タイスは俺に大いに感謝しているかい。

「大いに」と答えれば、十分だった。それを「ものすごく」などと言うのだ。迎合家は、その意に添おうとして語りかける相手が大きいことを望んでいる事柄を、常に誇張して語る。

そういうわけで、この手の虚しいへつらいの虚言が力を発揮するのは、そうした虚言を喜び、みずからそれを誘い出そうとする人間に対してであるとはいえ、人より重厚で、恒心のある人でも注意が必要であって、狡猾な迎合にうっかりはまらないように用心しなければならない。

というのも、まったくの愚か者ではないかぎり、見えすいたおもねりを見て取れないような人などいないからね。しかし、狡猾で、それと気づかれずに取り入ろうとするご機嫌取りには、ゆめゆめ用心を怠ってはいけない。実際、そのようなご機嫌取りは、それと認識するのが難しい。なぜなら、彼らは逆らいながら迎合し、言い争うような素振りを見せながらおもねり、最後の最後に、やっと降参して負けを認め、たぶらかされた者が自分のほうが思慮深かったと錯覚するように仕向けるからだ。だが、人にたぶらかされることほど恥ずべきことがあろうか。それゆえ、なおさら、こんなことにならないように用心しなければならない。[*1]
おまえは今日、このわしをまんまとたぶらかし、弄《もてあそ》びやがったな、
喜劇に出てくる愚かな老人たちの誰も経験したことがないほど見事に。

100 このように、劇でも最も愚かな役を務めるのは、先々のことを考えず、人の言葉をすぐに信じてしまう老人ということになっている。

しかし、どういうわけか、話が、非の打ちどころのない人たち、つまり賢者たち——ここで言う〔賢者の〕叡知とは、人間に与えられうる叡知のことだが——、その賢者たちの友情から平俗な友情に逸れてしまった。だから、最初のあの話に戻り、ようやくほかならぬその話の結論を述べてみることにしよう。

二七

徳なのだ、いいかね、ガイウス・ファンニウス、それに君、クイントゥス・ムキウス〔・スカエウォラ〕、友情を仲立ちし、維持するものは徳なのだ。徳の中にこそ、物事の調和があり、安定性があり、恒常性があるのだからね。その徳が、頭をもたげ、みずか

101

らの光を示し、他者にもその同じ光を認めて、それと悟ると、その光に向かってみずからを照射するとともに、反対に相手方にあるその光を受け取り、かくして愛《アモル》、あるいは友情《アミーキティア》に火がつけられて、燃え上がるのだ。愛あるいは友情と言ったのは、両者とも愛する《アマーレ》ことから生まれた言葉だからだ。ところで、愛することとは、愛情を覚えるまさにその人を、何かの欠乏に駆られてというのではなく、何かの有益性を求めてというのでもなく愛《いと》おしむことにほかならない。だが、まさにその有益性は、たとえみずから追い求めなくとも、花が咲くように友情からおのずと生まれ出てくる。

私が若い頃、あの古老たち、ルキウス・パウルス[1]やマルクス・カトー[2]、ガイウス・ガルス[3]やプブリウス・ナシカ[4]、それにわが友スキピオーの岳父ティベリウス・グラックス[5]といった古老たちを愛したのは、この善意を抱いてのことだった。この愛情は、私とスキピオーやルキウス・フリウス[6]、あるいはプブリウス・ルピリウス[7]やスプリウス・ムンミウス[8]のあいだでのように、同年代の人間のあいだでのほうが、むしろより顕著に現れはする。しかし、反対に、老人になった今、私は君たちやクイントゥス・トゥベロー[9]などの若い人たちから受けている敬愛をうれしく思っているのだよ。それどころか、プブリウス・ルティリウス[10]やアウルス・ウェルギニウス[11]といった、ごく若い人たちとの交わりも、私は楽しみにしている。古い世代に代わって、また別の世代が新たに生まれる、というのが、われわれの生や自然の定められた理法なのだから、いわば出発点から一緒にスタートを切った、その同じ同年代の人たちとともに、いわゆる終着点にたどりつけることが何よりも願わしい。

102 だが、人の世の営みは脆《もろ》く、儚《はかな》いものなのだから、常に、誰か、われわれが愛し、また、われわれが愛される人を得なければならない。なぜなら、愛と善意が取り去られたら、あらゆる喜びが人生から取り去られてしまうのだからね。スキピオーは突然、私から奪われてしまったが、私にとっては今も生きており、常に生き続けるであろう。なぜなら、私が愛したのは、あの人の徳であり、その徳は今なお消え去ってはいないからだ。その徳が生き生きと眼前に浮かぶのは、それを胸に刻んでいる私一人だけではない。その徳は後世の人々にも燦然《さんぜん》と輝きを放ち続けるはずだ。あの人の記憶を心にとどめ、あの人を師表《しひょう》と仰がねばならないと思わない者は誰一人として、強い意志をもち、希望を胸に、人より偉大なことを企てることはないであろう。

103 少なくとも私には、運命や自然が私に与えてくれたあらゆる賜物の中で、スキピオーとの友情に比べうるものは何もない。この友情の中で、私と彼とのあいだには国政に関わる考え方の一致があった。この友情の中に私事に関して薬石となる助言があり、この同じ友情の中に喜びに満ちた安らぎがあった。少なくとも私が感じたかぎり、ごくごく些細な事柄でさえ、私があの人の心を傷つけるようなことは一度もなかったし、あの人からも私が聞きたくないことを聞いた覚えは一度もない。私たちは一つ屋根の下に住

104

み、生活をともにして暮らした。遠征の軍役のみならず、国外の旅行も、休暇の田舎暮らしも、ともにした。[*1]

常に何かを知り、何かを学ぼうとするわれわれの研鑽について、何を語る必要があろう。人目から遠く離れて、ありったけの閑暇を、われわれはともにその研鑽に費やしたのだ。こうした出来事の記憶や追憶が、あの人とともに潰《つい》え去ってしまったというのなら、膠漆《こうしつ》の契《ちぎ》りを交《か》わし、誰よりも愛した、あの人への哀惜の念に、いかにしても私は耐えることができないだろう。だが、あの人の思い出は消え去っておらず、むしろ、それは追想と追憶によって育まれ、ますます大きくなりつつある。また、たとえそうした思い出を奪われたとしても、ほかならぬ私の年齢が慰めを与えてくれている。この哀惜の念を抱くことができるのも、そう長くはないのだからね。束の間の試練は皆、たとえ須臾《しゅゆ》の間《かん》、つらいものであろうとも、耐えやすくないはずがないからだ。

友情について私が語れる話は、以上だ。君たちには、徳を尊《たっと》ぶようにし――この徳なくして友情はありえないのだよ――、その徳を除けば友情にまさる素晴らしいものは何もない、と思うようにしてもらいたいものだね。

訳注

＊以下の訳注の引用・出典箇所の表記法は『老年について』の訳注と同様である。本書に収録した二篇以外のキケロー作品の引用については、おおむね『キケロー選集』（全一六巻、岩波書店、一九九九—二〇〇二年）の訳文を、アリストテレスの『ニコマコス倫理学』については高田三郎訳（全二巻、岩波書店（岩波文庫）、一九七一—七三年）を、『政治学』および『弁論術』については山本光雄訳（『政治学』岩波書店（岩波文庫）一九六一年、『アリストテレス全集』第一五巻、岩波書店、一九六九年／『弁論術』、『アリストテレス全集』第一六巻、岩波書店、一九六八年）を使用した。その他の作品については、注記がないかぎり、拙訳である。

1節

＊1　本篇の登場人物（主に聞き役）の一人（「訳者解説」一「登場人物」参照）。鳥卜官については、『老年について』11節訳注＊9参照。

＊2　本篇の主な語り手（「訳者解説」一「登場人物」参照）。

＊3　ローマでは、通例一六歳で元服した（『老年について』60節訳注＊3、および本篇33節訳注＊1参照）。

＊4　キケローの父については、縮絨業《しゅくじゅう》に従事していたとも、ウォルスキ族の王トゥッルス・アッティウスの血筋を引く高貴な家系とも言うが、ほとんど何も知られていない（プルタルコス『英雄伝』「キケロー」一参照）。

＊5　ローマで、弁論家となり、「名誉（ある公職）の階梯」（『老年について』60節訳注＊4参照）を志す少年の教育法として、よく行われていたもの。「われわれの先人のあいだでは、すでに家庭での教育を終え、一般的な知識を身につけて、フォルムと弁論への準備ができている青少年は、父親や縁者に連れられて、国で第一級の地位を占める弁論家の誰かのもとに行くのが習いであった。そうして、その子は常にその弁論家に付き従い、そのあとをついてまわり、法廷にしろ、政治集会にしろ、弁論家のすべての言説の場に立ち会うようにし、そうすることで即妙の言葉の応酬を吸収しもし、言葉の争論の場に居合わせもし、そうして言ってみれば戦闘での戦い方を学び取るようにするのである」（タキトゥス『弁論家に関する対話』三四）。

＊6　クイントゥス・ムキウス・スカエウォラ・ポンティフェクス（神祇官）。九五年の執政官、八九年の大神祇官。本篇の対話者の一人である同姓同名のスカエウォラ・アウグル（鳥卜官）と区別して、スカエウォラ・ポンティフェクスと呼ばれる。鳥卜官スカエウォラ亡きあと（八七年）、キケローの師となった。スカエウォラ家の法学の伝統の礎を置いたプブリウス・ムキウス・スカエウォラ（一三三年の執政官。鳥卜官スカエウォラの従兄弟）の子で、父に倣って法学の研究に励み、共和政末の最大の法学者となった。市民法の体系的な論考『市民法について』全一八巻のほか、市民法の基本概念の定義を述べた手引書『定義集』を著した。後者は『ディゲスタ（学説彙纂）』に抜粋された最古の法学書である。キケローは、こう評している。「市民法に通暁した人の中で最も雄弁な人、雄弁家の中で最も市民法に通暁した人」（『弁論家について』一・一八〇）。マリウスのローマ再入城後に吹き荒れた粛清の犠牲となり、八二年、大神祇官の居所ウェスタの神殿で殺害された。神祇官については、『老年について』22節訳注＊1参照。

2節

＊1　hemicyclium. 従来「半円形の長椅子（a semi-circular garden bench)」(Falconer) と解されてきたが、庭園の奥まったところに設けられた「壁（paries)」のある半円形の東屋《あずまや》風の施設を言うのであろう（スエトニウス『文法家たちについて』一七参照)。これに似た施設に、やはり庭園に設けられ、講義や談論が行われた exedra（東屋）がある（キケロー『弁論家について』三・一七参照)。

＊2　プブリウス・スルピキウス・ルフス。高名な弁論家クラッススの教えを受けた有能な政治家で、穏健な閥族派の期待の星だったが、八八年、護民官に就任するや急速に民衆派に傾斜し、グラックス兄弟の改革のあとを継ごうとして果たせなかったドルースの農地改革などを推し進めようとして、閥族派の旗頭クイントゥス・ポンペイウス・ルフス（次注参照）らと鋭く対立、スッラのローマ進軍を招いて、民衆派の指導者マリウスがローマから追放されると、捕えられて処刑された。兄がアッティクスの従妹と結婚しており、アッティクスとは姻戚関係にあった。キケローの『弁論家について』に、特異な青年対話者として登場する。護民官については、『老年について』11節訳注＊7参照。

＊3　クイントゥス・ポンペイウス・ルフス。一四一年の執政官クイントゥス・ポンペイウス（77節訳注＊1参照）の子または孫。八八年、姻戚関係にあったスッラとともに執政官に就任し、マリウス派（民衆派）のスルピキウスらと対立、一時ローマからの逃亡を余儀なくされたが、スッラとともに進軍してローマを制圧した。その後、同盟市戦争で北方の指揮を執っていた遠い縁者であるグナエウス・ポンペイウス・ストラボー（大ポンペイウスの父）と交代するために派遣されたが、ポンペイウス・ストラボーが黙認する中、兵士らによって殺害された。

＊4　本篇が献呈された、キケローの親友アッティクスのこと（『老年について』1節訳注＊3参照)。「昵懇の間柄」とは、姻戚関係にあったことによる。

3節

＊1　ラエリウスの無二の親友小スキピオーのこと（「訳者解説」、『老年について』二「登場人物」参照）。

＊2　本篇の登場人物（主に聞き役）の一人（「訳者解説」一「登場人物」参照）。父親のマルクス・ファンニウスについては、詳伝が伝わらない。

4節

＊1　『老年について』の主な語り手（「訳者解説」、『老年について』二「登場人物」参照）。

＊2　小スキピオーのこと。

6節

＊1　キケロー『善と悪の究極について』二・二四参照。

＊2　一二表法の注釈書などを著した、二世紀はじめ頃の高名な法律家（キケロー『法律について』二・五九参照）。

＊3　forum. ローマ市中にいくつかあった公共広場。限定詞なしで言われる時は、特にその中でも最大最重要のローマ広場＝中央広場（現在のフォロ・ロマーノ）(forum Romanum) を指す。その北側で、政治集会や裁判、元老院議会や民会などが行われた（『老年について』32節訳注＊2参照）。

＊4　『老年について』5節訳注＊1参照。

7節

＊1　七賢人への最も古い言及はプラトン『プロタゴラス』三四三Aで、それによれば、ミレトスのタレス、ミュティレネのピッタコス、プリエネのビアス、アテナイのソロン、リンドス（ロドス島の町）のク

レオブロス、ケンもしくはケナイ（ラコニアの村ともクレタの村とも言われる）のミュソン、スパルタのキロンの七人とされるが、ミュソンの代わりにコリントスのペリアンドロスを入れるのが一般的。他にスキュティアの王子アナカルシスなどが入る場合もある。異同については、ディオゲネス・ラエルティオス『哲学者列伝』一・四一参照。

＊2　ディオゲネス・ラエルティオス『哲学者列伝』一・四〇によれば、アリストテレスの弟子で、四世紀末に活躍した哲学者、作家であるディカイアルコスは、七賢人は「賢者（σοφοί《ソポイ》）でも哲学者でもなく、頭のいい人たち（συνετοί《シュネトイ》）で、立法を事とする人々にすぎない」と語ったとされる。おそらく、それが哲学者一般の七賢人評だったのであろう。

＊3　ソクラテスのこと（『老年について』78節訳注＊2参照）。

＊4　ローマの暦で「カレンダエ」（朔日《ついたち》）、「イードゥース」（月の中日で、大の月は一五日、小の月は一三日）とともに、月に三日ある基準日の一。イードゥースから数えて（イードゥースを一日目とする数え（inclusive）計算で）「九日目前の日《ノーナエ》」（七日または五日）のこと。

＊5　この演習の慣行については、キケロー『占いについて』一・九〇にも言及がある。

＊6　デキムス・ユニウス・ブルートゥス・ガッライクス。一三八年の執政官。ローマの支配に反旗を翻したスペインのガッライキ族やルシタニ族などによる反乱の鎮圧で功績があった。添え名のガッライクスは、ガッライキ族平定の功にちなむ。鳥卜官あるいは鳥卜術とその演習については、『老年について』11節訳注＊9参照。

9節

＊1　将来を嘱望された息子（『老年について』15節訳注＊1参照）との死別を賢人らしく耐えた大カトーに対する同様の賛辞は、『老年について』68、84節、『トゥスクルム荘対談集』三・七〇などにも見られ

る。

＊2　パウルス・マケドニクスについては、『老年について』68節訳注＊2参照。

＊3　ガイウス・スルピキウス・ガルスについては、『老年について』49節訳注＊2参照。息子との死別については、詳伝が伝わらず不明。

10節

＊1　プラトンの対話篇に描かれているソクラテス流の巧緻な言葉、いわゆる「問答法（弁証法）(dialectica)」を駆使して真理を探求する活動を念頭にした言であろうが、ソクラテスが行動でも範を垂れる人だったことはよく知られている。「彼〔ソクラテス〕は三〇人の暴君〔＝三〇人委員会〕らのあいだに誰憚らず入っていくことで偉大な範を示してまわった」（セネカ『心の平静について』五・二）。

＊2　苦悩や悲嘆などの情動は人間の本性（自然）に即したものとするアカデメイア派やペリパトス派に対して、情動を精神の誤ったあり方として戒めるストア派の賢人像を念頭にした言。

11節

＊1　一七歳のとき、父パウルスにともなってマケドニア戦に参戦し、ピュドナの戦いで勝利したとする伝（プルタルコス『英雄伝』「アエミリウス」二二など）とともに、一八歳の時のエピソードとして、ローマの有為な青年の常とは異なり、弁論（法廷）活動に携わろうとしないため、活動的でないと皆に評判されていることに悩んでいる、と打ち明けた話も伝わる（ポリュビオス『歴史』三二・九）。打ち明けた相手は、小スキピオーの教師となり、その親友、のちにはその後援者ともなったポリュビオスその人であるから、青年期の小スキピオーにはそのような一面があったのであろう。

＊2　最初は三八歳の時（一四七年）、造営官に立候補したにもかかわらず、異例にも法定年齢前に執政官

に選ばれ、第三次ポエニ戦の指揮を執ってカルタゴを滅亡させた。二度目（一三四年）も、立候補していないにもかかわらず特例で執政官に選ばれて、八年間かなわなかったヌマンティア攻落に成功し、スペインに残っていた唯一のローマの敵対勢力であるケルティベリ人を平定した。なお、執政官の最低年齢については、Powell は四〇歳としているが、一八〇年成立のウィッリウス法については、公職者の最低年齢を確定したこと、しかも上位公職者のそれに限られていたことくらいしか分かっていない（リウィウス『ローマ建国以来の歴史』四〇・四四参照）。おそらくキケローの時代（一世紀）の慣行とほぼ同様であっただろうとして、法務官四〇歳以上、執政官四三歳以上が法定資格ではなかったかという（マイヤー 一九七八参照）。

＊3　カルタゴとヌマンティア。

＊4　小スキピオーは、父パウルスと離婚していた母パピリアに義理の祖母（実の叔母にあたる）アエミリア（大スキピオーの妻）から相続した遺産を贈与し、母亡きあとは、それを姉妹たちに与えたという。他の親族・縁者に対する小スキピオーの物惜しみのなさや鷹揚さについては、ポリュビオス『歴史』三一・一二以下に詳しい。

＊5　『老年について』参照。

12節

＊1　『老年について』74節訳注＊1参照。

＊2　ローマの国家の根幹をなす独立自営農の復興と創出を図った、農地改革を中心とするティベリウス・グラックス（37節訳注＊1参照）の改革は、民衆派と閥族派（貴族派）の決定的対立と内乱の一〇〇年を招来する発端となった重要な出来事であったが、小スキピオーは、義理の兄弟で母方の血族でもあったティベリウスの改革には反対の立場を貫き、ヌマンティア戦時、ティベリウスがスキピオー・ナシカなどの

過激な元老院派に襲撃されて殺害されたという一報を聞くと、「かかる所業〔ティベリウスの改革を示唆する〕を仕出かす者は、皆、滅びるがよい」というホメロスの一句（『オデュッセイア』一・四七）を口にしたと言われる。実際、帰国した小スキピオーは、ティベリウス暗殺を是認するような言葉を漏らしたため、以後、民衆派の激しい反感を買い、一二九年に彼がティベリウスの遺志を継いだ弟ガイウスなどの農地配分三人委員会の活動を大きく掣肘する法案を通過させた時には、その反感は頂点に達していた。次に言うように、小スキピオーは、その直後、倉卒な死を遂げるが、あまりにも突然だったため、その死にはティベリウスの血縁者たち、ガイウス・グラックス（弟）、小スキピオー自身の妻センプロニア（姉）、あるいはコルネリア（大スキピオーの娘で、ティベリウスの母）などの関与が疑われた（アッピアノス『内乱記』一・一九、プルタルコス『英雄伝』「ガイウス・グラックス」一〇など参照）。キケローも「〔小スキピオーが〕近親者たちの不敬な手を逃れるなら、独裁官として国家を確立する任を負うだろう」、「近親者らによる陰謀」（『国家について』六・一二、一四）と近親者の関与を示唆している。一方、キケローの弁論の古注に、本篇の主人公ラエリウスが代作したとされる（キケロー『弁論家について』二・三四一参照）追悼演説の一部が伝わっているが（Cf. *Scholia in Ciceronis orationes Bobiensia*, ed. Paul Hildebrandt, Leipzig: B. G. Teubner, 1907, pp. 72, 10）、暴力的な死、あるいは不自然な死を示す言葉がまったくないこと、またスキピオーの死に関する公の追及がなされなかったことなどを根拠に、小スキピオーの死は突発的な病死だったとする見方もある。真相は不明とするほかかない。

＊3　元来ラティウム地方に住み、ローマ人と同族、同言語で、ラテン権（ius Latinum）を与えられたラティニ（ラテン）人は、大多数が投票権と被選挙権以外、通婚権や交易権など、ほぼローマ市民権に準ずる権利をもっていたが、中には、はるかに劣格の権利しか与えられなかったイタリア全土に存在した同盟市市民と同じ扱いを受けた者もいた。いずれにしても、どちらも完全なローマ市民権を有するローマ市民ではなかった（すべての同盟市市民、ラティニ人にローマ市民権が与えられたのは、九一年の同盟市戦争

後のこと）。ティベリウスの改革は、有名無実の制度になっていた公有地の先取占用権（occupatio）の上限（五〇〇ユゲラ＝約一二五ヘクタール）を修正条項（子供二人まで、一人あたり二五〇ユゲラ追加可能）をつけて復活させ、上限を越えた没収農地や新規獲得地を没落農民に与えることを骨格としていたが、同盟市市民やラテン市民らはローマ市民に限られた新たな入植事業から除外されたり、土地の所有権を証明できないために既得の所有地を没収される事例が続出したりしたため、大土地所有者が大部分を占めた元老院派とともに改革に反発し、改革に反対の立場だった小スキピオーに頼った、という背景があった。法案は同僚護民官であるオクタウィウスの拒否権発動で頓挫しかけたが、ティベリウスは慣例を無視してオクタウィウスの公職を民会で剥奪し、直接民会に法案を提案して可決させた。改革のその後については、39節訳注＊9参照。

13節

＊1　魂は「不可分のもの＝原子（atomon）」からできており、死と同時に解体されて原子に戻る（＝消滅する）、とするエピクロス派（原子論自体はデモクリトスに遡る）を念頭にしている。エピクロス自身は四世紀前半に活躍した哲学者であるが、「近年」というのは、対話が行われたと想定される頃（小スキピオーの没年である一二九年のあと程なく）からそれほど遠くない時期にローマで盛んに唱導されるようになった、ということであろうが、「新興の」、「新説の」という否定的ニュアンスが込められている。

＊2　「大ギリシア」の意。厳密な定義はなく、さまざまに範囲づけられるが、おおむね八世紀から五世紀にかけてギリシア植民市が数多く建設されたイタリア半島南部の海岸地帯を指す。三世紀はじめ頃には、ほぼ全域がローマの支配下に収められ、ギリシア植民市は消滅していた。

＊3　ピュタゴラスとその信奉者たちを言う。神秘思想家、数学者のピュタゴラスは、エーゲ海のサモス島の出であるが、五三〇年頃、マグナ・グラエキアのギリシア植民市クロトン（クロトナ）に移住した

（『老年について』23節訳注＊5参照）。

＊4　ソクラテスのこと（『老年について』78節訳注＊2参照）。

＊5　特に懐疑主義的傾向が顕著となったカルネアデス以後の新アカデメイア派が好んで用いた「（悪いことを説得するためではなく）事の真相がどうであるかを見落とさないために」（アリストテレス『弁論術』一三五五a）弁証術でも弁論術でも必要とされる「賛否両論を論じる能力」を念頭にした言であろうが、Aという結論を導き出し、そこからまたBという結論、Cという結論に導いていくソクラテスの問答法（弁証法）そのものに、それに類した論の立て方、あるいはその萌芽的な傾向を認めているのであろう。実際、ソクラテスもその一人とみなされたソフィスト（誰かは不明）の作として、『（賛否）両論（Δισσοὶ《ディッソイ》 Λόγοι《ロゴイ》）』という書物も伝わる。

14節

＊1　ルキウス・フリウス・ピルス。一三六年の執政官。小スキピオーやラエリウスの親友で、喜劇作家テレンティウスの後援者の一人。キケローの『国家について』で対話者として登場する。

＊2　マニウス・マニリウス。一四九年の執政官として、第三次ポエニ戦争に従軍。小スキピオーの親友で、法律の大家として名高かった。『国家について』の登場人物の一人。

＊3　この談論は、キケローの『国家について』に描かれている。夢に現れた大スキピオーが小スキピオーに魂の不滅性と善き魂の天界での永遠の生を語って聞かせた出来事を語る、その終結部（六・九以下）は、マクロビウス（後四〇〇年頃の哲学者）によって、名高い断章『スキピオーの夢』として伝えられた。

＊4　大アフリカヌス（大スキピオー）のこと。大スキピオーについては、『老年について』19節訳注＊1参照。

＊5　肉体を「牢獄、桎梏」とみなす思想については、『老年について』49節訳注＊1、73節訳注＊1参照。

15節

＊1　ラエリウスは一九〇年頃の生まれ、小スキピオーは一八五年生まれで、およそ五歳の年齢差があった。

＊2　ラエリウスは一四七年から一四六年まで、カルタゴ攻略の指揮を執った小スキピオーにともなってアフリカに従軍しており、小スキピオーとは実際に「天幕をともにする者＝強い結びつきの戦友（contubernalis）」だった可能性が高い。通常は考えられない「家も〔…〕一緒」についても、現存の他の伝では確証できないが、文字どおり、一時期、家をともにした事実があったのであろう（103節参照）。

＊3　最も有名なのは、ホメロスの『イリアス』に描かれたアキレウスとパトロクロス、ギリシア悲劇で取り上げられるオレステスとピュラデス（24節およびその訳注＊7参照）、それにテセウスとペイリトオス（プラトン『国家』三・三九一C―D参照）の三組。もう一組挙げるとすれば、名前は異なるが、太宰治の『走れメロス』の原話で、キケローもしばしば言及しているダモンとピンティアス（『義務について』三・四五、『トゥスクルム荘対談集』五・六三参照）が名高い。

17節

＊1　キケロー『弁論家について』一・一〇三には、こうある。「こういうことを最初にやったのはレオンティノイのゴルギアスだというが、彼は、誰でも聞きたいと思うことがあれば何についてでも答えてみせる用意がある、と公言していた。〔…〕その後、これが流行って誰彼がやり始め、今でもやっていて〔…〕」。ソフィストや、ある種の哲学者たちが人集めのためのパフォーマンスとして、このようなことをよくやっていた。

＊2　友情は、順境、逆境の、どちらにおいて求められるか、という問題については、22節訳注＊5参照。

18節

＊1　「友情は善き人々のあいだで以外ありえない」というこの提題（命題）は、アカデメイア派、ペリパトス派、ストア派すべてに共通する考え方である（プラトン『リュシス』二一四C—D、アリストテレス『ニコマコス倫理学』一一五六b—一一五七a、ディオゲネス・ラエルティオス『哲学者列伝』七・一二四参照）。ただし、ストア派の考えでは、次に述べられるように、真の友情は「善き人」であり、かつ「賢者」でもある人々のあいだで以外ありえない、なぜなら賢者以外、善き人ではないから、とされる（後注＊3参照）。

＊2　ストア派のこと。ストア派の言説に対するキケローの考え方は、次の言葉によく示されている。「彼ら〔ストア派〕の言論はおそらく精緻さと犀利さをそなえたものなのではあろうが、弁論家の言論としては貧弱で、馴染みのない言葉を使い、民衆の耳には違和感を与え、晦渋で、貧相で、内容に乏しく、しかも、いかにしても一般民衆に対して用いることのできない類のものである〔…〕。なぜなら、彼らが考えている善や悪〔…〕名誉や不名誉〔…〕の意味は、他の市民たちと、いや、むしろ他の人種とは別物だからである」（『弁論家について』三・六六）。

＊3　「賢人」、あるいはその「叡知」、あるいは「道徳的に完全な行為＝善＝徳」はストア的な考え方では一体のものだが、プラトンのイデアのごときもので、現実には不可能と言ってもよく、セネカは「これほど長い年月われわれが探し求めているその賢者」（『心の平静について』七・四）と言い、「善き人」を五〇〇年に一度現れると言われるフェニックス（不死鳥）に擬《なぞら》えている（『倫理書簡集』四二・一参照）。

＊4　ガイウス・ファブリキウス・ルスキヌスについては、『老年について』15節訳注＊3参照。また、このあとの28節およびその訳注＊4参照。

＊5　マニウス・クリウス・デンタトゥス（『老年について』15節訳注＊4参照）。

＊6　ティベリウス・コルンカニウス（『老年について』15節訳注＊5参照）。

19節

＊1　ミネルウァは、おそらくローマ固有の女神で、のちにギリシアのアテネに擬され、学芸、工芸、知恵などを象徴する女神として崇拝された。「太っちょのミネルウァ」とは、「鈍い知恵」あるいは「鈍重な知性」ほどの意。精緻、犀利にすぎ、一般民には理解しがたいストア派の言説に対する、謙遜を装ったアイロニー。

＊2　ここで言われている優れた資質、徳性は、キケローが『義務について』で論じた、すべての徳性の基となる四つの基幹的徳目（同書、一・一五参照）のうちの「叡知（sapientia）」を除く「正義と善行もしくは善意もしくは篤志（iustitia et beneficentia vel benignitas vel liberalitas）」（同書、一・二〇）、「偉大で高揚した魂（animus magnus elatusque）＝勇気（fortitudo）」（同書、一・六一）、「節制と節度（temperantia et modestia）」（同書、一・九三）をほぼ網羅する。つまり、「信義、実直さ、公正さ、篤志」は「正義」に、「物欲や情欲や横暴さのなさ」は「節制と節度」に、「揺るぎない強固な恒心」は「偉大で高揚した魂＝勇気」に対応する。「叡知」への言及がないのは、それが「真実の探求と発見（indagatio atque inventio veri）」（同書、一・一五）を固有の領域とするもので、「実生活の基盤となる諸々のものを用意し、守るために必要不可欠な行為（necessitates ad eas res parandas tuendasque, quibus actio vitae continetur）」（同書、一・一七）を課題とする他の三つの徳目とは性格を異にし、ここでの主題である友情とは直接的な関わりがないと考えたからであろう。

＊3　『老年について』5節訳注＊2参照。

＊4　societas. おそらくアリストテレスの「共同体（κοινωνία《コイノーニアー》）」、「共同（すること）（κοινωνεῖν《コイノーネイン》）」に通じ

るもので、キケローの思想の全体がそこへと収斂する、その究極的な形態である「国家（civitas / res publica)」、アリストテレスの言う「ポリス（πόλις）」（国家、共同体）が含意されている（次注参照）。

＊5　このくだりは、本篇『友情について』、そしてキケローの思想全体にとって、ある意味で核心的なものに関わる。Powell は、このくだりに触れて、共同体的・社会的結びつきは人間の自然の本性に由来するという考え、また、その関係性あるいは親近性には友人や夫婦のような最小のものから人類という最大のものまで階層があるという考えは、特定の哲学学派の思想に帰するまでもないほど「簡明直截な(straightforward)」（「自明な」ほどの意か）考えであり、ストア派、ペリパトス派いずれの思想でもあるとする。しかし、この関係性・親近性から互いに対する「道徳的義務」や「善意（＝愛）の衝動」が生じたとするストア派の思想（ストア派倫理学の根本にある、いわゆる οἰκείωσις《オイケイオーシス》（「自己保存」、「親近化」、「同一化」、「類縁」、「親和」など多面的な意味をもち、一語では訳せない）を挙げつつ、ペリパトス派に同様の思想があったかどうか、あったとすれば、どの程度の類似性があったのかについては論争があるとしているが、類縁関係にあるものが「互いに対して親近なもの、愛しいもの（οἰκεῖον《オイケイオン》 καὶ《カイ》 φίλον《ピロン》）」（『ニコマコス倫理学』一一五五a）であること、そして他者に対して善意を抱いたり、善行をなしたりすること（＝愛の発露）が「最初の愛しいもの（πρῶτον《プロートン》 φίλον《ピロン》）」としての「自己」に淵源がある、言い換えれば、他者に対する愛は、畢竟、自己に対する愛から発するとする思想（プラトン『リュシス』二一九C—D、二二一E—二二二A、『ニコマコス倫理学』一一六六a、一一六八b参照）は、アリストテレスのみならず、プラトンにも共通する思想であることをPriceがきわめて詳細に論じている。キケローもこの親近関係、共同体、愛（友情）、そして義務の相関性、一体性の思想を語っているが（特に『善と悪の究極について』三・六二—七〇、『義務について』一・一一—一七、五〇以下参照）、その思想には、Powell の指摘するように、おそらく、ストア派の思想を好んで取り入れた折衷派の哲学者で、キケローの師でもあるアスカロンのアンティオコス経由のストア派の思想が投影されているのは確かであろう。た

だし、キケローの思想全体の枢要な観念である「共同体」、「国家」という観点から考えて、直接的なものか、間接的なものかという問題は別にして、アリストテレスの影響は過小評価されてはならない。「人間は共同体的動物《ゾーオン・ポリーティコン》」（『政治学』一二五三a、『ニコマコス倫理学』一一六九b参照）であるという命題を人間学、倫理学の根本に据えるアリストテレスにとって、共同体《ポリス》（国家はそのうちの「最も優れたもの」（『政治学』同所））はきわめて重要な意味をもつものであるが、その「共同体《コイノーニアー》」または「共同（すること）《コイノーネイン》」と愛の関係、さらに「正」（＝正しいもの《ディカイオン》）との関係に触れて、アリストテレスはこう言う。「愛は「正」（ディカイオン）のかかわると同じことがらにかかわり、「正」の見出だされると同じひとびとのあいだにおいて見出だされるように思われる。すなわち、いかなる共同体においても一定の「正」が存在するが、そこにはまた一定の「愛《フィリア》」が存在すると考えられる。〔…〕「愛」は、共同《コイノーネイン》ということの行なわれる範囲に応じてその限度にまで及ぶ。「正」もすなわち、これと同様なのである。〔…〕共同性《コイノーニアー》において愛は存在するのであるから。ただ、兄弟や親友仲間の間においてはあらゆるものが共同的であるのに反して、その他の場合においては特定のものにかぎられ、こうした「特定のもの」が比較的多い場合もあれば少ない場合もある。けだし、もろもろの愛のうちには比較的密なるものも疎なるものもあるのだからである。他面、「正」の要求のあいだにも差異が存する。すなわち、親の子に対する義務と、兄弟のお互いに対するそれとでは、同じでなく、親友仲間のあいだにおける義務と、同国民のあいだにおけるそれとでは、やはり同じではなく、その他の親愛関係の場合にあってもこれと同様である」（『ニコマコス倫理学』一一五九b―一一六〇a）。キケローの『国家について』の終章を飾る第六巻では大スキピオーの口から魂の永遠の生が語られるが、その永遠の生を授けられるのは「祖国を守り、助け、興隆させたすべての者」と言われ、それは「宇宙をあまねく支配する最高の神にとって、少なくともこの地上で行われることで、法によって結ばれた、国家（civitas）と呼ばれる人間の結合と集合以上に気に入るものはないゆえ」（『国家について』六・一三）とされる。また、人間の義務について論じた『義務について』では、実生活の基盤に関わる三つの徳（正義、節度、勇気）は「人間の共同体的結びつきとつながり（societas hominum coniunctioque）を守るもの」（『義務について』一・一七）とされ、その共同体的結びつきには階層（gradus）があるが、「あらゆる社会的連帯〔＝共同体的結びつき〕の中でも最も重要で、最も大切なのは、国家（res publica）とわれわれ一人一人とのあいだにある結びつきである。親は大切である。子供や親族や友人は大切である。しかし、あらゆる人たちが大切に思うその関係を、祖国はただ一つで包括している」（同書、一・五七）と言われるように、キケロにおいては「共同体的結びつき」、その最高形態である「国家」は、あらゆるものがそれへと収斂させられなければならない概念、あらゆるものがそれによって統合されなければならない理念である。本篇の「核心的部分（Kernstück）」（Bringmann）ともされる36～43節を含めて、友情が共同体（国家あるいは国政）との関連で語られる文脈では、キケローのこの思想を念頭に置いておかなければ、真意を読み誤る、あるいは真意を理解できないことになりかねないように思われる。

20節

＊1　アリストテレスも、愛（友情はその一種）の真の形、究極の表れである「生を共にすること」、すなわち、談論や思考をともにすること、言い換えれば「自己を〔…〕分割すること」、さらに言い換えれば「ともに親身に悦びもするし悩みもする」ことは多数の人々とのあいだでは不可能であるゆえに、「多数のひとびとに対して親友たることは不可能」と言い、「詩に歌われている愛〔＝友情〕のごときも、かならず二人のあいだのものである」としている（『ニコマコス倫理学』一一七一a参照）。

＊2　「親愛なひとびと〔＝友人たち〕〔…〕それは外的な善のうちの最大なものであると考えられる」（『ニコマコス倫理学』一一六九b）参照。

＊3　快楽を最高善とするエピクロス派以外のアカデメイア、ペリパトス、ストアの三派は、徳を最高善と

する考え方で一致している。

21節

＊1　ストア派の哲学者のこと（18節訳注＊2、19節訳注＊1参照）。

＊2　キケローが常に問題にするのは、現実生活の中での、キケロー言うところの「善き人々、良識ある人々（boni）」であり、「われわれが一般に徳性と呼び、また良識ある人物とみなされたいと望む人々が尊重する徳性」である（『義務について』一・四六、三・一六以下参照）。

22節

＊1　エンニウスについては、『老年について』10節訳注＊8参照。

＊2　エンニウスの作品名不明の断片。「生きるに値する生（vita vitalis）」は、ギリシア語の βίος《ビオス》 βιωτός《ビオートス》（生きうる生、生きるに値する生）（ソポクレス『コロノスのオイディプス』一六九〇、プラトン『ソクラテスの弁明』三八Aなど参照）を写したもの。

＊3　おそらく、このくだりを念頭にしながら、セネカはこう言っている。「忠実で心地よい友情ほど、心に喜びを与えてくれるものは他にないであろう。どのような秘密でも安全に納めてくれる用意のできた心の持ち主、自分だけが知っているよりも、その人に知ってもらうほうが安心な友、その人と交わす会話が不安を和らげ、みずからの意見で助言し、快活さで憂鬱を吹き飛ばしてくれ、その姿を目にするだけでも喜びを覚える親友は、どれほど得がたい大きな宝であろう」（『心の平静について』七・三）。

＊4　ローマの刑罰に「水火の禁（aquae et ignis interdictio）」というものがある（学説によって見解は異なるが、共和政期にはほぼ追放刑に、帝政期には市民権剝奪に相当）。水と火は、人が生きる上で必要不可欠なものを意味する。友情の必要不可欠性はその水火をも凌ぐ、というのは諺のようなものになって

いたらしい（プルタルコス『いかにして追従者と友人を見分けるか』五一b参照）。

＊5　友人（＝友情）は「逆境においてのほうがより必要であり」、「順境においてのほうがより麗しい」として、「両者いずれにおいても求められる」とアリストテレスは言う（『ニコマコス倫理学』一一七一a参照）。

23節

＊1　真の友人は「自分自身の似姿（exemplar sui）」は、「もう一人の自分（alter idem（＝ego））」（80節）の言い換えで、アリストテレスの「友はもう一人の自分（ὁ《ホ》 φίλος《ピロス》 ἄλλος《アッロス》 αὐτός《アウトス》）」（『ニコマコス倫理学』一一六六a、一一六九b）に遡る。

24節

＊1　アクラガスのエンペドクレス（四九二頃―四三二年）のこと。万物は地・水・火・風の四元素から成り、それらの結合を生む「愛《ピリアー》」と、分離を生む「不和《ネイコス》」の二原理に支配されるとした。彼にはヘクサメトロン（六脚韻）の詩律で著した、万物の成り立ちを歌う『自然について』という書があったが、断片しか残っていない。

＊2　『ソクラテス以前哲学者断片集Ⅱ』（岩波書店、一九九七年）「エンペドクレス」B、断片一七、一八―二一、二六、三五参照。また、同書「エンペドクレス」A、「生涯と学説」二八以下も参照。

＊3　「賓客」については、『老年について』32節訳注＊4参照。ラエリウスは、ギリシアの文物を愛好した小スキピオーとともに、パクウィウスの後援者的な役割を果たした。

＊4　マルクス・パクウィウス（二二〇頃―一三〇年頃）は、ローマの悲劇作家。エンニウスの甥かつ弟子。叔父と同様、ギリシア悲劇を模した悲劇を書いたが、一三篇の題名と若干の断片しか残っていない。

心理描写、悲劇性の深さに優れ、芸術性の点ではアッキウスを凌ぐ「ローマ最大の悲劇詩人」とも評される。他に喜劇、諷刺詩などの題名も伝わるが、すべて散逸。

＊5　オレステス（次注参照）の無二の親友。

＊6　殺された父アガメムノンの復讐のため、姉エレクトラと謀り、母クリュタイメストラとその愛人アイギストスを殺したギリシア悲劇の主人公。

＊7　キケローが引用して伝えているパクウィウスの、この「新作の劇」中の、この場面の断片（『善と悪の究極について』五・六三参照）は、Warmington では『ドゥーロレステース（奴隷となったオレステース）』の断片一六三―一六六に入れられているが、ここに言う「王」をトアスとみなすなら、『クリュセス』の断片だろうとされており、また Powell も「十中八九（most probably）」『クリュセス』の断片だろうと言う。『クリュセス』は、エウリピデスまたはソポクレスの失われた同名の悲劇に範を求めたもので、現存するエウリピデスの『タウリケのイピゲネイア』の後日譚を扱った劇。あらましは、こうである。――姉イピゲネイアを救い出し、アルテミス神像を手に入れたオレステスとその親友ピュラデスは、タウロイ人の国から逃れ、小クリュセス（のちにオレステスの異母兄弟であることが分かる）の治めるスミンテ島（不詳）にたどりつくが、タウロイ人の王トアスも一行を追ってやって来る。オレステスの素性を知らない小クリュセスは、引き渡しを求めるトアスに一行を引き渡そうとするが、祖父の大クリュセスが小クリュセイスの母親クリュセイスから、アポロンの子と聞かされていた小クリュセスが実はアガメムノンの子であるという真相を知り、小クリュセスにこれを告げる。オレステスが自分の異母兄弟であることを知った小クリュセスは、オレステスらと一緒になってトアス王を殺し、一行は無事、故国ミュケナイに戻っていく（ヒュギヌス『神話伝説集』一二一「クリュセス」参照）。断片の科白は、半ば拘束状態のオレステスとピュラデスの二人が、どちらがオレステスか、トアスに問いつめられる場面のそれなのであろう。キケローによれば、どちらか分からず困惑する王に、二人は「（殺すのなら）一緒に殺してほし

い」と願ったという。

25節

＊1　14節およびその訳注＊1参照。ファンニウスは、本篇では不在だったという設定であるが、『国家について』では談論に加わった一人になっている。

＊2　『国家について』第三巻では、対話者の一人ピルスが、カルネアデス（13節訳注＊5参照）に倣って、国家の運営には不正が必要という主張をあえて述べるのに対して、ラエリウスは国政には正義こそが必要という弁護論を展開する。

26節

＊1　アリストテレスは、愛（友情はその一種）には求める対象の違いから「有用なもの《クレーシモン》」、「快いもの《ヘーデュ》」、「善きもの《アガトン》」の三類があるとしているが、「有用なもの」とは「善きもの」または「快いもの」のいずれかを生ぜしめるものということで、結局、二類に収斂させている（『ニコマコス倫理学』一一五五b参照）。これは求めるもの、すなわち「目的《テロス》」の相違による分類であるが、ここに言う友情の起源あるいは由来の問題も、つまるところ、この二類に収斂する。これに関連して、アリストテレス的に言えば、「欠けている何かを補うために友は必要。ゆえに友を求める」という論と「欠けている何かを補ってくれる友は有用。ゆえに友を求める」という論は、結局、帰一するから、キケローが「（欠乏しているゆえに）必要だから（because one needs）友人を求める」という考えと「有利（＝有用）だから（because it is advantageous）友人を求める」という考えを区別せず、そのために以後の立論もルースになっているというPowellの指摘はあたらないであろう。アリストテレスでは、「有用なもの」、「快いもの」（キケローが批判の矛先を向けるエピクロス派の言う友情の根源。「彼ら〔エピクロス派〕の主張するところ、〔…〕

友情は諸々の利便《クレイアー》ゆえに生じた〔…〕という」（ディオゲネス・ラエルティオス『哲学者列伝』一〇・一二〇））を求める友情は、より劣った、不完全な友情であり、「善きもの」（アリストテレスの言う卓越性《アレテー》＝徳）を求める「善き人たち」のあいだの友情だけが完全で、真の友情とされるが（『ニコマコス倫理学』一一五六b参照）、キケローの論述も、基本的には、徳に発し、徳を求める「善き人々」のあいだの真の友情、キケローの言葉で言えば「賢者の親交（sapientium familiaritates）」（76節）と、「有用なもの」、「快いもの」を求める、他のより劣った、不完全な友情、キケローの言葉で言えば「一般大衆の友情（vulgares amicitiae）」（76節）という友情の二分類の上に成り立っている。ただし、当然のことながら、両者に明確な境界はなく、重なり合う部分も多いため（なぜなら、「善きもの」は「有用なもの」も「快いもの」も併せ含み、「善き人は、快適であると同時に有用である」（『ニコマコス倫理学』一一五七a）から）、「賢者の親交という高尚な話題から一般大衆の友情という世俗的な話題に話を落とした」（76節）、「話が〔…〕賢者たちの友情から平俗な友情に逸れてしまった」（100節）というように、論述がそのあいだを揺れ動き、その揺れが、ある種のルースさの印象を与える因になっているように思われるが、理論的なものに実践的考察を加味する、その行論にキケローの友情論の独自性がある、と言うべきであろう（「訳者解説」二「作品について」参照）。

＊2　「友情（amicitia）」も「愛（amor）」も、「愛、愛好」を意味する am- を語根とする同根語であるが、amicitia が amor から直接派生した語というわけではない（100節参照）。

27節

＊1　愛が「自然の本性から生まれた」ということについては、アリストテレスの言葉「親の子に対する、また子の親に対する愛は、人間においてのみならず、鳥類やたいがいの動物においてもまた本性的に存在しているようであるし、同種のもののあいだにおいてもやはりこれと同様」である（『ニコマコス倫理

学』一一五五a）参照。

28節

＊1　愛もしくは友愛について論じたアリストテレス『ニコマコス倫理学』第八巻の冒頭では、愛（＝友愛）は「一つの卓越性（アレテー＝徳）といっていいもの、ないしは卓越性というものと切り離せないもの」、言い換えれば「卓越性（＝徳）の不可欠の要素」と定義されている。また、キケローはこう言う。「賢者〔＝徳のある人（18節訳注＊3参照）〕は賢者にとって、たとえその人が見知らぬ人であっても友である、と彼ら〔ストア派の人たち〕は言う。なぜなら、徳ほど愛されるものはなく、この徳を獲得している人は、どの民族のもとにあろうとも、人々に愛されるからである」（『神々の本性について』一・一二一）、「このような徳性こそ、〔…〕他の人間の中に認めた場合でも、われわれは心を動かされ、それがそなわっている人物には友人ができる。また、どの徳であれ、われわれを引き寄せる力があり、徳がそなわっていると思われる人々を慈しむように仕向ける」（『義務について』一・五五―五六）。
＊2　ファブリキウスやクリウスについては、18節および『老年について』15節訳注＊3、＊4参照。
＊3　ローマ最後の王タルクイニウスは、「傲慢王《スペルブス》」という綽名のとおり、暴君的な支配を行い、そのためにブルートゥスらによって追放されてローマは共和政に移行する。キケローは、その彼をギリシアの僭主に擬えて、こう言う。「姿形は人間であるにせよ、性格の残忍さにおいては恐ろしい野獣をしのぐ」（『国家について』二・四八）。スプリウス・カッシウス・ウェケッリヌスは、五〇二、四九三、四八六年と、三度執政官を務めた人物。最後に執政官を務めた四八六年、平民側に有利な農地法を提案したとされ、そのため民心に取り入り、王位を狙うという嫌疑をかけられて処刑された。やはり王位を狙うという嫌疑で暗殺されたスプリウス・マエリウスについては、『老年について』56節およびその訳注＊5参照。なお、「訳者解説」二「作品について」参照。

＊4　ピュッロスについては、『老年について』16節訳注＊2参照。ハンニバルほどには憎まれなかったその人となりをうかがわせるエピソードを、ゲッリウスは伝えている。それによれば、執政官ファブリキウス（18節および『老年について』15節訳注＊3参照）のもとに報酬と引き換えに王毒殺をもちかけてきた佞臣《ねいしん》がいたが、ファブリキウスから報告を受けた元老院は、ローマは策略や毒殺などで戦うことはしないとして使者を派遣、用心するよう王に忠告すると、王は「書簡を送ってローマ国民に賛辞と謝意を伝え、手中にあった捕虜全員に衣服を与えて送還した」という（『アッティカの夜』三・八参照）。この出来事の別伝と、捕虜返還に際してピュッロスが語ったという言葉については、キケロー『義務について』一・三八―四〇参照。

＊5　ハンニバルについては、『老年について』10節訳注＊7参照。カルタゴ人あるいはハンニバルの残酷さは、ローマでは諺のようになっていた。ハンニバルは、ある戦闘のあと、人血で満たされた堀を見ると、「おお、何と美しい眺めだ」と叫んだという。「血の中で生まれ、幼時より殺戮に専心してきた者」として、それも不思議なことではない、とセネカは言う（『怒りについて』二・五・四参照）。

30節

＊1　アリストテレスの「人間は思慮や徳が用いる筈の、武器を持って生れてくる」（『政治学』一二五三a）参照。

＊2　18節訳注＊1、32節訳注＊3参照。

＊3　51節では、一見これと矛盾するような言説が語られる（51節訳注＊2参照）。

32節

＊1　エピクロス派を指す。

＊2　27節訳注＊1、28節訳注＊1参照。

＊3　「相手の利益を図ろうとする〔…〕誉むべき競い合い」については、アリストテレスの「徳の徳たる所以は、よくされることによりもむしろ他に対してよくすることに存し、また、醜悪な行為をしないことによりもむしろうるわしき行為をすることに存」する（『ニコマコス倫理学』一一二〇a）、「友人の友人たるゆえんはよくしてもらうということによりもよくしてやるということに存するのであり、善きひとの善きひとたるゆえんや徳の徳たるゆえんは善を施すということに存する」（同書、一一六九b）、および「人間的な卓越性（＝徳）のゆえに相手かたを愛するひとびとは、お互いの幸福をはかることに熱心であるが、（このことが卓越性の、また愛の特徴なのである。）しかし、このことのために競いあうひとびとの間においては苦情は生ぜず、争いも生じえない」（同書、一一六二b）参照。

＊4　真の愛である「善きひとびとの愛は、彼らが善きひとであるかぎり永続する」（アリストテレス『ニコマコス倫理学』一一五六b）参照。

33節

＊1　ローマ人の平服であるトガについては、『老年について』11節訳注＊4参照。ローマ人の子供は一六歳になると元服し、それまで着ていた紫の縁取りのあるトガを脱いで、白無地のトガ（成人服）をまとった。

34節

＊1　「名誉ある公職」と訳した原語はhonor. Powellはpublic honourという訳語を与えているが、もっぱら名誉となる「公職」を意味する。「名誉ある公職」については、『老年について』60節訳注＊4参照。「金銭を求める大衆と、名誉と栄光を求める社会の上層（＝貴族階級）」という区分は、ギリシア・ローマ

にとどまらず、古代社会に共通のものだとPowellは言う。ただし、栄光（もっぱら軍事的偉業を意味する）をも、金銭（属州統治に付随する役得）をも、さらに言えば権威をも併せて約束する名誉（公職）を求める競争は、とりわけ民衆派と貴族（閥族）派の熾烈な政治闘争が行われていたキケローの時代（一世紀）のローマでは、他の古代社会には例のない厳しさを孕んでいた事実は特記しておかなければならない。この点については、「訳者解説」二「作品について」参照。

36節

＊1　この問題に関する以下のキケローの論述の問題点については、61節訳注＊1参照。なお、ゲッリウス『アッティカの夜』一・三・八以下参照。

＊2　グナエウス（またはガイウス）・マルキウス・コリオラヌス。五世紀頃、ローマと覇を争ったウォルスキ族の町コリオリ攻略時の武勲から、コリオラヌスの添え名を得たという。貴族的な高慢さから貧民への穀物供給に反対して平民の反感を買い、護民官によって追放されてウォルスキ族のもとに亡命、その軍を率いてローマを攻めようとしたが、母と妻に説得されて武器を置き、ウォルスキ族に裏切り者として殺された、とされる半ば伝説的な人物。シェイクスピアの戯曲『コリオレイナス』やベートーヴェンの序曲《コリオラン》で名高い。その死については、42節訳注＊3参照。

＊3　ウェケッリヌスとマエリウスについては、28節訳注＊3、『老年について』56節およびその訳注＊5参照。

37節

＊1　ティベリウス・センプロニウス・グラックス。グラックス兄弟の兄。父は一七七年の同名の執政官、母は大スキピオーの娘コルネリアという名家の出ながら、大土地所有の進行による兵制の枢《かなめ》、したがって

国家の根幹である独立自営農の没落に危機感をもち、一三三年、護民官になるや、土地所有制限などの過激な改革を目指したが、閥族派の激しい抵抗に遭い、襲撃されて暗殺された。その改革の試みについては、12節訳注＊2、＊3参照。

＊2　クイントゥス・アエリウス・トゥベロー。一三三年の護民官。パウルス・マケドニクスの孫で、小スキピオーの甥。小スキピオーとともにティベリウスの改革に強硬に反対した。ストア派のパナイティオスに学んだ教養人で、名のある歴史家、法学者でもあった。キケロー『国家について』の対話者の一人。

＊3　ティベリウス・グラックスの親友で、熱烈な支持者のクマエ人。ストア派の哲学者タルソスのアンティパトロスに学び、その思想がティベリウスの改革に影響を与えたともされるが、真相は不明。ティベリウス暗殺のあと、以下に言う厳しい追及を逃れて、ローマに反旗を翻していた小アジアのペルガモンの王族アリストニコスの保護を求めたが、彼が鎮定されて捕虜になると自決した。

＊4　プブリウス・ポピリウス・ラエナスとプブリウス・ルピリウスは、ティベリウス・グラックスが殺害された翌一三二年の執政官。元老院決議で設けられた査問所（後注＊8参照）を用いてティベリウス派の人々を厳しく追及、処罰した。そのため、のち（一二三年）に兄の報復を目指したガイウス・グラックス提案の法律で追放刑に処せられている。ルピリウスが小スキピオーと親しい関係にあったことについては、69、73節参照。

＊5　consilium. 共和政期においても、上級公職者が任意で有為な人材を招き、裁判の判決などの重要な問題で意見を求めて決定を下すのが「自明の原則であった」（マイヤー　一九七八）。公職者の、いわば私的な諮問機関。この顧問団は、帝政期には「確定的制度」（同書）となって帝政の重要な役割を果たすことになる。

＊6　フォルム（ローマ広場）の北西にあった、ローマ七丘のうち最も高い丘。ユッピテルやユノーなどの神殿や要塞があり、ローマで最も重要かつ最も神聖な地域。現在のカンピドリオ。

＊7　具体的に何を指すのか不明。あるいは、ティベリウスに対するブロッシウスの思想的な影響を示唆するのか（前注＊3参照）。プルタルコスによれば、ティベリウスが土地改革の計画に取りかかったのは、「弁論家のディオパネスと哲学者のブロッシウスの勧めで」（『英雄伝』「ティベリウス・グラックス」八）という。

＊8　quaestio. ローマの司法制度で、上層市民を対象に（下層市民や奴隷の犯罪は、一種の警察にあたる首都保安三人委員が迅速に裁き、処罰した）、政治犯罪を含む特定の犯罪類型を裁くために設置された刑事法廷のこと。不法利得返還訴訟を裁く査問所のような常設のものもあれば、この場合のように法務官や元老院によって特定事案を裁くために臨時に設置されることもあった。

＊9　ペルガモンのアリストニコスのこと。アッタロス二世のおそらく庶子として生まれ、伯父のアッタロス三世の死後、ローマに反旗を翻したが敗北、捕虜となってローマで処刑（一二九年）された。

39節

＊1　クイントゥス・アエミリウス・パプス。二八二、二七八年の執政官、二七五年の監察官。エペイロス王ピュッロスがローマに侵攻した頃の指導的武人、政治家。いずれの公職でも、次に言う偉人ガイウス・ファブリキウス・ルスキヌス（18節および『老年について』15節訳注＊3参照）と同僚であった。

＊2　ファブリキウス・ルスキヌスについては、『老年について』15節訳注＊3参照。

＊3　マニウス・クリウス・デンタトゥスについては、『老年について』15節訳注＊4参照。

＊4　ティベリウス・コルンカニウスについては、『老年について』15節訳注＊5参照。

＊5　ガイウス・パピリウス・カルボー。一三一（？）年の護民官、一二〇年の執政官。少なくとも過去二〇〇年間、再選の例《ためし》がない護民官職を再選可能にする法案などを提案してティベリウス・グラックスの改革を後押ししようとし、その死後も改革の拠り所である農地配分三人委員会の一人となって、秘密（無記

名）投票を民会での立法の投票にも適用する法案を提出するなど（41節訳注＊4参照）、改革派に与し、小スキピオーの死（12節訳注＊2参照）の関与者とも目された。しかし、兄のあとを継いだガイウス・グラックスの改革では反対に転じた。ガイウスら改革派を襲撃して多数を殺害し、ガイウス本人も自殺に追い込み、続く裁判でも多くの改革派の人間を処刑したオピミウスが訴えられた時（一二〇年）には、執政官としてこれを弁護し、無罪を勝ち得ている。しかし、翌一一九年、キケローの先駆的弁論家リキニウス・クラッススに反逆罪で訴えられ、有罪となって自殺した。

＊6　ガイウス・ポルキウス・カトー。大カトー（父方）とパウルス・マケドニクス（母方）の孫、小スキピオーの甥。はじめはティベリウス・グラックスの改革の支持者だったが、のちに反対に転じたらしい。一一四年に執政官になったあと、属州マケドニアの総督を務めたが、不法利得の罪で訴えられ、有罪とされた。

＊7　「当時」とは、兄ティベリウスが護民官に就いた一三三年頃のこと。兄が暗殺されたあと、弟ガイウスはしばらく（期間は不明）政治の世界から離れたと言われている（プルタルコス『英雄伝』「ガイウス・グラックス」一参照）。しかし、初めて公職の最初の階梯である財務官に立候補したとき（一二六年）、兄が夢に現れ、いくら逃れようとしても自分と同じ運命をたどることになる、と諭して鼓舞したという（キケロー『占いについて』一・五六参照）。

＊8　「今」とは、本篇の対話が行われたと設定されている、小スキピオーの死（一二九年）後、程なくの頃のこと。

＊9　ガイウス・センプロニウス・グラックス。グラックス兄弟の弟。農地配分三人委員会の一人として兄の改革を推し進めようとしただけではなく、一二三年、護民官になるや、元老院（閥族）派の力を削ぐために、刑事裁判員資格を騎士身分に限る法案や、ローマ市民権をラテン人に、ラテン市民権を同盟市市民に付与する法案を提出するなど、急進的な改革に突き進んだ。しかし、一二一年の護民官選挙では元老院

派の画策で落選し、武力革命を画策したため、史上最初に出された元老院最終決議を口実に、執政官オピミウスらによって完膚なきまでに鎮圧、粉砕され、自決した。

40節

＊1　次節に言う六年後のガイウスによる急進的改革と反乱、そして43節で示唆されるグラックスの改革以後の打ち続く内乱を暗示する（43節訳注＊1、「訳者解説」、『老年について』一「キケローと共和政末」参照）。

41節

＊1　元老院の権威や慣例を無視し、民会という手段を用いて改革の施策を実現しようとしたティベリウスには、民心に取り入り、王位を狙うという疑念がつきまとい、ペルガモン王アッタロスの王冠と衣装がティベリウスに遺贈されたのは「王になろうとしているためだ」（プルタルコス『英雄伝』「ティベリウス・グラックス」一四）と言われたり、民会選挙が反対派に襲撃されたとき、身の危険を知らせようとして頭に手をかざしたのを「王冠を求めている徴」（同書、一九）とみなされたりしたという。「君臨した」とは、拒否権を行使して農地法に反対した同僚護民官オクタウィウスの職を前例のない民会決議で剝奪し（12節訳注＊3参照）、集団支配という国是を侵して一人支配、いわば独裁色を強めたあと、前例のない再選を目指して立候補した次年度の護民官選挙の際に襲撃されて暗殺されるまでのことを言うのであろう。

＊2　正しい格は奪格として、写本はP. Nasica ScipioneとP. Scipioneの両系統がある。後者を採って小スキピオーとする解釈もあるが、底本（PowellはP. Nasicaと校訂）に従う。プブリウス・コルネリウス・スキピオー・ナシカ・セラピオーは、大スキピオーの女婿で、法律家として名があったスキピオー・ナシカ・コルクルム（『老年について』50節訳注＊6参照）の子で、一三八年の執政官。従兄弟にあたる

ティベリウスの改革の強硬な反対者として、庇護民などを率いてティベリウスを襲撃した首謀者。その後、改革派の報復を避けさせるために元老院によって小アジアに派遣されたが、ペルガモンで死去した。「涙なしには語れない」理由は、改革派による報復とみなしていたということか。

＊3　「忍耐した」の原文は sustinuimus.「（カルボーの行動を）掣肘した、抑えた」の解釈もあるが、前文「ティベリウス・グラックスが誅罰された記憶がまだ生々しかったため」、残された改革派の怒りがこれ以上激しくならないよう、当面は強硬な態度に出ることは控え、その行動（具体的には、秘密投票法の提案など。次注参照）を「我慢した、忍耐した」とする Seyffert, Faltner などの解釈に従う。カルボーについては、39節訳注＊5参照。

＊4　いずれも民会における決定方法に関わる法律で、ガビニウス法は一三九年の護民官アウルス・ガビニウスの提案になる、公職選挙での秘密（無記名）投票を定めたもの、カッシウス法は一二七、一二五年の執政官ルキウス・カッシウス・ロンギヌス・ラウィッラが護民官の時（一三七年）の提案になる、民会裁判の評決での秘密投票を定めたもの。この秘密投票は、一三一年、カルボーによって立法に関わる賛否の意思表示にも拡大された。誰が、誰に、あるいはどう意思を表示したかが分かる従前の口頭による意思表示は、庇護者《パトローヌス》と庇護民《クリエンテース》という保護関係《クリエンテーラ》（『老年について』32節訳注＊3参照）が重要な社会構造だったローマでは、有力者、すなわち閥族（貴族）にとって影響力を行使するのに好都合なものであった。良識ある閥族派の擁護者だったキケローは、この秘密投票の歴史を振り返りつつ、口頭による方法を最もよいものとしながら、「投票は閥族には公開され、国民には自由〔意志によるもの〕でなければならない」という折衷的な法律を提案している（『法律について』三・三三以下参照）。

42節

＊1　アテナイを海軍国に仕立て上げ、来寇したペルシアのクセルクセス王をサラミスの海戦で破って隷属

の危機から救った偉人ながら、のちに僭主への野望を疑われて陶片追放に遭い、アテナイを逃れてペルシアに亡命した。ペルシアで厚遇されてマグネシアの統治を委ねられたものの、ギリシア軍が迫り来ると、祖国に弓を引くのを潔しとせず、「多数説によれば牡牛の血を飲んで、少数説によれば〔…〕毒をあおって、六五年にわたる〔…〕生涯をマグネシアの地に閉じた」(プルタルコス『英雄伝』「テミストクレス」三一)という。

＊2　36節訳注＊2参照。

＊3　コリオラヌスの死については、裏切り者として「殺された」とする伝(プルタルコス『英雄伝』「コリオラヌス」三九参照)が一般的だが、「その死については、さまざまに言われている。しかし、はるかに古い権威である〔歴史家〕ファビウス〔・ピクトル〕の書に、彼コリオラヌスが老年まで生きた、という記述があるのを私は見出した」ともいう(リウィウス『ローマ建国以来の歴史』二・四〇)。キケローの言う自殺説が何の典拠に基づくものかは不明。

43節

＊1　キケローの代弁者であるラエリウスが自分の「死後」のこととして「気がかり」なのは、もちろん何よりもキケローにとっての「今」、すなわち「カエサルとその時代」にほかならない(40節訳注＊1、「訳者解説」、『老年について』一「キケローと共和政末」参照)。

44節

＊1　原語の honesta (< honestus) は一語では訳しがたく、「誉れあるもの」、「高徳なもの」などの意も含む。

45節

＊1　以下で言う「驚くべき説」は、エウリピデスの悲劇『ヒッポリュトス』で語られる科白の達意訳とされる。継子ヒッポリュトスに愛情を抱いたパイドラの乳母が独白の形で漏らす言葉で、原典はこうなっている。「つくづく思うことは、人間同士の交わりは、決して程を越えぬこと、心の底を傾けた深い交わりは禁物です。愛情の紐は解け易くしておいて、会うも別れるも自由なのがよいのです。いま私が、この方のために思い悩んでいるように、ひとりの人間が二人分の苦しみをするというのは、耐えられぬ重荷ですから。〔…〕それで私も「過ぎる」よりは「及ばぬ」ほうがよいように思います。賢い方〔たち〕に伺っても、私の考えに間違いはありますまい」（松平千秋訳、『エウリピデス』上、筑摩書房（ちくま文庫）、一九八六年）。ただし、ストア派、エピクロス派などの主要な哲学派には、過度な愛情あるいは友情が「心の平静」（次注参照）の障害になるという教義は見当たらず、キケローが言う「ギリシアで賢者と称されたという、さる人たち」が誰のことを指しているのかは、はっきりしない。キケローがこの科白を作者エウリピデス独自の考え方として、エウリピデスその人を「賢者」とみなした、あるいはエウリピデスが七賢人の言葉（キロンのものとも、ソロンのものとも、タレスのものとも言われる）「汝自身を知れ」とともにデルポイの門扉に掲げられていたという「何事も過度なるなかれ」という金言を愛情（友情）に適用した、あるいは科白の中で言われる誰か不明の「賢い方（たち）（σοφοί《ソポイ》＝賢者、賢人）」の言を引用している、などの可能性が考えられるが、いずれとも断じがたい。

＊2　原語は securitas. ストア派の言う愛憎や怒りなどの「情動（激しい感情）から自由な心（ἀπάθεια《アパテイア》）」、エピクロス派の言う何ものにも「乱されない心（ἀταραξία《アタラクシアー》）」の訳語。ちなみに、セネカは tranquillitas という訳語をあてている。

46節

＊1　26節およびその訳注＊1参照。

48節

＊1　ストア派のこと。ἀπάθεια《アパテイア》（45節訳注＊2、10節訳注＊2参照）など、その教義の厳格主義に対する諷刺を込めた批判。

49節

＊1　ギリシア語の ἀντιφιλέω《アンティピレオー》を写したキケローの造語 redamo が使われている。

50節

＊1　27節訳注＊1参照。

＊2　底本の immanis（野蛮な、粗暴な）ではなく、写本の immunis で読む。

51節

＊1　30節参照。

＊2　30節の言説と齟齬があるように見えるが、矛盾というより、理論的考察に実践的考察を重ね合わせ、理念に現実を加味するキケロー流の論述の特性と見るべきだと思われる。実践と現実という、この点については、26節訳注＊1参照。畢竟、スキピオーも、またラエリウスも、ストア派の言う完全無欠の賢者ではなく、「われわれのふだんの生活の習いや日常の言葉」で言われる賢者、「通常の生」で認められる「善人」ということである（21節およびその訳注＊2参照）。

52節

＊1「何びとといえども独りぼっちであらゆる善を所有しているということは、これを選ばないに相違ない。人間はポリス的・社会的なもの（ポリティコン）であり、生を他と共にすることを本性としているからである」（アリストテレス『ニコマコス倫理学』一一六九b）参照。

＊2　暴君の生がいかに不安と疑心暗鬼に満ちたものであるか、また、いかに愛（友情）を渇望するものであるかを、キケローはシキリア（シシリー）島の暴君ディオニュソスを例にとり、太宰治の『走れメロス』の原話であるダモンとピンティアスの友情物語を交えて語っている（『トゥスクルム荘対談集』五・五七―六三参照）。また、プラトンも「暴君は、その本性からして、自由と真の友愛を味わうことがない」（『国家』五七六A）と言う。

53節

＊1　28節訳注＊3参照。

54節

＊1「運は盲目」、「運は寵愛する者をも盲目にする」というのは、ギリシア・ローマ世界では諺のようになっていた（メナンドロス断片八三（Kock）、キケロー『ピリッピカ』一三・一〇など参照）。

＊2　人の性格を論じ、金持ちの性格を「幸運な愚か者のそれ」（『弁論術』一三九一a）と語るアリストテレスの言葉が出典。

55節

＊1　古今東西を問わず普遍的な人間社会の一面〔テオグニス、九一八参照〕を語るこの言葉の背後には、何より、打ち続く内乱の中で敗者に荒れ狂った暗殺や追放、それに続く財産没収、というキケローの生きた時代のローマの厳しい現実への思いがあるであろう（「訳者解説」、『老年について』一「キケローと共和政末」参照）。

56節

＊1　アリストテレスは、愛の諸相あるいは愛というものが、それによって「規定される」（原語は ὁρίζονται《ホリゾンタイ》（「境界石で境界を定められる」の意））表徴は、われわれ自身の自己愛の表徴に由来するとみなし、「友〔＝愛する相手〕」は「第二の自己」〔もう一人の自分〕」として、愛や友情の表徴の、いわば相互同等性〔例えば「相手かたと意図を同じくする」、「相手かたと悩みや悦びをともにする」など〕を基本原理として措定している（『ニコマコス倫理学』一一六六a参照）。これはエピクロス派の教義とも一致するものだが（キケロー『善と悪の究極について』の特に二・八三参照）、アリストテレスやエピクロス派の、この思弁的な考察に対して、以下でキケローは「境界線〔fines〕」あるいは「境界石〔terminus〕」というアリストテレスと同じ言葉を用いて愛〔友情〕を境界づけ〔規定し〕つつ、相互同等性の三つの側面に対する実践的な考察に基づいた疑義を述べていく。

59節

＊1　ディオゲネス・ラエルティオスが、同じ趣旨の言葉を七賢人（7節訳注＊1参照）の一人ビアスの言葉として伝えている（『哲学者列伝』一・八七）。アリストテレスが、やはりビアスの言葉として伝えているのは、これとは若干異なり、「彼ら〔性格が総じて用心深い老人〕は、ビアスの忠告に従い、いつか憎

むこともあるかもしれないと思って愛し、いつか愛することもあるかもしれないと思って憎む」となっている（『弁論術』一三八九b）。一方、ゲッリウスは、アリストテレスが伝えるものとほぼ同じ言葉を、同じく七賢人の一人キロンの言葉としている（『アッティカの夜』一・三・三〇）。ビアスは、六世紀、プリエネの政治家、法律家。キロンは、六世紀、スパルタの政治家。

61節

＊1　ゲッリウスは「そういうわけだから」以下「限度というものがあるからである」までを引用し、キケローが「何をもって大きな不名誉と考えているのか、あるいはまた、正道から逸脱するにしても、どこまで逸脱すべきか」、許される正道からの逸脱とは「何であり、どれだけ、いかなる条件で、どの程度までか」という疑問に答えてくれていないとして、その論述の曖昧さを指摘している（『アッティカの夜』一・三・一五―二〇参照）。この点、キケローが本書を書くにあたって参考にし、「採るべきと考えた他の主題については、彼の知性と筆力にふさわしく、きわめて適切、適正に引用し、翻訳している」（同書、一・三・一一）と言われるテオプラストスの『友愛について』（散逸）も、キケローより細心・詳細に記されていたとされるものの、やはり「特定の個別的な典型的事例を挙げるのではなく、〔…〕概括的・総括的な論」（同書、一・三・二二）になっていたという。ゲッリウスの指摘するキケローの曖昧さやテオプラストスの総論的記述の理由である「個々の条件や時期の多様性、そしてまた〔個別事例の〕微妙な差異や相違が、確定的で汎用的、かつ個別事例に明確に通用する原理原則を許容しないからにほかならない」（同書、一・三・二九）は、おそらく正しい（次注参照）。

＊2　「確かに」以下の文意の流れは追いづらい。「友人のためなら、正道を逸脱することも場合によっては許されるが、限度がある」というのが本節の論旨であるが、その「限度」について、「この上なく恥ずべき不名誉がみずからにともなわないかぎり」という大原則（ゲッリウスが言うように、論証という点では

定義の曖昧さの批判を免れえないが、キケローの念頭にあるのは、何より反逆罪（36〜37節参照）のような「誰もが知っている」（ゲッリウス『アッティカの夜』一・三・一八）犯してはならない大罪であろう）を言ったあと、キケローの友情論に一貫する実践性とローマの現実への思いから、ラエリウスやスキピオー、そしてキケローがそうだったようなローマの有為な人間にとって、「事をなす」ために、言い換えれば、栄光と富と権威を手にするために昇らなければならない「名誉（ある公職）の階梯」（『老年について』60節訳注＊4参照）と、そのための選挙の成否を左右する死活的に重要な「世評」や「同胞市民の好意」を「限度」の尺度または「条件」として挙げたのであろう。ただし、それにも「限度」を設けて、世評や同胞市民の好意を得るためとはいえ、「甘言や媚びへつらい」を用いること、言い換えれば、一部の民衆派のように大衆に迎合することは、穏健な閥族派に与するキケローにとって、当然のことながら、厳に戒め（95〜97節参照）、愛の源泉である徳（28節訳注＊1参照）に拠るべき、という根本命題（20節以下、83節以下、および本篇最後のラエリウスの言葉を参照）を繰り返した、と解すれば論旨が通る。このくだりは、ある意味で本書執筆の意図にも関わっている（「訳者解説」二「作品について」参照）。

62節

＊1　「人は」以下の一文は、クセノポン『ソクラテスの思い出』二・四・四でソクラテスが語る苦言の達意訳となっている。

64節

＊1　以下の引用はエンニウスの散逸した悲劇『ヘクバ』の断片で、トロイア王妃ヘクバの科白（Warmington, trag. 216）。原文には certus（確かな）、incertus（不確かな）、cerno（確かめる）という同系語を用いた言葉遊びが含まれる。エウリピデスの『ヘカベ』の中のヘカベの科白「よき友は、不幸の

中で、まぎれもなく明白になる」（二二六—二二七）の達意訳。

65節

＊1「信義（fides）」は、社会や社会生活、また国同士や民族同士の関係を成り立たせるものとして、ローマでは、古王ヌマ以来、神格化され、神殿も建立されるほど重要視された価値概念であった。キケローは、信義を愛と相即不離の関係にある正義（19節訳注＊5参照）の礎として、こう釈義している。「語った言葉と合意したことの不易性と真実性である」（『義務について』一・二三）。

＊2 以下、69節までは友にすべき相手の大切な性格や資質が語られるが、友と敵、愛と憎の観点から人間の性格や資質を語ったアリストテレスの記述（『弁論術』一三八一a—b）を下敷きにしているらしい。ただし、「信義」を「礎」と位置づけるその論は、キケロー独自のものである。

67節

＊1 ギリシアの諺。アリストテレスの『ニコマコス倫理学』には「諺にいうほどの「塩を一緒に食べた」」（一一五六b）、『エウデモス倫理学』には「一メディムノスの塩というのは諺になっている」（一二三八a）とある。メディムノスはギリシアの、モディウスはローマの容積（固体）の単位で、どちらも約八・七リットル。アリストテレスでは、いずれも、それほどの量の塩を食らうくらい長く生活をともにしなければ「互いを知ることができない」という意味であるが、キケローでは「友情が完全なものにはならない」と趣意が変えられている。

68節

＊1 ふつう、ローマ人が人の手の入らない原生林のような自然そのものに喜びを覚えることはなかった。

69節

＊1　一般に「スキピオーのサークル」と呼ばれるもの。大カトーなどの保守的・国粋主義的な指導層に対して、ギリシア文化を愛好し、文芸や文人を後援した進歩的知識人である小スキピオーやラエリウス（24節訳注＊3参照）、フリウス・ピルス（14節訳注＊1参照）などを中心とするサロン的な集まり。喜劇作家テレンティウス、劇作家パクウィウス、諷刺詩人ルキリウス、歴史家ポリュビオスなどが、そのまわりに集《つど》った。ローマのギリシアの文芸の受容にきわめて大きな役割を果たしたとされる。キケローは、彼らについてこう言っている。「重い権威という点においても、洗練された人間的教養という点においても、プブリウス・アフリカヌス、ガイウス・ラエリウス、ルキウス・フリウスといった人たち以上に優れた人物をわが国は生み出さなかったのは確かだと思うが、彼らは堂々とギリシアから最も教養ある学者たちを呼び寄せて、自分たちの家に滞在させていたのである」（『弁論家について』二・一五四）。

＊2　以上の三人は、いずれも小スキピオーの親友。ピルスについては14節訳注＊1、ルピリウスについては37節訳注＊4参照。スプリウス・ムンミウスは、コリントスを攻落した一四六年の執政官ルキウス・ムンミウスの弟。『国家について』にストア派の哲学者として登場する。

＊3　クイントゥス・ファビウス・マクシムス・アエミリアヌス。一四五年の執政官。アエミリウス・パウルスの子で、小スキピオーの兄。一三四年、執政官としてヌマンティア攻略戦を指揮する弟、小スキピオー（11節訳注＊2参照）の参謀を務めた。ファビウスという氏族名は、ファビウス・マクシムス・ウェッルコスス・クンクタトル（『老年について』10節訳注＊2参照）の子もしくは孫に養子に迎えられたことによる。

＊4　写本の per se（自分の力添えで）を、論旨に齟齬が生じるように思われる per se ipsos（自分たち自身の力で）に改める Powell の校訂は採らない。

70節

＊1　キケローが具体的に誰を念頭にしているのかは分からないが、「牧夫」や「僕《しもべ》の身」などの条件に合う人物としては、狼に救われて乳を与えられていたが、その後、王家縁《ゆかり》の牧夫ファウストゥルスに発見されて育てられたアルバ王子の双子ロムルスとレムス、母ヘカベの不吉な夢見のためにイダの山に捨てられたが、牧夫に救われて育てられたトロイア王子パリス（別名アレクサンドロス）、迫害されたアンティオペがキタイロンの洞窟に産み落としたのを牛飼いが救って育てたテバイ王子でゼウスの子の双子アンピオンとゼトスなどが考えられる。

73節

＊1　もちろん、小スキピオーが独断で執政官に任命する権限をもっていたわけではなく、ローマの上級公職は、すべて民会の選挙で選ばれた。ただし、有力者は保護関係《クリエンテーラ》（41節訳注＊4参照）を利用して大きな影響力を行使することができた。もっとも、いかに有力な閥族であっても、ここに言うように、必ずしも常に思いどおりになったわけではない。ちなみに、キケローが歴史家ファンニウス（歴史書は散逸）の言として伝えるところでは、兄プブリウスは一三一年（または一三〇年か一二九年）の執政官に立候補した弟ルキウスの落選をひどく悲しみ、程なく身罷ったという（『トゥスクルム荘対談集』四・四〇参照）。

74節

＊1　ローマの世代区分については、『老年について』60節訳注＊3参照。

＊2　ローマの若者の遊びについては、『老年について』58節参照。

＊3　多くの校訂本で採用されているaestimandi（価値判断されるべき、評価されるべき）を補うモムゼ

ンの推定で読めば、Powell のように大きな脱落を想定せずとも本節の論旨は通る。

75節

＊1 リュコメデスは、エーゲ海のスキュロス島の王。アキレウスがトロイア参戦を逃れるために、この島に滞在していた折、王女のデイダメイアと結ばれて、一子ネオプトレモスが生まれた。アキレウスがトロイアで戦死したあと、その子が参戦しなければトロイアは陥落しない、という予言があり、オデュッセウスが島に赴いて参戦を促したが、ここに言うように、リュコメデスがそれを思いとどまらせようとした。その後、ネオプトレモスはトロイアに赴いて活躍し、トロイア陥落を実現させることになる。

77節

＊1 ポンペイウス家で最初に執政官になり、平民身分で最初に監察官になった人物。一四一年の執政官選挙でラエリウスを応援すると約束していながら、みずから立候補して当選し、小スキピオーの怒りを買った。2節で言及されていたクイントゥス・ポンペイウス・ルフスの父または祖父。

＊2 クイントゥス・カエキリウス・メテッルス・マケドニクス。一四三年の執政官、一三一年の監察官。小スキピオーとはティベリウス・グラックスの改革に反対する立場で一致していたが、その他の政策では意見を異にすることも多かった。キケローは『義務について』一・八七で、こう言っている。「プラトンは、こうも教えている、「敵対者とは武器をもって向かってくる者たちのことと考えよう。各自の信念に従って国家を守ろうとする人々のことではないのだ」。プブリウス・アフリカヌス〔＝小スキピオー〕とクイントゥス・メテッルスとのあいだの意見の不一致はこうした類のもので、そこに怨恨はなかった」。

80節

＊1　19節訳注＊5、23節訳注＊1、56節訳注＊1参照。

81節

＊1　自己愛および親近なもの（同類）への愛については、特に19節訳注＊5参照。

＊2　アリストテレスは、友への愛は自己愛の延長、あるいは「友は「第二の自己」〔もう一人の自分〕」の真実性を証するものとして、「友のものは共なるもの」などとともに「ひとつこころ」という諺を挙げている（『ニコマコス倫理学』一一六八b参照）。

82節

＊1　飲食への欲望や性欲、惰眠や怠惰への欲望など、欲望に隷属する人間は、友にする人間としては、まずはじめに避けなければならないとされる（クセノポン『ソクラテスの思い出』二・六・一、二・六・五参照）。

＊2　原語は verecundia. 相手を「敬う心」とともに、相手を「畏《かしこ》む心」、相手ゆえの「慎みの心」を含意する。キケローはこう言う。「畏敬の念〔慎みの心〕なくしては、何一つとして正しいことも立派なこともありえない」（『義務について』一・一四八）。

85節

＊1　62節末の「友情が先にあり、判断はあとに来る」と一見矛盾するようだが、「友情が先、判断はあと」の意味は、63節で示されていたように、ある程度交わったあとでなければ判断できない、ということである。本節の「愛する」は、一定期間交わったあと「真の友と認めて愛する」の意ととれば、分かりやすい。セネカは「愛したあとで判断し、判断したあとで愛さない」のを「テオプラストスの教えに反する

こと」と言い、「友情を結んだあとは〔＝真の友と認めたあとは〕信頼しなければならず、友情を結ぶ前は判断しなければならない」と語っている（『倫理書簡集』一・三・二参照）。プルタルコス『兄弟愛について』四八二bにも引用されているこのテオプラストスの金言は、おそらく散逸した『友情について』の中の言葉。

＊2「もう済んでしまった」以下が諺。テレンティウスの喜劇『兄弟』の中で同じ諺が語られている（二三二）が、その古注（Donatus）には、法律用語の「（一度）審理された案件は（再び）審理してはならない（actum ne agas）」（＝一事不再理の原則）が諺の元、とある。「もう変えようがない（取り戻しようがない）ことを無益にも変えよう（取り戻そう）とする」こと、わが国の諺で言えば「あとの祭り」あるいは「覆水盆に返らず」が近いか。

86節

＊1　ギリシア哲学的な生の分類。ただし、アリストテレスは主要な生の形態を三種、「観照的《テオーレーティコス》」と「政治的《ポリティコス》」と「享楽的《アポラウスティコス》」とし、キケローの言う「個人の事業に精を出す人たち」の生、アリストテレスの言う「金銭的《クレーマティスティコス》（蓄財的）」生は、それ自体が目的とはならないもの――なぜなら、金銭《クレーマ》は他の何かを得るための手段にすぎないゆえ――として、分類から除外している（『ニコマコス倫理学』一〇九五b―一〇九六a参照）。キケローがこれを除外せずに生の一形態としたのは、本篇が献呈された竹馬の友でもあり恩人でもある「事業家アッティクス」（『老年について』1節訳注＊3参照）を強く意識していたからであろう。

87節

＊1　四世紀はじめに活躍した喜劇作家アリストパネスの『女の平和』八〇八以下で初めて言及され、プル

タルコス『英雄伝』「アントニウス」七〇、ルキアノス『ティモン』でも取り上げられているアテナイの半ば伝説的な人間嫌い。シェイクスピアの『アテネのタイモン』に描かれて名高い。

＊2　アリストテレスの言葉「たとえ他のあらゆる善きものを所有するひとであっても、親愛なひとびと（フィロイ）なくしては生きることを選ばないであろう」（『ニコマコス倫理学』一一五五ａ）、「何びとといえども独りぼっちであらゆる善を所有しているということは、これを選ばないに相違ない。人間はポリス的・社会的なもの（ポリティコン）であり、生を他と共にすることを本性としているからである」（同書、一一六九ｂ）、あるいはキケローの言葉「たとえ無際限なほど豊かな快楽に包まれていても、完全な孤独のうちに生を送ることを望むような人間は一人もいないということからも、われわれが人間の結合と集団のため、そして自然的な共同のために生まれたということが容易に理解されます」（『善と悪の究極について』三・六五）参照。

88節

＊1　アルキュタスについては、『老年について』39節以下、39節訳注＊1参照。

＊2　原語はnatura. 人間の「自然的本性」の意も含まれるが、それをも含めた広義の「自然」と解しておく。

89節

＊1　以下に名が挙げられているテレンティウスのこと。「友人」については、69節訳注＊1参照。プブリウス・テレンティウス・アフェル（一九〇頃—一五九年）は、プラウトゥスと並ぶローマの代表的な喜劇作家。前者が庶民的で時に猥雑な笑いを特色としたのに対して、知的で上品な喜劇を書き、そのため、あまり大衆受けはしなかった。六篇の喜劇が残っている。引用されている詩行は『アンドロス島の女』六

八。

＊2 「追従《ついじゅう》」と訳した原語は前出の「追従《ついしょう》」と同じ obsequium で、「テレンティウスの言葉を使いたいから」という断りから理解されるように、同じ単語を意味を違《たが》えて用いている。原文の趣意に近いと思われる「追従《ついじゅう》」と「追従《ついしょう》」に訳し分けた。

90節

＊1 ローマの弁論家の歴史をたどった『ブルートゥス』六五で、キケローが「これまでに見出し、読んだ」一五〇篇以上の大カトーの弁論について「輝かしい言葉と内容が詰まっている」と言い、「金言警句の類の犀利さで彼〔大カトー〕を凌ぐ弁論家が誰かいるだろうか」と語っているように、その金言警句の類は同時代のラエリウスの頃から、言い換えれば、生前から、さまざまなものが人口に膾炙していたのであろう。のち（遅くとも後三世紀）には『カトー語録』なるものも編まれ、中世を通じて、異教徒のみならず、キリスト教徒のあいだでもよく読まれた。「賢い人間は敵から多くを学ぶ」（アリストパネス『鳥』三七五）、「敵からでさえ教えを受けられる」（オウィディウス『変身物語』四・四二八）など、似たような警句は他にもあるが、この金言は大カトー独自のものだという。

92節

＊1 81節訳注＊2参照。

93節

＊1 引用詩行は、ギリシア中期喜劇の代表的な作家メナンドロスの同名の喜劇を下敷きにしたテレンティウスの喜劇『宦官』の中で（二五二―二五三）、兵士トラソーの食客であり、一種の太鼓持ちであるグナ

トーが、相手を喜ばせ、取り入る秘訣を語る科白（98節訳注＊1参照）。

96節

＊1　パピリウス（・カルボー）とその法案については、39節訳注＊5参照。

＊2　一四五年のこと。マクシムスについては、69節訳注＊3参照。ルキウス・ホスティリウス・マンキヌスは、一七〇年の執政官であるアウルス・ホスティリウス・マンキヌスの子で、第三次ポエニ戦争で艦隊司令官として活躍した。

＊3　リキニウス・クラッススは、この年（一四五年）の護民官。神祇官や卜占官などの神官職は各神官団が補充成員の選任権を有するのが伝統だったが、このとき初めて民会の投票に選任を委ねるという法案が出された。しかし、ラエリウスの演説も与って、これは否決された。この時の演説はラエリウスの傑作とも言うべきもので、「高貴な演説」（『神々の本性について』三・五）、「黄金の小演説」（同書、三・四三）とキケローは誉めそやしている（『ブルートゥス』八三も参照）。

＊4　政治集会《コンティオー》で、それまでは弁士は演壇《ロストラ》（『老年について』32節訳注＊2参照）から元老院議事堂や正式の集会場《コミティウム》のある北を向いて演説を行っていたが、集会場は狭く、大勢の聴衆が演壇の背後、逆（南）向きの広いフォルム（中央広場）側に立っていることもある、という事情があった。のち（四四年）には、カエサルが、その不都合を是正するために演壇をフォルムの西端に新設している。

＊5　執政官になったのは一四〇年のこと。

97節

＊1　キケローは、聴衆に向かって語りかける弁論家（弁士）の演壇《ロストラ》を、観衆に向かって演じる俳優の舞台《スカエナ》に、しばしば擬えている。「弁論家のいわば舞台は政治集会の演壇であるように思われる」（『弁論家につ

いて』二・三三八）参照。

98節

＊1　以下の引用は、既出のテレンティウス『宦官』の中の科白で、プラウトゥスの喜劇（『ほら吹き兵士』）の題名を地で行く虚栄心の強い兵士トラソーが、遊女タイスの好意を得ようと、食客グナトーを通じて彼女の妹と思われている娘をプレゼントとして贈ったあと、タイスの反応を尋ねる言葉。「喜劇に登場する食客」とは、総じて、おべっかや迎合を手段として食事にありつこうとする寄食者を言う。ちなみに、グナトーは「顎（γνάθος《グナトス》）」からつけられた名で、食客にふさわしく、「食い意地の張った男」ほどの意。

99節

＊1　以下の句は、『老年について』でも一部が引用されているカエキリウスの断片（『老年について』36節訳注＊1参照）。

101節

＊1　小スキピオーの実父（『老年について』15節訳注＊2参照）。

＊2　大カトーのこと。

＊3　9節および『老年について』49節訳注＊2参照。

＊4　41節で言及されているプブリウス・スキピオー・ナシカ・セラピオーの父（『老年について』50節訳注＊6参照）。

＊5　ティベリウス・センプロニウス・グラックス。一七七、一六三年の執政官、一六九年の監察官。グラ

ックス兄弟の父。スキピオー家とは深いつながりがあり、妻コルネリアは小スキピオーを養子に迎えたプブリウス・コルネリウス・スキピオー（大スキピオーの長男）の姉妹。自身の娘であるセンプロニアも小スキピオーに嫁していたから、小スキピオーの「岳父」にあたる。

＊6　14節訳注＊1参照。

＊7　37節訳注＊4参照。

＊8　69節訳注＊2参照。

＊9　37節訳注＊2参照。

＊10　プブリウス・ルティリウス・ルフス。一〇五年の執政官。小スキピオーのヌマンティア攻落戦では軍団副官として仕え、その後、小スキピオーと親しく交わる。高潔さで知られるが、属州における苛斂誅求（不法利得）罪で訴えられ、有罪となって小アジアのスミュルナに亡命、そこで自伝的な同時代史を書いた（散逸）。キケローの『国家について』に登場する対話者の一人。

＊11　法律家という以外、詳伝は伝わらない。

103節

＊1　小スキピオーとラエリウスの二人が絶えず行動をともにする親密な間柄だったことについて、キケローはこう言っている。「義父〔鳥卜官スカエウォラ〕は、彼自身の義父のラエリウスがほとんどいつも〔小〕スキピオーと連れだって田舎に出かけていき、まるで鎖から解き放たれたように都から田舎に飛んでいくと、二人が信じがたいほどの童心に返って行動した、と言っていた。〔…〕カイエータやラウレントゥムで、彼ら二人はムラサキ貝や巻き貝を拾い集めたり、あらゆる遊びを誰憚ることなくやる慣わしであった」（『弁論家について』二・二二）。

訳者解説

『老年について』

一　キケローと共和政末——執筆時期

本書に収めたのは、マルクス・トゥッリウス・キケロー（一〇六―四三年）の最もポピュラーな作品に属する対話篇『老年について』と『友情について』である（題名については、『老年について』1節訳注＊1参照）。近年は、『キケロー選集』や個別作品訳、さらには優れた啓蒙書や研究書が出版され、徐々にその名が広く知られるようになったとはいえ、キケローはわが国ではまだ十分に認知されているとは言いがたいように思われる。一つにはその理由から、もう一つには、やはり作品の理解という点で、どうしても不可欠と思われるという理由から、はじめにキケロー小史のようなものを記しておくことにしたい。

「哲学者でありエッセイスト、弁論家であり教師、政治家（statesman）であり政治屋（politician）、家庭人であり友人、また有能な翻訳家であり決して描くはない詩人、膨大な数の書簡の書き手であり機知で名高い人、村荘を所有する田舎の紳士」――キケローの多面的な顔をそう紹介したあと、直後にマッケンドリックはこう言う。「彼のその全生涯は、哲学的諸著作のための準備であると言えるかもしれない（His whole life may be said to be a preparation for the philosophical works）」（MacKendrick 1989, p. 1）。この言葉は、一見奇抜ではあるが、キケローの生涯を象徴的に、また的確に言い表したもののように思われる。キケローが西洋史、特に初期ルネサンスから啓蒙思想期の西洋思想に与えた多大な影響、なかんずく古典古代ギリシア・ローマの哲学・思想の一般的普及という点で果たした、プラトンやアリストテレスのそれをも凌ぐと言われる影響力は、ひとえにその哲学的諸著作を通じてのものだったから、ということもさりながら、確かにキケローの生涯はマッケンドリックの言うように「哲学的諸著作」へ、哲学的営みへと収斂していく、そのような歩みであったかに見えるからである。しかし、キケロー自身がみずからを何者と思っていたかは、また別次元の問題で、思うに、おそらくキケローなら、キケロー亡きあと、キケローの書物を手にした孫に向かってアウグストゥスが述懐したという言葉「学のある人だった。学のある人で、愛国者だった」（プルタルコス『英雄伝』「キケロー」四九）が何より自分にふさわしいと思ったのではないか。「学」（＝哲学）と「愛国者」の営みという、この二つはキケローにとって相即不離のものであった。

もっとも、ローマの有為な人材にとって、アッティクスのような例外的な人物を除けば（『老年について』1節訳注＊3参照）、生に乗り出すにあたって、進むべき道は一つしかなかった。「名誉（ある公職）の階梯」がそれで、まして、すべてがそれへと統合されねばならない共同体（国家《ポリス》はその最高形態）を至上の理念としたキケロー（『友情について』19節訳注＊4、＊5参照）にとって、「政治的な《ポリティコス》」生、言い換えれば、公職の道をたどり、元老院議員となって、「国家のためを図り、同胞市民に資する」活動を実践すること（『占いについて』二・一）、すなわち「愛国者」の道以外の選択肢はありえなかった。

こうして、幼少期、その神童ぶりを一目見ようと生徒の父親たちが学校に押しかけてきたという逸話があるほどの才知（プルタルコス『英雄伝』「キケロー」二）、青少年期、哲学、それもアカデメイア、ペリパトス、ストア三派の哲学を修め（もちろん、エピクロス派も学んでいる）、弁論術や法学などを学んだ国内ローマでの、また国外（主にアテナイ）での恵まれた教育、そして何よりずば抜けた弁舌の力も与《あずか》って、キケローは四三歳という最年少の法定年齢で「名誉の階梯」の頂点である執政官職にまで昇りつめた。しかも、貴族ならぬ騎士身分、家系に執政官経験者をもたない、いわゆる「新人《ノウス・ホモー》」の家柄、ローマならぬその近郊の小邑《ゆう》アルピヌム出身の田舎者というハンデを背負いながらのことである。その同じ年（六三年）の暮れには、二度執政官選挙に立候補して落選した無頼の青年貴族カティリナが不満分子を糾合し、要人暗殺、政府転覆の陰謀を企てている事実を察知し、クーデターを未然に防いで、「祖国の父」という文民には異例の栄誉の称号を与えられもしている。みずから筆を執って叙事詩『わが執政官職について』（六〇年。散逸）を著したほど、キケローにとっては誇らしい出来事だったが、キケローの「政治的な」生、政治家としてのキケローの、これが栄光に満ちた絶頂期であった。

しかし、この絶頂期を境にして、一転、キケローの「政治的な」生は翳《かげ》っていく。ヴォルテールの言葉を借りれば、「祖国に対して、過去、誰も行ったことがないほどの目覚ましい貢献ゆえに、彼はみずからの破滅を用意してしまったのだ」(『救われしローマ、あるいはカティリナ』序)。以後のキケローは、執政官経験者としてローマ政治の中枢に位置しながら、政治の趨勢には与れない不遇の時代を迎えることになる。

その理由は、一つにはキケローの政治家としての信条あるいは理念が関わっているであろう。キケローは、みずからが「善き人々(boni)」と呼ぶ穏健な元老院議員を恃《たの》み、元老院議員、騎士、平民という「諸身分の協和(concordia ordinum)」に基づく、元老院(それも主として閥族派)主導の共和政ローマの護持を政治信条あるいは理念にしていたと言ってよいが(『アッティクス宛書簡集』(シャクルトン・ベイリー版)一七・一〇参照。以下、キケローの書簡番号は、すべてシャクルトン・ベイリー版で示す)、それぞれの党派で利害が鋭く対立する局面では、その信条は、往々にして、どの党派にも不満をもって迎えられる行動となって現れざるをえなかった。かくして、穏健な閥族派に与するキケローは民衆派からは反発され(グラックス兄弟の改革に対する、客観的に見て不公平な、あるいは偏見に近いキケローの見方は、ある意味で保守的な、この立場から来る。『友情について』37〜41節参照)、小カトーやブルートゥスのような急進的な閥族派の共和主義者からは熱烈な支持を得られず、一部の貴族からは「新人」、言い換えれば「成り上がり者」と侮られるという、四面楚歌とも言うべき一種の孤立状態が続いていくのである。

しかし、キケローの政治的不遇、というより政治的不幸の何といっても最大の理由は、キケローが内乱の嵐が吹き荒れ、パワーポリティクスが渦巻いた共和政末に生きた、という事実であろう。この時代状況の淵源は、私兵制あるいは傭兵制へと変貌する恐れを多分に孕んでいた二世紀末のマリウスの兵制改革にある。有力者は公職（執政官職など）を繰り返し務め、属州（ある意味で勢力を得るための蓄財のパラダイス）の総督の地位を、あるいは確保し、あるいは延長させ、軍団を指揮する最高指揮権（imperium）を維持することで、一部は半ば私兵化した軍を背景に、文字どおり力で政治を動かそうとしたのである。粛清の嵐が吹き荒れたマリウスとスッラの時代に、そのうねりはすでに始まっていた。六〇年に成立したカエサル、ポンペイウス、クラッススの（非公式な）いわゆる第一回三頭政治は、そうしたパワーポリティクスの帰結であり、その破局を回避するための妥協の産物であり、その決裂と内乱、その結果としてのカエサルの独裁は、その必然的な終着点である。このような「力」の政治を前にしては、「国政と法廷を賢慮と弁論〔＝言論〕によって統《す》べる」（『弁論家について』三・一三二）ことを何よりの価値とみなし、弁論（言論）の力を信じて、「武具は市民服に従うべし、〔戦勝の〕月桂冠は文民の誉れに譲るべし」（『わが執政官職について』断片。『義務について』一・七七参照）と高らかに謳う、「文民」に徹した政治家キケローの限界は目に見えている。

こうしたみずからの「政治的な」生が挫折を迎えたとき、あるいは翳りを見せたとき、キケローには必ず回帰する場所があった。「学」（＝哲学）がそれである。遡って、キケローが「政治的な」生を歩み出してまもない頃（八〇年）、独裁官スッラが関わっているために引き受け手が誰もいなかった弁論（『ロスキウス・アメリヌス弁護』）を引き受けて見事に成功させ、「政治的な」生の順調なスタートを切ったキケローではあったが、おそらく後難を恐れてであろう、療養を口実にローマを離れ（七九年）、アテナイやロドス島への遊学を余儀なくされる、という苦い経験をしている。キケローに大きな影響を与えた折衷派のアスカロンのアンティオコス（『友情について』19節訳注＊5参照）に学び、ストア派のポセイドニオスと交わり、旧師のモロンに弁論術の指導を仰いだのが、この遊学時だったが、このときキケローは「万一、公の仕事から完全に締め出されたなら、フォルムと政治から身を引き、この地〔アテナイ〕に移り住んで、静かな生活の中で哲学とともに生涯を送ろうと考えていた」（プルタルコス『英雄伝』「キケロー」四）という。幸い、スッラが程なく死去したため（七八年）、キケローは帰国し（七七年）、弁論家活動、「政治的な」生を再開することができた。以後は、財務官（七五年）、造営官（六九年）、法務官（六六年）と異例の速さで「名誉の階梯」を駆け上がり、ついには最高職の執政官に到達したのである。

頂点に達して、「公職の道をたどり終え、〔…〕選挙運動の仕事も無用のこととなり、それとともに人生の転機を迎えた」（『弁論家について』一・一）絶頂期のこの時も、キケローには、全面的にではないにせよ、「輝かしい学問に心を向ける生活を始めること」（同所）、「政治的な」生から「観想的な《テオーレーティコス》」生に軸足を移すことができるものという期待があった。しかし、「国家を取り巻く危機的な時代状況」と「さまざまな不幸な出来事」（同書、一・二）によって、その期待は裏切られてしまう。「さまざまな不幸な出来事」とは、主に六一年来、カエサルの支援を受けて護民官になったそのクロディウスとの確執とその敵対行為であり、カティリナ陰謀事件でキケローが首謀者らを裁判抜きで処刑したという非合法的処置の罪を問う法案のせいで、自発的な亡命生活を余儀なくされ、それにともなって財産を没収された災厄（五八年）を指す。「観想的な」生を阻むもう一つの障害「国家を取り巻く危機的な時代状況」とは、もちろん、さらに深刻な先述のパワーポリティクスのうねりにほかならない。具体的には六〇年成立の「三頭政治」となって現れた時代のこの趨勢は、元老院主導の共和政ローマを理念に掲げるキケローにとっては、とうてい容認できるものではなく、当初、反対の意思を鮮明にして抵抗を続けたが、当然、この奔流に抗える者は誰もいなかった。ましてキケローも例外ではなく、抵抗の無意味さと無力さを自覚したキケローは、五六年、三者同盟がラウェンナ会談、ルカ会談で強化されるに及んで、ついに抵抗をあきらめ、表面上は容認の態度をとりつつ、もはや積極的に政治に関与することはやめて、「政治的な」生から「観想的な」生へと大きく舵を切ることになるのである。ただ、五五年からのほぼ一〇年間は、まだ「政敵の策謀や友人たちの訴訟、あるいは、国政に携わってなお余るだけの閑暇を〔…〕著述に振り向けよう」とした時期であり（同書、一・三）、全精力をつぎ込む本格的な「哲学的著作」活動の、なお「準備」段階、あるいは序章でしかなかったと言ってよいであろう。

この間の出来事を手短に追えば、キケローが時代の趨勢にほとんど関わりえないまま時局は大きく変化し、カエサルとポンペイウスをつなぐ鎹《かすがい》であったカエサルの娘でポンペイウスの妻ユリアの死（五四年）、そして二人のあいだの緩衝材の役割を果たしていたクラッススの戦死（五三年）によって、カエサルとポンペイウスの亀裂は決定的となり、蚊帳の外に置かれていたキケローが総督の任地キリキアから帰国した直後（二ヵ月後）の四九年一月、カエサルのルビコン渡河とローマ進軍で内乱の火蓋が切って落とされ、確信のもてないまま、キケローは共和政護持の信条からポンペイウス派（共和派）に与する決断を下し、ローマを明け渡してギリシア北西部のエペイロスへ脱出したポンペイウス軍に加わったものの、四八年、パルサロスの決戦でポンペイウス派は大敗（キケローは病気を理由に戦いには加わらなかった）、保護関係を恃んでエジプトに逃れたポンペイウスがエジプト王（クレオパトラの弟）によって謀殺され、小カトーらポンペイウス派の残党も四散するに及んで、足場を失ったキケローは、やむなく帰国、ブルンディシウムでカエサルの寛大な赦しを待ちつつ一年余の実質上の蟄居生活を余儀なくされた。翌四七年、カエサルの赦しと和解を得たものの、敬して遠ざけられる境遇で、政治の表舞台には立てず、「私の影響力は敗北者のそれでしかない」（マルケッルス宛書簡、『縁者・友人宛書簡集』二三〇・六）という悲哀と絶望の中、アフリカのウティカでの小カトーの自決（四六年）、スペインのムンダでのポンペイウスの長子マグヌスの敗死（四五年）という共和派の完全敗北とカエサルの独裁確立を座視するほかなかった時期、それがこの期間であった。

実質的に『弁論家について』（五五年）をもって始まるこの序章期の著作活動には、『国家について』（五四―五一年）、『法律について』（五一年。未完）、『弁論術分類』（五四年または四六年）、『ブルートゥス』、『ストア派のパラドックス』、『カトー』（散逸）、『弁論家』、『最良の弁論家について』（以上、四六年）が含まれる。『国家について』と『法律について』は晩年、現実の政治体制を模索して『国家』と『法律』を執筆したプラトンに倣ったものであり、弁論術関連の著作五作は「弁論の教養を哲学と融合させた」（『占いについて』二・四）アリストテレスに倣ったもので、なお国家を至上理念として現実に生きる政治家であり、弁論（＝言論）を唯一の武器として実践の場に立ち、弁論家を法廷や国難、国政における「木鐸《ぼくたく》であり指導者（auctores et principes）」（『弁論家について』三・一二二）と位置づける弁論家キケローがまず関心を向けた哲学分野（いわば実践哲学あるいは応用哲学）として必然性があったと思われる。

続く「観想的な」生の最終段階であるキケローの最晩年は、マッケンドリックの言うように、波乱に満ちた、キケローにとっては、ある意味で不幸な（ただし、後世の人間にとっては幸運な、と言うべき）こうした長い「準備」のあとの、あまりにも短い「観想的な」生という宿願の成就の時期と言えようか。もっとも、あまりにも短かったとはいえ、実りは膨大なものであった。

少なくとも第二巻以降はカエサル暗殺（四四年三月一五日）後に書かれたと思われる『占いについて』の、その第二巻の序で、キケローは、この「観想的な」生へと全面的に移った、というより移らざるをえなかった理由と、その目的あるいは意図を語り、これまでの「観想的な」生の成果を振り返りつつ、その継続としての今後の計画を述べている。

理由は、当然「国家に降りかかった重大な災厄（gravis casus civitatis）」（『占いについて』二・六）、つまり「内乱（arma civilia）」（同所）とその結果としての「国家に生じた独裁（eae（= res publicae）… tenerentur … a singulis）」（同書、二・六―七）であり、そのために「かつて以前果たしていた務めを奪われてしまった」（同書、二・七）境遇である。ただし、キケローには、ここにはそれと述べられていない、もう一つの、これに劣らず大きな理由、むしろトゥスクルムなどの村荘にひきこもる、この「観想的な」生へと向かわせた、より直接的で、さらに痛切な理由があった。愛娘《まなむすめ》トゥッリアの死（四五年二月）である。この「観想的な」生によってキケローが軽減しようとした「心のさまざまな憂苦（molestiae animi）」（同所）のうちの最大のものがそれであろう。事実、この期の著作は、愛娘を失ったその悲痛な思い（霊廟の建立を考えたほど常軌を逸したもので、その尋常ならざる悲嘆ぶりは旧友スルピキウス・ルフスにたしなめられるほどであった（『縁者・友人宛書簡集』二四八参照））をみずから慰めるために書いた『慰め』（四五年三月。散逸）と、その姉妹篇である「魂の治療法」（『トゥスクルム荘対談集』三・六）としての哲学の勧め『ホルテンシウス』（四五年春。散逸）（アウグスティヌスの回心に重要な役割を果たした）をもつて始まるのである。

一方、目的あるいは意図については、キケローはこう言う。「この事態〔=独裁〕がわが国家に生じたとき、かつて以前果たしていた務めを奪われてしまった私は、かつはこの営みによって心のさまざまな憂苦を軽減するため、かつはいかなる形にせよ可能な形でわが同胞に資することができるようにと、こうした哲学の研究を再開し始めた」（『占いについて』二・七）、「国家のためを図る行動を何時《なんどき》であれ中断することなく、できるだけ多くの人々に資する上で、最高の学芸〔＝哲学〕をわが同胞に伝えること以上に大切な営みはない、と思うに至った」（同書、二・一）と。「学」（＝哲学）と「愛国者」の営みがキケローにおいて相即不離のものであることを端的に物語る言葉であろう。そうして、これまでの成果を振り返りながら、目指すところを「いかなる哲学の領域もラテン語で解き明かされないまま残されることのないように」（同書、二・四）、哲学の全領域を網羅し、その全体像をローマに伝えることだと言う。哲学の全領域とは、論理学（認識論）、倫理学、自然学（神学）、そして実践哲学あるいは応用哲学とも言うべき領域であるが、論理学に属する『アカデミカ』（四五年五―六月）、倫理学に属する『善と悪の究極について』（同年五―六月）と『トゥスクルム荘対談集』（同年六―八月）、自然学（神学）に属する『神々の本性について』（同年六―八月）をすでに書き上げ、今、それを明確な形にし、補足するべく、この『占いについて』（第二巻以降は、先述のようにカエサルが暗殺された四四年三月一五日以後のもの）を書いており、やがて『宿命について』を執筆する予定であることを告げている。その脈絡の中で、プラトンやアリストテレスなどが手がけたものであるゆえに、キケローの構想する哲学全体のスキームに入るものとして、遡ること一〇年ほど前に著した『弁論家について』や

『国家について』などの名を挙げ、こうした著作、すなわち、いわば実践哲学あるいは応用哲学に属する書のあいだに「最近、アッティクスに献じた『老年について』が挿入された(interiectus est)」(『占いについて』二・三)ことが語られている(『老年について』の正確な執筆時期は不明ながら、「昨今の状況には〔…〕並ならぬ心痛を覚えている」(同書1節)という記述から、おそらくカエサルの独裁がまだ続いていた時期、つまりカエサル暗殺以前と推定される)。このあと、キケローは予告どおり『宿命について』(四四年五―六月)を書き、さらに『トピカ』(四四年七月)、そして本書に収めたもう一篇『友情について』(四四年夏または初秋)を著し、「哲学的諸著作」の最後のものとして『義務について』(四四年一〇月末―一一月)を書き上げたのである。こうして、四五年から四四年にかけてのわずか二年足らずのあいだにキケローがものした著作の総巻数は二五巻という膨大な分量に及ぶ(ここで言う一巻とは縦幅およそ三〇センチ前後、横幅(長さ)六~八メートルのパピルスの巻物のことで、その一巻にはホメロスの叙事詩なら二~三巻を、ほぼ平均的な一五〇〇行程度の悲劇なら一作を収めることができると言われる)。「彼のその全生涯は、哲学的諸著作のための準備」という冒頭に掲げたマッケンドリックの言葉を実証するかのような、「キケローとその生」の見事な収斂ぶりと言えるのではないか。

ただし、もちろんキケローの「政治的な」生は「哲学的諸著作のための準備」であるとはいえ、その「哲学的諸著作」あるいは「観想的な」生と切り離された、単なる準備、単なる背景でないことは言うまでもない。理論的な書は別にして、本書に収めた『老年について』

や『友情について』のような、特に実践哲学あるいは応用哲学の書には、こうしたキケローの生、その生きざまのなにがしかが投影されているのであり、先述のように、その背景への理解がなければ、キケローの著作を読む際に、真意を読み誤ったり、見落としたりする可能性が多分にあると思われる。この点は強調しておかねばならないが、一例のみ挙げてみれば、『友情について』の中に、グラックス兄弟の改革による混乱に触れ、祖国に弓を引いたテミストクレスやコリオラヌスの事例を引いたあと、話者ラエリウスがこう語るくだりがある。

それゆえ、悪に走る者たちの、このような共謀が、友情を口実に擁護されるようなことなどあってはならず、むしろ、あらゆる刑罰で罰せられるべきであり、そうすることで、祖国に戦を招来しようとする友人に追随することは許される、などと考える輩《やから》が一人も現れることがないようにしなければならないのだ。だが、動き始めた状況の成り行きから察するに、やがてそのような事態が、ひょっとして出来《しゅったい》することになりはしないかと危惧される。私には今、国家がどのような状況にあるのかということに劣らず、私の死後、どのような状況になっているのかということも気がかりなのだよ。（43節）

この言葉の背後に響く著者キケロー自身の声が聞こえず、話者ラエリウスの漠然とした単なる将来への不安、あるいは危惧のみを聞き取るならば、真意を汲み損ねるであろう。「私の死後」という言葉に示されているように、その不安や危惧は、ラエリウスの「今」、すなわちグラックス兄弟の改革による混乱期を越えて、ラエリウスではなく、ほかならぬキケローその人が生きたマリウスとスッラによる内乱時代を、さらにはポンペイウスとカエサルによる内乱時代を、そして何よりキケローその人の生きる「今」——キケローからすれば、共和政ローマを葬り去り、いわば「祖国に弓を引いた」に等しいカエサルと「その時代」——を遠く視野に収めた不安や危惧であることを読み取らなければ、このくだりの真意、そして本篇の「核心的部分（Kernstück）」（Bringmann 1971, S. 216）とも言われるこの部分の意味が見過ごされてしまうことになりかねないのである（この点に関しては、あとの「作品について」で再考する）。

さて、以上、キケロー小史めいたもので解説の導入としたのであるから、もう一点、どうしても触れておかなければならないことがある。

先ほど取り上げた『占いについて』の第二巻の序の最後に、これまでの蹉跌や挫折の折に聞かれた心の奥底の願望や希望とは正反対のキケローの声が記されている。キケローはこう言う。「しかし、今、私は国家について再び相談を受けるようになり始めた（de re publica consuli coepti sumus）ため、精力を国家のほうに振り向けなければならない、あるいは、むしろ思考と配慮のすべてを国家に傾注しなければならない、と言うべきか。この学問研究のために残せる時間は、国家に対する義務と役目を果たしてなお余る時間だけ、ということにならざるをえない」（『占いについて』二・七）。ここには、明らかに状況やキケローの境遇の変化と、いわば「準備」へ逆回転する意志が告知されている。その劇的な変化をもたらした出来事は、四四年三月一五日のカエサル暗殺以外、考えられない。『占いについて』の第二巻以降の執筆時期がこの日以後とされる理由は、ここにある。「観想的な」生にひきこもったとはいえ、キケローがなお共和政ローマの象徴的存在であり続けたことは、ブルートゥスがカエサル暗殺後、キケローは暗殺に関与していないにもかかわらず、血まみれの剣を高々と突き上げ、その場にいないキケローの名を呼んで自由回復を感謝した、という事実があることからも明らかだが（『ピリッピカ』二・二八参照）、そのブルートゥスからの、あるいは共和派の人たちからの相談あるいは協力要請（暗殺直後に始まるブルートゥス宛書簡を参照）、また暗殺直後に急遽帰国したオクタウィアヌスからの相談あるいは協力要請を言うのであろう。かくして、キケローはもう一度、政治の表舞台へ、しかも時局の趨勢に関与すべく、「政治的な」生へと戻っていくことになる。そして、キケローがとった最後の「愛国者」としての行動が、カエサル亡きあとに残された「王位の継承者（heres regni）」（『アッティクス宛書簡集』三七五・三）、すなわちアントニウスをローマから排撃し――もちろん言論をもって――、抹殺する仕事にほかならなかった。四四年九月から翌四三年四月にかけて、一四篇の、渾身の力をふりしぼった激越な弁論『ピリッピカ』で、キケローは第二の独裁者アントニウスを弾劾し続ける。

　しかし、事態は急転、この時もパワーポリティクスを前にして、キケローは儚くも敗れ去るのである。信頼して協力したオクタウィアヌス（のちのアウグストゥス）に裏切られ、第二回三頭政治の成立（四三年一〇月）とともに、オクタウィアヌスによってキケローの命はアントニウスの手に売り渡され、キケローは再び追放者リストに加えられて、アントニウスの放った刺客によって暗殺され、六三年の生涯を閉じることになった。四三年一二月七日のことである。「政治的な」生には戻らず、生涯あれほど希求し続けた「観想的な」生にとどまり続けてさえいれば……と痛切に惜しまれるけれども、心底、共和政ローマを憂い、愛した「愛国者」だったのであろう。

二　登場人物

本篇『老年について』および併収の『友情について』は、キケローの他のほとんどの哲学作品と同様、対話篇になっている（『弁論家』、『義務について』、『トピカ』の三篇のみ書簡形式）。対話篇と言えばプラトンのものが有名だが、プラトンのそれが登場人物たちの短い問答の応酬によって弁証法的に進行していくのに対して、キケローの対話篇は主要登場人物が長々と議論を展開し、他の登場人物は時折、短い言葉をはさんで話の進行や話題の変更を促したり、短い質問や感想を述べたりするのみで、あとは聞き役に徹する、という形式をとる。これは『弁論家について』と同じ形式であるが、その『弁論家について』に関して、キケロー自身「アリストテレスの流儀に倣って〔…〕議論と対話の形式で〔…〕著した（scripsi ... Aristotelio more ... in disputatione ac dialogo）」（『縁者・友人宛書簡集』二〇・一二三）と語っていることから、キケローの対話篇は、形式に関するかぎり、プラトンの対話篇ではなく、アリストテレスの失われた対話篇（初期のアカデメイア時代の作品とされる）に倣ったものとみなされるのである。

対話篇の主要な登場人物は、「M」と「A」の略号（Mは「マルクス・キケロー」あるいは「師（magister）」、Aは「聞き手（auditor）」あるいは「若者（adulescens）」とされる）が記されている『トゥスクルム荘対談集』を除いて、キケロー自身である場合（『法律について』、『ブルートゥス』、『アカデミカ』、『善と悪の究極について』、『神々の本性について』、『占いについて』、『宿命について』、そして失われた『ホルテンシウス』）か、歴史上の、それもそれほど遠くない過去の人物である場合（『弁論家について』、『国家について』）のいずれかで、本篇および『友情について』は後者に属している。

主要登場人物が過去の人物である場合、当代きっての弁論家で、弁論家キケローの先駆的存在であるクラッススと、やはり実践的弁論の第一人者アントニウス——奇しくもキケローの命を奪った同名の三頭政治家の祖父——が主要登場人物になっている『弁論家について』や、当代きっての進歩的知識人で傑出した政治家の小スキピオー、ラエリウス、フリウス・ピルス（本篇および併収の『友情について』の登場人物に一部重なる、いわゆる「スキピオーのサークル」を形成した人たち）が主要登場人物になっている『国家について』の例からも分かるように、主要な対話者に選ばれるのは、対話篇の主題に関わる分野において第一人者あるいは権威者や大家と目される人物であるのが通例である。

本篇では、大カトー（「大」は、カエサルに頑強に抵抗し、ウティカで自決した大カトーの曾孫「小」カトーと区別するための通称。「監察官カトー」の名で区別することもある。以下では、大カトーを「カトー」と表記する）が選ばれているが、その理由の一つとして、「老人として過ごした歳月が誰にもまして長く、かつまた老年にあって誰よりも華々しく活躍していた彼以上に、その年齢について語るのがふさわしい人物は他にいないように思われた」（『友情について』4節）ことが挙げられている。この対話が行われたと設定されている一五〇年には、カトーは八四歳という高齢で、しかも翌一四九年に亡くなるまでローマ政界で重鎮の役割を果たし続けた、ある意味で稀有な存在であり、本篇の主題である老年の、いわば代表格という意味で、この選抜基準に合致している（享年については異説があり、プルタルコスによれば、享年は九〇で、その歳になっても、なお訴訟沙汰に関わっていたという（『英雄伝』「大カトー」一五参照））。もっとも、長寿者というだけでは選抜理由は薄弱である。もう一つの、さらに重要な理由は、もちろんカトーその人にある。カトーは、二世紀前半を代表する大政治家の一人であり、かつ「デモステネスと渾名された」（同書、四）ほどの優れた弁論家（『友情について』90節訳注＊1参照）であると同時に、ラテン語で書かれた最初の史書『起源』（散逸）や、完全な形で残る最も古いラテン語散文作品『農事について』などを著し、「ラテン散文文学の礎を置いた人」と称される文人でもあるという、いくつもの分野で傑出した人であった。ある意味で、そして特にある点を除けば、キケローにきわめてよく似た存在と言える。「言説の権威がさらに増すように、私は老マルクス・カトーの口を借りた」（本篇3節）とは、そうした彼の人物像を念頭にした言葉であり、これと同じ理由は『友情について』4節でも語られている。

　キケローが挙げるカトーが選ばれた主な理由は、おおむねこのようなものであるが、ここで注意しなければならないのは、主要登場人物だからといって、本篇があたかもそのカトーを主人公にした歴史書あるいは人物伝ででもあるかのように錯覚してはいけない、ということである。これは歴史上の人物が主要な対話者になっているキケローの対話篇四篇すべてに妥当することだが、選ばれた主要登場人物は著者キケローの、あくまでも「代弁者（mouth-piece）」にすぎない。実際、キケロー自身、こう言っている。「カトーその人の談論が、老年についての私の考えを残らず明らかにしてくれるはずだ」（本篇3節。傍点は筆者）と。本書に収載された二篇が献呈され、いわば読者代表とも言うべき親友アッティクスに対して、キケローは「君には心中、私という存在からはしばし離れ、ほかならぬラエリウスその人が語っていると考えてもらえたら、と思う」（『友情について』5節）と述べているが、むしろ読者には、主要対話者のことは頭の片隅に置いておくにとどめ、常にほかならぬキケローその人が語っている、あるいは、そう語らせているのはキケローである、と考えるように勧めたい。いや、むしろそうすべきだと思われる。もちろん、全編を通じて、カトーの従軍歴（32節）や公職歴（19、45節）、記憶に残る弁論（14節）や著作活動（38、54節）、任地のサルディニアで見出し、ローマに連れ帰った「友」で、のちに「ローマ文学の父」と称されることになるエンニウスからの引用（10、14、16、50、73節）、また、晩年、「ともかく、思量するに、カルタゴは殲滅されねばならぬ」という例の名高い言葉であらゆる演説の最後を締めくくったカルタゴをめぐるエピソードへの示唆（18節）、また、これも人口に膾炙した監察官時代の仮借ない厳格さのエピソード（42節）など、名高い主な経歴が本人の口から語られ、カトーの人物像や生涯が、略々、浮かび上がるように描かれてはいる。しかし、今言ったように、それは従にすぎず、あくまでも老年についての議論、「老年についての私（キケロー）の考え」が主だということを忘れてはならないのである。プラトンの『パイドン』がパイドン伝ではないのと同様に、この『大カトー』――これが本来の主たる題名で、キケロー自身、そう呼んでいる（『アッティクス宛書簡集』三七五・三参照）――も大カトー伝ではないのである。

このことをも関連して、よく指摘され、またしばしば「批判される（criticised）」（Powell (ed.) 1995, p. 21）点に、本篇に描かれたカトーと史実のカトーとの乖離の問題がある。パウエルは五点、ギリシアに関わるものを一括すれば三点、すなわち、第一点はカトーの人格あるいは性格について、第二点はカトーの同時代の人々に対する関係について、第三点はカトーのギリシアの哲学、文学、文化の知識あるいは学識と、それらへの愛好あるいは熱意について、実像と異なるというキケローへの批判に対して、キケローの側に立ち、キケローを擁護しようとしているが、いずれも多少なりと実像との乖離を認めながらの弁護にならざるをえない擁護となっている（Cf. ibid., pp. 19ff.）。

実際、最初の二点に関して言えば、ラテン文学研究では定評のあるクリングナー

(Klingner) の描くカトー像には、否定的な人物評がずらりと並ぶ。辛辣すぎる、あるいは誇張気味と思えなくもないが、そのいちいちはプルタルコス『英雄伝』の「大カトー」伝中に、ほぼこれがそれ、というエピソードや記述が必ず見出せるものであろう。曰く、「角々しく (eckig)、頑固で (verbissen)、強情で (widerborstig)、狡猾で (verschlagen)、得体の知れない (unheimlich)、それどころか粗野で (roh)、野蛮な (barbarish) 人物」、「同胞市民の恐れる赤毛の碧眼で、噛みつき癖のある犬のように誰彼となく襲いかかり、その死後もペルセポネでさえ黄泉《よみ》の国に迎え入れようとはしないであろう人物」、「狂信家 (Eiferer) で、喧嘩っ早い人間 (Zänker) で、その本性には一部、性質《たち》の悪さ (Bösartigkeit) が混じっており〔…〕友情より敵対関係のほうが比べものにならないくらい多い人物であることは周知の事実であり、同時代の有力者と常に仲違《たが》いしていたが、四四回訴えられて一度も有罪判決を受けたことがなく、とりわけ自身が九〇までしょっちゅう危険な攻撃者 (gefährlicher Angreifer) であり続け、多くの人間を転落に追い込み、あまつさえハンニバルに対する勝利者である大スキピオーまで失脚させ、追放に追い込んだ人物」だった、と (Faltner 1980, S. 112)。もちろん、プルタルコスには質実、克己、潔癖、無私、忍耐心、剛毅など、カトーの肯定的な面、優れた面も多々語られているのは確かだが、カトーに大なり小なりクリングナーの言うような一面もあったことは疑いない（「彼〔カトー〕の気性は荒っぽく、言葉は辛辣で、節度を弁えぬほど傍若無人なものだったことは疑いを容れない (asperi procul dubio animi et linguae acerbae et immodice liberae)」（リウィウス『ローマ建国以来の歴史』三九・四〇）参照）。しかし、本篇に描かれているカトー像からは、そうした否定的な一面など微塵も読み取れないであろう。つまり、キケローはクリングナーの評するような一面をもつ人物としてカトーを描いてはいない、ということである。いや、むしろキケローの描くカトー像には潤色が施されている、あるいは、キケローは史実のカトーではなく、自分の思い描くカトー、自分の理想とする人物としてのカトーを描き出そうとした、と言ったほうがよいであろうか。歴史家ではないキケローには、史実に忠実にカトーを描かなければならない義務も必然性も必要もない。そもそも、一五〇年に、聞き手役の他の登場人物である小スキピオーとラエリウスがカトーのローマの自宅を訪れ、老年について話を聞いた、という設定そのものが、フィクション以外の何ものでもないのである（設定がフィクションであるというこの点は、併収の『友情について』も含めて、主要登場人物が歴史上の人物か、キケロー自身かにかかわらず、すべての対話篇に妥当する）。

カトーの潤色で特に重要なのが、第三点のギリシアに関わるものである。キケローが意図的に潤色を施している事実をうかがわせる記述を一例挙げてみる。カトーが、静かな生を送り、長寿を得たギリシアの詩人や哲学者の名を、学識豊かに、これでもかこれでもかとばかりに列挙し、彼らが老年のせいで情熱を傾けたそれぞれの営為をやめることがあっただろうか、と問いかけるくだり（本篇23節）で、カトーは最後にディオゲネスの名も挙げるが、「君たちもローマで目にしたことのあるストア派のディオゲネス」（傍点は筆者）としか語らない。このバビュロンのディオゲネスは、対話の設定年のわずか五年前（一五五年）に、アテナイが賠償金軽減要請のためにローマに派遣した三名の高名な哲学者使節の一人である。このとき、彼らは「ローマ市中に嵐のような反響を引き起こし」（プルタルコス『英雄伝』「大カトー」二二）、ローマの若者はこぞって彼らに熱狂し、「哲学に夢中になった」（同所）と言われる。この出来事はローマのギリシア文化受容のターニングポイントともなった重要な出来事だったが、誰よりも彼らを歓迎し、熱中したのが、カトーの話を聞いている小スキピオーとラエリウス（それにフリウス・ピルス、すなわち「スキピオーのサークル」の例のトリオ）であり、キケロー自身、別の箇所では「彼ら〔三人〕は」「目にした」どころか、「彼ら〔哲学者たち〕がローマに滞在していたあいだ、何度も何度も彼らの講話を聴いた (eos (philosophos) frequenter auditos)」（『弁論家について』二・一五五。傍点は筆者）と述べているのである。その使節を、若者を惰弱にし、毒するという理由で即刻追い返すよう元老院で強硬に主張したのが、ほかならぬカトーであった（プルタルコス『英雄伝』「大カトー」二二）。これはカトーらしさを示すエピソードとして有名だっただろうから、当然キケローも知っていたと思われるが、キケローは意図的に、カトーにその事実には触れさせず、語らせていない。ローマの伝統的な価値を重んじ、国粋主義的とも言えるカトーを実像どおりに描こうとするなら、カトーにその事実を誇らしげに語らせてもよかったはずであるにもかかわらず、である。この沈黙、この黙過は、その時のカトーのその行動と、「君たち」、すなわち小スキピオーとラエリウスの行動とが相容れないものである、という認識があればこその沈黙、黙過に違いない。そもそも、本篇の「カトー」と「小スキピオー、ラエリウス」という、対話の組み合わせ自体が異という印象を与えるものなのである。その点を的確に捉えて、メルクリンはこう言う。「歴史的現実においては確かに存在した鋭い対立、すなわち、一方は根っから保守的な昔気質《かたぎ》のローマ人で、ギリシアの文物を敵視するカトーと、これに相対して、もう一方はギリシア的教養に対してとりわけ開放的な青年対話者〔小〕スキピオーとラエリウスとのあいだの鋭い対立」(Merklin 1998, S. 12)と。実際、プルタルコスによれば、カトーは「哲学なるものに反対し、ギリシア的学芸や教養の全体をローマ人としての矜持から蔑視していた。〔…〕また自分の息子にギリシア文化への反感を植えつけようとして、老人に似合わず声を荒らげ、〔…〕ギリシアの学問に溺れたら国力を亡ぼすであろう、と訓した」(プルタルコス『英雄伝』「大カトー」二三。村川堅太郎訳)と言われる。

こうしたカトー像と折り合いをつけようとするかのように、キケローはカトーが「晩年になってから、ギリシアの文学を学び始め」(本篇26節)、しかも、ことさら誇張して("Cicero goes a little too far" (Powell (ed.) 1995, p. 22))、「長年の渇きとも言うべきものを癒したい一心で、貪欲に吸収した」とカトーに語らせている。カトーが晩年、ギリシアの文学を学んだというこの見解は、プルタルコス(プルタルコス『英雄伝』「大カトー」二)やクインティリアヌス(『弁論家の教育』一二・一一・二三)などにも見られるが、キケロー以後の証言は、おそらくすべてキケローを典拠としている。キケローは、本篇だけではなく、『アカデミカ・プリオラ』(『ルクッルス』二・五)でも同じことを述べているので、キケロー自身、何かの典拠あるいは伝承に基づいているのだろうが、仮にカトーが晩年、ギリシアの文学を学んだことが事実だとしても、長年あれほど頑なに峻拒し、敵視し続けたギリシアの文物の価値を心から認知し、心から受け入れたかどうか（先ほど引いたプルタルコスの箇所で語られている反ギリシアのエピソードは、「老人に似合わず声を荒らげ」という言葉から分かるように、老年時代のエピソードとされている）、また、本篇で示されているような、プラトンをはじめとするギリシアの哲学、あるいはホメロスをはじめとするギリシアの詩や文学、あるいはソロンやテミストクレスの逸話をはじめとするギリシアの歴史など、ギリシアに関わる、これほど広範で、これほど深い学識をもちえたかどうか、現存の『農事について』に照らし合わせてみても、甚だ疑問に思われる。カトーの口を借りて語られるプラトン『国家』の達意訳に近い長い翻案（7～8節）、クセノポン『家政論』の要約に近い達意訳（59節）、またクセノポン『キュロスの教育』の長い達意訳（79～81節）、何よりプラトンの「魂の不死説」や「想起説」の祖述（77～78節）は、やはりキケローその人の学識、キケローその人の言葉以外の何ものでもないであろう。

先ほど引用した、語り手カトーと聞き手小スキピオーとラエリウスのあいだの、歴史的現実において存在した「鋭い対立」は、「互いに表し合う深い人間的敬意と、カトーのギリシア的なものをも取り込もうとする際立った知的関心を通じて、巧妙にそれと気づかれないようにされている」とメルクリンは言うが（Merklin 1998, S. 12）、そのように描いたのは、ほかでもないキケローである。こうして、本篇のカトーは、キケローによって潤色を施され、本篇にふさわしいとキケローが構想した理想のカトーに変貌させられているのである。序にあたる献辞の最後（3節）で、「カトー自身がみずからの著作で見せる、いつもの習いより教養豊かな議論をしている（eruditius disputare）と思う人には」とことさらに記されている、予弁法（anteoccupatio）（3節訳注＊6参照）としての但し書きは、まさしくそれを意識したものにほかならない。その潤色、その変貌を一言で言うなら、humanitas（1節訳注＊5参照）を体現したカトー、ということになるであろうか。先に、カトーが「ある意味で、そして特にある点を除けば、キケローにきわめてよく似た存在と言える」と述べたが、「特にある点」とは、まさしくこのhumanitasの意であった。カトーのキケローとの一体化、逆に見れば、キケローのカトーとの一体化は、「時として、自分が書いたものでありながら読んでいると私ではなくカトーその人が語っているのではないか、という錯覚さえ覚える」（『友情について』4節）というキケローの言葉に端的に示されているが、キケロー自身に重なり合う、この「humanitasを体現したカトー」像こそ、本篇の隠れた、しかし重要なメッセージ、しかも主題である老年の問題とも無関係ではない重要なメッセージ——理想の老人像の一側面——であるように思われる。

カトー以外の残る登場人物は、すでに何度も名を挙げた小スキピオーとラエリウスであるが、二人は『友情について』の主要登場人物（ラエリウス）、および登場人物ではないけれども、いわば主要登場人物に準ずる存在（小スキピオー）であるということで、『友情について』の解説で取り上げることにしたい。

三　作品について

本篇『老年について』は、キケローの著作の中で最もポピュラー、かつ最良の書の一つとされている。その主な理由は、一つには、本篇が洋の東西、古今を問わず、生ある人間にとって永遠のテーマである老年の問題を扱ったものであること、しかも、その「老年というものをきわめて肯定的に描き出している、古典古代で最初のモノグラフである」（Faltner 1980, S. 23）という本篇のもつ意義が挙げられよう。もう一つは、範例や具体的事例など、豊かな例証を駆使する本篇の論述の魅力、何よりもその論述の内容と構成の明快さ、そして「無謀は華やぐ青年の、智慮は春秋を重ねる老年の特性」（20節）、「欲しいと思わないものは、ないからといって悩みの種になることはない」（47節）、「青年は長生きしたいと願うが、老人はすでに長生きしている」（68節）等々、全編にちりばめられた、老年をどう捉えればよいか、老いをどう処すればよいかを的確に諭す実践的な知恵の数々、ということになるだろうか。以下では、主にこうした点を中心にして、本篇を概観してみる。

近年、超高齢化を迎えたわが国の、危惧すべきという社会的風潮について、高名な作家が世論を憚るかのような口調で、それでもあえて「嫌老社会」と名づけて警鐘を鳴らしたが、老人が嫌われるという社会のこの、いわゆる「風潮《トレンド》」は、現代の日本に限ったものではなく、古代のギリシア・ローマにおいても変わりがなかった。冷徹に、ありのままを剔抉するギリシアの、そしてラテンの文人は、その現実の一面を、忌憚なく、あっけらかんと言葉にしている。本篇に引用のある喜劇作家カエキリウスの「老年で何が情けないって、これほど情けないことはない、／老年になりゃ、自分が他人《ひと》に嫌がられる身だって感じることほど情けないことは」(25節)がそれであり(もちろん、キケローは「喜ばれる存在というのが真相なのだ」(26節)と、これを一蹴する)、七世紀のギリシアの詩人ミムネルモスの名高い詩に言う「悲惨な老年がやって来れば、〔…〕子供たちには嫌われ、女たちには侮られ、〔…〕神は老年をかくも痛ましいものにされた」(『エレゲイア詩集』一(West))がそれである。このように、老年を否定的なものとして捉えるのが、ギリシア・ローマの、少なくとも文学の伝統では「風潮、傾向(Trend)」(Faltner 2011, S. 16)であった。ギリシアで最も古い詩人のホメロス(八世紀)やヘシオドス(同)でも、「老年《ゲーラス》」には「嘆かわしい《リュグロン》」(『オデュッセイア』二四・二五〇)、「忌まわしい《ステュゲロン》」(『イリアス』一九・三三六、二四・四八七)、「惨めな《ディロン》」(『仕事と日』一一四)といった否定的な、いわゆる「形容詞《エピテトン》」がつけられる。ホメロスでは、若い兵が戦死すると、「愛しい両親に養育の恩を返すこともかなわず」という句が一種の決まり文句のように添えられ(『イリアス』四・四七七—四七八、一七・三〇一—三〇二参照)、ヘシオドスでも、けしからぬ輩は「年老いた両親に、養育の恩に報いることをしない」(『仕事と日』一八八)と言われるが、しばしば出くわすこの表現は、年老いた親の扶養を子の最大の義務とした古代ギリシアの倫理観を表すものである一方(ソロンに帰されるアテナイの法律では、老いた親の扶養は子の道徳的義務というにとどまらず、その放棄は正義に最も悖る行為として、市民権剝奪をもって罰せられる重罪と規定された）、逆に見れば、とりもなおさず、福祉という概念もなく、ましてやその制度もない当時の老年の生の、現代とは比べものにならない生きがたさを物語るものでもあるだろう。老年が否定的に見られた背景の一つである。ただ、ホメロスには、老年あるいは老人が肯定的に評価される、ほとんど唯一と言ってもよい例外がある。ピュロス王ネストルの例がそれで、彼は人間の三世代目を生きているという老将であり、その弁舌の巧みさと、何より賢慮のゆえに、総大将のアガメムノンをはじめ、ギリシア軍の誰もが敬意を払う人物であった（ネストルについては、本篇31節参照）。老年の結果としての、この経験と、それに基づく知恵あるいは賢慮のみが、あらゆる面で否定的に見られる老年の唯一の肯定的属性（本篇でも、これが肯定的老年論の、いわば柱になっている）と捉えられた、ということである。老人のもつ経験と知恵を尊重することは、どの社会でも行われる慣行と思われるが、しかし当然のことながら、その唯一の肯定的属性すら盤石のものではなく、危ういものであることを、エウリピデスの断片は示唆している。曰く「われら老人は雑音と形象《かたち》（ὄχλος《オクロス》 καὶ《カイ》 σχῆμα《スケーマ》）以外の何ものでもない。歩むわれらの実像は夢の影法師。／知力（νοῦς《ヌース》）はもはやなく、それでも思慮深い（φρονεῖν《プロネイン》）と思い込む」（『アイオロス』断片二五）。

本篇にも言及のある（22節）ソポクレスの悲劇『コロノスのオイディプス』中の合唱歌の名高い一節（一二二五―一二三八）は、老年を悲観的・否定的に見る古典古代のこうしたセンチメントを凝縮し、集約したもののごとくである。古くは七世紀の詩人テオグニスが記し

(『エレゲイア詩集』断片四二五―四二八)、新しくは四世紀の哲学者アリストテレスが取り上げた(プルタルコス『アポロニオスへの慰めの手紙』二七の伝える『エウデモス倫理学』の断片)、ペシミズムの極みとも言うべき、いわゆる「シレノスの知恵」を前半部で語り、後半部に老年の悲惨さを歌い込んだ、老人たちから成る合唱隊《コロス》の歌である。

この世に生を享《う》けないのが、
すべてにまして、いちばんよいこと、
生まれたからには、来たところ、
そこへ速かに赴くのが、次にいちばんよいことだ。
青春が軽薄な愚行とともに過ぎ去れば、
どんな苦の鞭をまぬかれえようぞ。
どんな苦悩が襲わないでいようぞ。
嫉妬、内紛、争い、合戦、
殺人。かの憎むべき、力なき、無慈悲な、
友なき老年がついに彼を
自分のものとし、禍いの中のあるとしある
禍いが彼に宿る。(高津春繁訳)

仏教でも、「生老病死」（「生《しよう》」は「生まれること」）を四苦とするが、まさにその思想に重なる。ここには「病」が言われていないが、あらゆる「禍」の中に含まれているとも言えるし、アリストテレスによれば、そもそも老年とは「自然な病（νόσος《ノソス》 φυσική《ピュシケー》）」（『動物発生論』七八四b）にほかならない。ちなみに、ホメロスやヘシオドスをはじめとして、文献によく現れる表現に、「老いの敷居に立つ」（『イリアス』二二・六〇、二四・四八七、『オデュッセイア』一五・三四八、『仕事と日』三三一、プラトン『国家』三二八Eなど）というものがあるが、これは「老年の入り口にいる」という意味よりは、「墓に片足を突っ込んでいる（have one foot in the grave）」、つまり「死が間近」の意であろうとされる。してみれば、ギリシアでは「老」は「病」も「死」も併せ含むものと理解されていたということになる（実際、本篇でも「病」、特に「死（の間近さ）」は老年の難として挙げられているが、当然、キケローによって、いずれも「老年だけの難点ではない」という論で反駁される）。

　本篇『老年について』は、老年を悲観的・否定的に見る、こうしたギリシア・ローマの一般的な「風潮、傾向（Trend）」を背景として書かれたものであるが、その老年をテーマにした著作がキケロー以前にもあったことが知られている。アリストテレスの弟子でペリパトス派の第二代学頭テオプラストスと、そのまた弟子のパレロンのデメトリオスの『老年について』（ディオゲネス・ラエルティオス『哲学者列伝』五・四三、五・八一参照）、そしてキケロー自身が言及している（3節）ケオスのアリストンの題名不詳の著作である。しかし、これらの三作品は、断片一つを除いて全失しており、老年をどう扱っていたか、うかがう術がない。ただ、前二者が、ペリパトス派の哲学者として老年を心身の衰弱、「自然な病」と捉えるアリストテレス的自然学の老年観を受け継いでいたとすれば、その著作は否定的な老年論に傾いたものだっただろうと想像され、アリストンも、やはりリュケイオンの学頭を務めたペリパトス派の哲学者だったこと、そして何よりも作品の主要登場人物（語り手）が、不死はかなえられたが、不老はかなえられず、老いさらばえて声だけのような存在になったと言われるティトノスであることに鑑みて、その作品が楽観的あるいは肯定的な老年論だったとは考えにくい。

そんな中で、本篇に直接影響を与えたことがはっきりしている著作が一つある。プラトンの『国家』がそれで、キケローは、その冒頭のソクラテスと老ケパロスの老年談義（三二八D—三三〇A）を、みずからの論旨に合うように取捨選択しながら、達意訳に近い翻案の形で、みずからの『老年について』の導入部（6〜8節）に借用している。プラトンのケパロスは、当然、本篇のカトーとほぼ同じ考えを述べ、多くの老人が快楽の喪失や周囲からの侮りなど、みずからの不幸の原因を老年に帰しているのは間違っており、彼らが言うところの不幸の真の原因は性格あるいは人間性にあるとして、「端正で自足することを知る人間でありさえすれば、老年もまたそれほど苦になるものではない。が、もしその逆であれば、そういう人間にとって〔…〕老年であろうが青春であろうが、いずれにしろ、つらいものとなるのだ」（藤沢令夫訳）と語る。ここには、従来の否定的なギリシアの老年観とは異なり、老年を少なくとも否定的には見ない一種の端緒あるいは方向性のようなものがうかがえる。本篇でのキケローの老年観は、あるいはその延長線上にあるものかもしれない。ただし、キケローの借用には、ある意味で重要な原典との相違点が認められもする。プラトンに言う「〔老年もまた〕それほど苦になるものではない」の原文は μετρίως《メトリオース》 ἐστὶν《エスティン》 ἐπίπονον《エピポノン》 で、直訳すれば「ほどほどに苦になるものである」あるいは「ひどく苦になるものではなく、苦になるとしても、ほどほどである」という意味になるであろう。つまり、老年そのものは、やはり「苦（πόνος《ポノス》）」と捉えられているのである。それに対して、キケローでは、この箇所は「〔人間性に富む老人は〕耐えやすい老年を送る（tolerabilem senectutem agunt）」（7節）に変えられている。この「耐えやすい（tolerabilem）」は、老人が愚痴り、世間が言うところの、いわゆる「重荷（onus）」（4節）としての老年を念頭にした表現で、このあとには当然、老年は「重荷」ではない、あるいは「重荷」にはならない方策や考え方がある、という論が展開されていくのである。相違のもう一点は、プラトンでは、ソクラテスとケパロスの老年談義は、これで終わって、さらなる展開は見せず、ただちに本論である国家にとっての枢要な問題である「正義」の話に移行していくのに対して、キケローでは、これを導入部として、そのあとに本論である老年の問題の議論が終章まで続いていく。こう見てみれば、本篇『老年について』は、ファルトナーの評言どおり、やはり「老年というものをきわめて肯定的に描き出している、古典古代で最初のモノグラフ」と言ってよいものなのであろう。

　本篇の構成の骨子を追ってみると——ともに老年を迎えるキケロー（六二歳）と、献呈相手で親友のアッティクス（六五歳）の二人ともが、本篇の哲学的な考察によって来たるべき老年に対処できるようにするため、という執筆の動機と、対話者として特にカトーを選んだ理由が述べられる献辞を兼ねた序があり（1～3節）、続いて小スキピオーとラエリウスがカトーに老年について語ってくれるように頼む対話の端緒が描かれ（4～5節）、そのあと先述の導入部（6～8節）、続いて老年にとって肝要な問題である「人間性」に関わる「徳こそが老年に対処する最大の武器」という総論的あるいは包括的な立言があり（9節）、続いて活動的、静的二つの肯定的老年の範例を挙げたあと（10～14節）、本論に入って、「老年が惨めなものと映る理由」として、⑴仕事や活動から身を引くのを余儀なくさせること、⑵肉体を衰えさせること、⑶快楽を奪い去ること、⑷死が間近であること、の四点が挙げられ（15節）、以下その一つ一つについて、その理由の正当性への論駁、老年に対する非難への反論が展開され（16～84節）、最後に（85節）結語が置かれて終わる、という構成になっている。このきわめて明快な構成とともに、もう一つ、本篇には円環構成《リング・コンポジション》的な構成という構成上の際立った特徴が認められる。この点を先に見ておこう。

対話の端緒（4～5節）から導入部（6～8節）にかけて、つまり対話のはじめと本篇の終結部、したがって対話の終わり（77～85節）には共通する要素が現れている。一つは「自然」に関わる言説（5節の「〔自分は〕最良の導き手である自然の驥尾に付し、自然に従っている」などのカトーの言葉と、85節の「自然は、他のすべてのものと同様、生にも限度というものを定めている」などのカトーの言葉）、もう一つは人生を劇に擬える比喩（5、85節）、もう一つはプラトンからの借用、あるいはその思想の祖述（導入部の「ソクラテスとケパロスの老年談義」と、77節から84節にかけて語られるプラトンの枢要な思想「魂の不死説」、「想起説」）がそれである。さらに、こうした共通性に加えて、カトーが対話の端緒（4節）を回想し、その時の小スキピオーの言葉をなぞる本篇最終節の85節は、この円環構成的な構成をいっそう際立たせる役割を果たしている。劇の比喩は別にして、対話のはじめと終わりという、ある意味で重要な二つの部分に見られる残る二つの共通要素こそ、実は本篇の根幹的思想と思われるものなのである。そして、本篇『老年について』は、このプラトン的な「精神」（魂の知性的部分）あるいは「魂」（肉体に宿る神的なもので、知・情・意の総体）という鍵概念あるいは思想が全体を一貫し、ストア的な「自然」あるいは「自然の必然性」（＝摂理）という鍵概念あるいは思想がそこに点綴される形で全体が構成されていると見ることができる。

前者の「精神」あるいは「魂」というキーワードで本論をたどってみれば、以下のようになる。先に示した老年の難点とされる⑴と⑵は表裏の関係にあるものとも言えるが、⑴の難点に対する反論は、国政の指導、若者の教育など、老人にふさわしい仕事、老人の本分とも言える役割があること、それを可能にするのは体力ではなく、春秋を重ねてこそ得られる老年の特性としての「精神の力（animus）」（15節）、「賢慮（consilium）」（15、17、19節）、「理性（ratio）」（19節）、「智慮（prudentia）」（20節）であることが指摘される。⑵の難点に対しては、老人には、もはや青年期や壮年期のような肉体的力は必要なく、またそれを求められることもないこと（32、34節）、体力より才知（精神）の力のほうが望ましく、また優れていることが挙げられる（33節）。もちろん、キケローは単に楽観的に老年を肯定し、賛美しているわけではなく、記憶の減退や体力の減衰など、「老化（senectus）」（35節）の現実は認めている。それに対しては、心身、特に精神の不断の「鍛錬と節制」の必要性が縷々説かれ（34、35、36、38節）、その上で「今あるものを用い、何をするにしても自分のもてる力相応のことをするのが、ふさわしい行動というもの」（27節）と諭す。この⑵の部分では、また、若者の教育や指導という行為が老人にふさわしい仕事あるいは役割であり、老人の喜びでもあることが強調されている（28、29、31節）。⑶の快楽の喪失という難点に対しては、「精神にとって、この快楽ほど危険な敵はない。〔…〕快楽に浸っているかぎり、精神的なものは何一つ成し遂げられず、理性的なもの、思索的なものは何一つ達成できない」（40～41節）として、特にエピクロスの快楽主義を厳しく批判する（43節）一方で、自然的な限度のある快楽は認め（46節）、老人も相応の快楽を享受することができるのであり、過度に陥らないぶん、老人のほうに分があるとし（44～48節）、何より肉体的快楽よりはるかに大きな精神的快楽を得られる学問研究などの知的営為、とりわけ農作といった営みが老人には許されていることが挙げられる（49～60節）。ここでは「賢者の生にきわめて近似したもの」（51節）という農作の営みと、その喜びが具体例を交えて生き生きと描写され（51～60節）、老人が得る「立派に送った生涯」の「最後の果実」であり（62節）、「青年の快楽をすべて集めても及ばないほど価値がある〔…〕威信」（61節）のことが語られている。最後に、⑷の「われわれ老人の生を最も苦しめ、不安にさせるもの」（66節）、すなわち

「死」が近いという難点に対しては、死は、病と同様、老年だけものではなく、どの年代にも共通のものであること（67〜68節）、死それ自体については、「それが魂をすっかり消滅させてしまうものなら明らかに無視すべきものであるか、それとも魂を、それが永遠のものとなる、どこかに連れていってくれるものなら望むべきものであるか、いずれかである」（66節）が、魂は天的なものであり、その内に不純物をいっさい含まないものであるがゆえに分解されえず、分解されえないものであるがゆえに死滅することもありえない（78節）として、プラトンの「魂の不死説」が援用される。そして、大キュロスの今わの際の言葉を引用する形で、魂は死とともに重い労役を課されている肉体という牢獄から解放され、本来の天的なものに回帰して永遠の生を得ることになるゆえに、死はむしろ望むべきものであることが説かれる（79〜80節）。この信条から、カトーは天界で永遠の生を送っている大スキピオーやパウルスなどの過去の偉人と相見《まみ》えること、何より夭逝した長子と再会することを可能にしてくれるものであるゆえに、自分にとって死は喜ばしいもの、と語って一連の談論を終える。

このプラトン的な思想を背景にした議論の流れのみを追えば、『国家について』の終章（六・九―一八）であり、クライマックスとも言うべき「スキピオーの夢」と同様、本篇の終章も、本篇全体のクライマックスとして、魂の「不死」、その「永生」の思想を説き明かすものであるかに見えるかもしれない。しかし、これのみをもって本篇の帰結とする、あるいは、この議論の流れのみが本篇の語ろうとするすべてと解するのは早計であろう。この

「魂の不死」を語るカトーの言葉の最後に付されている譲歩文を見落としてはならないのである。カトーは、文字どおり最後にこう付言する。

> 人間の魂が不死のものと信じる私が間違っているのなら、私は喜んで間違っていたいし、私に喜びを与えてくれるこの間違いを、私が生きているかぎり、奪ってほしくないね。〔…〕だが、たとえわれわれが不死の存在とはならないにしても、人間にとって各々に与えられた時にこの世を去るのは望むべきことなのだ。なぜなら、自然は、他のすべてのものと同様、生にも限度というものを定めているからだ。（85節。傍点は筆者）

「魂の不死」が万人の認める絶対的真理であり、語るべき究極の目的であるのなら、この一文、この譲歩文は不要であろう。もちろん、これをもって「魂の不死」に対する著者キケロー自身の懐疑の表明と捉えるのは誤りである。しかし、また、これを「魂の不死」に対するカトーの確信のなさを表すものとしてキケローが語らせたとも解《かい》せない。では、この一文は何を意味するのか。キケローは、周知のように、認識論ではドグマを排する新アカデメイアの穏やかな懐疑論を採り、倫理などの実践面では厳格主義を退けて、正しさの基準をパナイティオス的な「ふさわしさ（decorum）」に求める中期ストアの穏やかな倫理思想を採った折衷的思想家だった。当然、エピクロス派の人々は言わずもがな、「魂の不死」説を懐疑的に見たり、信じなかったりする人々も多くいることを、キケロー自身、認識していたであろう。『トゥスクルム荘対談集』一・二四以下の魂の不死をめぐる議論は、そのことをよく示している。「魂の不死」説に懐疑的な人間、あるいはそれを信じない人間は、では、死をどう受けとめればよいのか。この一文によって、キケローはもう一つの考え方があることを示唆しているのではないか。本篇に周到に点綴され、用意されてきた、もう一つの根幹的思想、ストア的な「自然」あるいは「自然の必然性」（＝摂理）の思想がそれである。

本篇で、キケローは「人生の走路は定まっており、自然の道は一本道で、折り返しがない。生涯のそれぞれの時期に、その時期にかなったものが与えられている。〔…〕それぞれに、その時期に収穫しなければならない自然の恵みとも言うべきものがあるのだ」（33節）など、老年を他の人生の時期と一体のものとして捉えるべきであるという考えを何度も語っている（他に62、76節参照）。種子があり、芽生え、成長し、実をつけ、やがて枯れていく植物と同じように（5節）、人も、生まれ、青年になり、壮年になり、老年になり、やがて死を迎える。序幕があり、第二幕、第三幕、第四幕があり、終幕があって、初めて一つの劇（5、85節参照）と言えるように、その全体が一つの人の生涯なのである。ここから青春だけを切り取り、老年だけを切り離して見る世代論や世代観は意味をなさない。その根本的理法をキケローは「自然（natura）」（5、33、71、72、77、85節）、あるいは「自然の必然性（naturae necessitas）」（4節）と呼び、その「自然」あるいは「自然の必然性」をめぐる教えを、本篇の要所要所、特に対話の序章と終章で語っている。「自然の必然性がもたらすものが、何にせよ禍と思えるはずがない」（4節）、「自然に従って生じるものは、すべて善きものとみなさなければならない」（71節）と。そして、その自然――ストア思想では、神あるいは摂理と一体のもの（『神々の本性について』一・二二以下参照）――は、「〔何事にも〕何らかの最後（aliquid extremum）があるのを必然とした」（5節）、あるいは「老年期にも、ある種の最後の営みがある。それゆえ、以前の、それぞれの年代の営みが終わりを迎えるように、老年の営みもまた終焉を迎える。この終焉が訪れたとき、生の満足感が機の熟した最期の時（tempus maturum mortis）を運んでくるのだ」（76節）と説かれ、自然の必然性、あるいは摂理であるゆえに、「賢明な人間なら、その最後を従容《しょうよう》として受け入れねばならない」（5節）という諭しが与えられる。「古い世代に代わって、また別の世代が新たに生まれる、というのが、われわれの生や自然の定められた理法」（『友情について』101節）というキケローの世代交代の観念は、こうした「自然（の必然性）」の思想を背景にしている。

　キケローは、また、カエサル暗殺後、再び「政治的な」生に戻ったものの、内乱を再発させる危惧のあるブルートゥスら共和派の動きや、独裁的傾向を強めるアントニウスの動きなど、自分の思い描く状況にならないことへの憤懣を吐露したアッティクス宛書簡の中で、こう語っている。「私は君に贈った『大カトー』を何度も読み返さねばならない。老年は私をますます気難しくさせるからだ。私には何もかもが腹立たしい。しかし、私はもう十分生きた。〔あとは〕若い者たちが考えればよい」（『アッティクス宛書簡集』三七五・三。傍点は筆者）と。ここにも、当時のキケローの世代交代への強い意識と、後事を若者に託す心境が読み取れる。先に、本篇で若者の教育や指導という行為が老人にふさわしい仕事あるいは役割であり、また老人の喜びでもあることが強調されている、と述べたが、それもこの世代交代の観念と密接に関わっているであろう。世代交代と若者に後事を託すということで言えば、キケローは先に取り上げた『占いについて』の第二巻の序で、若者の教育の重要性と意義について、こう語っている。「われわれに可能な国家に対する寄与で、若者を教育し、陶冶すること以上に大きく、立派な寄与が何かあるだろうか。〔…〕もちろん、〔彼らを正しい道に導けるという〕確信はない。若者が一人残らず、こうした学問〔＝哲学〕に向かうというような状況は、望むべくもないことなのかもしれない。願わくは、少数でもそのような若者のあらんことを。だが、たとえ少数であっても、その彼らの熱心な活動が国家に広範な影響を及ぼす可能性はあるのだ」（『占いについて』二・四―五）と。ちなみに、国政の指導、若者の教育と並んで、老人にも可能な営みであり、また老人にふさわしい営みとしてキケローは農作を挙げているが、その農作について述べたくだり（24〜25節）で、「彼ら〔農夫〕は木々を植えるが、それはのちの世の利益のため」というスタティウスの印象的な詩句を引用している。この詩句は『トゥスクルム荘対談集』一・三一にも引用されているが、そこでは、その行為は「のちの時代も自分に関わりがあることを見据えてのもの（spectans ... postera saecula ad se pertinere）」にほかならず、「魂の不滅（不死）」についての、自然の本性そのものの暗黙の判断に基づく行為と解釈されている。しかし、本篇での引用は明らかにコンテクストが異なっており、ここでは、彼ら〔農夫〕は、「自分とはまったく関わりがないと分かっていることに精を出す（in eis elaborant quae sciunt nihil ad se omnino pertinere)」（24節。傍点は筆者）と言われ、木々を植えるのは、「先祖から受け継ぐだけではなく、子孫に受け渡すことも望みたもうた、不死なる神々のために」（25節）、あるいは「遠く次の世の利益を見据える老人（sene alteri saeculo prospiciente)」（同所）と言われるのである。したがって、本篇での引用を「魂の不死」と関連づけるのは誤りであり、ここでは、この詩句が老人にふさわしい行為としての農作を語るくだりで語られ、やはり老人にふさわしく、また老人の喜びでもある行為としての若者の教育を強調するくだり（26、28、29、31節）に続いていく文脈から考えて、同じ表象の詩句や言説（ウェルギリウス『牧歌』九・五〇、『農耕詩』二・五八、セネカ『倫理書簡集』八六・一四など）が本来そのコンテクストで語られるように、この詩句もまた、個体は死滅するとも、世代交代を繰り返し、種は連綿と存続し続ける、悠久の自然の営みを象徴する行為を描いた詩句として引用されていると見るべきであろう。

　ともかく、本篇の円環構成的な構成の最終節で、「だが、たとえわれわれが不死の存在とはならないにしても」という譲歩文のあとに、「人間にとって各々に与えられた時にこの世を去るのは望むべきことなのだ。なぜなら、自然は、他のすべてのものと同様、生にも限度（vivendi modus）というものを定めているからだ」（85節）と説かれるのを目にしたとき、読者は、とりわけ対話の序章（4、5節）で語られていた「自然」あるいは「自然の必然性」をめぐる教えを改めて想起させられ、その意味を反芻することになるのである。後述する併収の『友情について』にも顕著に認められるように、理論的考察に実践的考察を加味する行論にキケローの応用哲学書の特色があるが、ここでもキケローは、本篇が理論哲学書ではなく応用哲学書であること、またキケロー自身が語る対話篇ではなくカトーの口を借りた対話篇であることの利点を利用して、老年をめぐってプラトン的な「魂の不死」とストア的な「自然（の必然性）」という二つの思想を、前者はいわば理論的・思弁的「知」として、後者はいわば現実的・実践的「知」として提示し、その取捨は読者に委ねた——本篇の趣意を、そう解することができるのではないかと思われる。

『友情について』

一　登場人物

本篇で主要登場人物になっているのは、『老年について』で聞き役として登場していたガイウス・ラエリウスである。このラエリウスも、『老年について』のカトーや、『国家について』の小スキピオー、『弁論家について』のクラッススと同様、ある意味でキケローが範とするキケローの先駆的存在、したがって言説の権威づけのために議論を仮託するのにふさわしい人物（4節）と言える。彼は、小スキピオー、フリウス・ピルスとともに、いわゆる「スキピオーのサークル」と呼ばれる集まりを形成したトリオの一人だった。ローマ人、ギリシア人を問わず、文人や哲学者を後援し、ローマにおけるギリシアの学芸の受容と以後のローマにおける学芸の興隆に重要な役割を果たした彼らの活動をキケローは高く評価し、こう語っている。「赫々とした栄光という点においても、あるいは「重い権威という点においても、洗練された人間的教養（humanitas）という点においても、プブリウス・アフリカヌス〔＝小スキピオー〕、ガイウス・ラエリウス、ルキウス・フリウス〔・ピルス〕といった人たち以上に優れた人物をわが国は生み出さなかったのは確かだと思うが、彼らは堂々とギリシアから最も教養ある学者たちを呼び寄せて、自分たちの家に滞在させていたのである」（『弁論家について』二・一五四）と。フリウス・ピルスはさておき、キケローが小スキピオーとラエリウスの二人をいかに高く評価し、いかに深く敬愛していたかは、キケローが過去の人物を対話者にした対話篇四篇のうちの三篇――『国家について』、『老年について』、そして本篇――で二人を登場人物に選んでいる事実からもうかがえる（小スキピオーは本篇では実際には登場しないが、その思い出や友情に関するその考えが無二の親友であるラエリウスの口を通して語られることで、実質的に主要登場人物に準じる存在となっている）。そのうちの一人であるラエリウスは、ローマがギリシアの学芸を受容する上で画期的な出来事となった一五五年のギリシア哲学者使節のローマ来都の折（ラエリウス三五歳前後のこと）、特にストア派のバビュロンのディオゲネスに親炙し、その後も、その弟子でキケローにも大きな影響を与えたパナイティオスを小スキピオーに引き合わせ、小スキピオーとともにその教えを受けただけではなく、その著作の公刊にも尽力し、ローマにおけるストア思想の浸透に重要な役割を果たした進歩的知識人・教養人であった。ギリシア哲学を余すところなくローマに伝えることを使命として、それに励んだキケローにとって、ラエリウスは文字どおり先駆け的な存在なのである。彼が「賢者」という異名を得た所以《ゆえん》が「天与の資質や品性ばかりか」、そうして培《つちか》った「学問や学識にもよる」（本篇7節。『善と悪の究極について』二・二四も参照）と言われるのは、ラエリウスのそうした経歴を踏まえてのものである（ただし、プルタルコスでは、ラエリウスが「賢者あるいは聡明な人（σοφός ἢ φρόνιμος《ソポス エー プロニモス》）」という異名を得たのは、彼がティベリウスのそれに似た土地改革を図る法案を提出しようとしたとき、

「有力者の激しい反対にあったため、騒乱を恐れてそれを思いとどまった」、その賢明さ、あるいは慎重さによるとされる（『英雄伝』「ティベリウス・グラックス」八参照）。

ラエリウスの同姓同名の父親は、第二次ポエニ戦時、大スキピオーのもとでスペイン戦やアフリカ戦に従軍し、ザマの戦いでは左翼の騎兵隊を率いて活躍した人で、戦後は大スキピオーの支援を受け、一九〇年に家系で初めて執政官になった人であった。本篇のラエリウスが生まれたのは、その一九〇年頃（一説では一八八年）のこととされる。ラエリウスと小スキピオーの交わりは、その父親から受け継いだスキピオー家とのつながりからのものであるが、いつ頃から始まったのかは、はっきりしない。小スキピオーの家庭教師、のちには親友となり、その援助を受けた歴史家のポリュビオスは、大スキピオーの人となりや若い頃の功業などの情報を父親のガイウス・ラエリウス（大スキピオーとほぼ同年）から得たというが、ラエリウスが「大スキピオーと生活をともにし（συμβεβιωκότων《シュンベビオーコトーン》）、いわば白日のもとにその性格を観察してきた人たちの」一人であり、「青年（νέος《ネオス》）の頃からその死に至るまで、彼〔大スキピオー〕のすべての言行に与《あずか》ってきた（μετεσχηκὼς《メテスケーコース》 αὐτῷ《アウトー》 παντὸς《パントス》 ἔργου《エルグー》 καὶ《カイ》 λόγου《ログー》）」（ポリュビオス『歴史』一〇・三）人だからと語っており、父親ラエリウスが大スキピオーときわめて親密な間柄だったことがうかがわれる。息子のラエリウスと同様、彼も友情の理想像を体現した人とも目されていた。そのような環境の中、息子のラエリウスは、小スキピオーが養子に迎えられてスキピオー家の一員になったあと、時を置かずに五歳ほど年下のその小スキピオーと相識になり、やがては、のちに「稀代《きたい》の語り種《ぐさ》」（４節）と言われるほどの刎頸の交わり、「一心同体」（15節）の友情を形成していったのであろう。ラエリウスが友情を論じる本篇の主要登場人物に選ばれた、もう一つの理由である。小スキピオーが第三次ポエニ戦争でカルタゴ攻略の指揮を執った時には、ともに従軍し、参謀としてこれを補佐してカルタゴを壊滅させ（一四六年）、戦後は小スキピオーの後援にも支えられて、一四五年には法務官、一四〇年には執政官にまで昇りつめている。

キケローが敬仰するもう一人の人物である小スキピオーの実父は、第三次マケドニア戦でペルセウス王を破ってマケドニア王国を終焉させ（一六八年）、ギリシアにとっての脅威を取り除いた偉人ルキウス・アエミリウス・パウルス・マケドニクスで、次男の小スキピオーも、ファビウス家に養子縁組された長男クイントゥスと同様、従兄弟にあたるプブリウス・コルネリウス・スキピオー（大スキピオーと小スキピオーの叔母アエミリアのあいだの長子）の養子になった人である。実父のパウルスは、清廉、無欲の士として名高く、家は質素で、どちらかと言えば、いつも貧しかったとされる。パウルスはマケドニア戦の勝利で莫大な戦利品をローマにもたらしたが、いっさいを国庫に納め、私したのはペルセウスの文庫（蔵書）のみだったという。武人ながら学芸を愛好し、ギリシアの文化・教養を敬重した人で、小スキピオーのギリシアの学芸への愛好は、その父親譲りなのであろう。小スキピオーは、一八歳のとき、実父のもとで戦ったマケドニア戦で武人としての頭角を現し、その後もスペイン戦、アフリカ戦で数々の勲功をあげて、一四八年、帰国後、立候補した公職が造営官だったにもかかわらず、前代未聞の形で執政官（一四七年）に選ばれてカルタゴ戦の指揮を執り、翌一四六年にこれを壊滅、一世紀以上、三度に及んだポエニ戦役を終結させた。その後も、一三四年には、立候補していないにもかかわらず再び執政官に選ばれ、ローマが八年間苦しめられていたスペインの反ローマ勢力ケルティベリ人を平定、その拠点ヌマンティアの攻落に成功している。

しかし、小スキピオーのスペイン滞在時から、本国ローマでは以後のローマの政治に重大な影響を及ぼすことになる出来事が進行していた。ティベリウス・グラックスの改革法案（一三三年）に始まる農地改革の動きである。小スキピオーは、ラエリウスとともに、これに反対の姿勢を貫いたが、ティベリウス暗殺後の一二九年、ティベリウスの遺志を継いだ弟ガイウス・グラックスらの農地配分三人委員会の権限を掣肘する法案の演説を行ったその日の夜、小スキピオーは倉卒に他界する（ティベリウスの農地改革および小スキピオーの死については、本篇12節訳注＊2参照。ラエリウスが書いたという、その追悼演説が一部残存している（キケロー『弁論家について』二・三四一参照））。小スキピオーの没年であり、本篇の対話が行われたと設定されている、この一二九年以後、ラエリウスの動静は伝わらず、没年も分かっていない。同胞によって同胞の血が流されたローマ史上初めての、この混乱期の出来事は、「続く内乱の一世紀の発端」と位置づけられる重要な出来事だったが、それは当然、本篇にも投影され、本篇のいわゆる「核心的部分（Kernstück）」（Bringmann 1971, S. 207）の背景を形成しているとも言われる。

本篇は、小スキピオーの唐突なその死の数日後（3節）、無二の友を亡くしたラエリウスが、女婿である鳥卜官スカエウォラ（聞き手役の登場人物の一人）と、同じく女婿のファンニウス（聞き手役の登場人物の一人）に語った友情をめぐる話で、著者キケローが元服してまもなく法律や弁論の修業のために弟子入りしていた師である、その鳥卜官スカエウォラから聞かされた話、という設定になっている。対話篇の内容がキケローが聞き手役の登場人物から聞いた話という設定は『国家について』や『弁論家について』でも用いられている趣向で、その点、『老年について』の設定より真実味がある体裁になっているが、設定が架空のもの（"a fictional dialogue set eighty or ninety years in the past relative to the time of writing" (Powell 2005, p. 2)）であることに変わりはない。また、そのような出来事があったと仮定しても、キケローがその話を聞いたのが本篇執筆時（四四年夏または初秋）から遡って四〇年以上も前のことであり、しかも直接聞いたわけではなく、又聞きであることから考えて、スカエウォラの話、いわんやラエリウスの話を一言一句そのまま再現しているということはありえず、話を聞いたこと、あるいは断片的な話の「趣旨（sententiae）」（3節）は覚えていたとしても、内容の大部分、というより、ほとんどの内容が、その後のキケローの経験や知識に基づく、執筆当時の「私〔キケロー〕の考え」（『老年について』3節）とみなして間違いないであろう。そもそも、キケローが、自身、是認できないような主張を主要登場人物に語らせることはありえず、その意味でも、ラエリウスはやはりキケローの「代弁者」なのである。「キケローは、ラエリウスに実質的にはギリシアの哲学を語らせるために、あまり実像（reality）を歪める必要がなかった。不一致（incongruity）〔＝実像との乖離」は、『大カトー』の場合に比べれば、はるかに少ない（much less）」（Powell 2005, p. 15）とパウエルは言うが、むしろ実像との乖離はほとんどないと言ってよいのではないか。それほど、本篇でのラエリウスとキケローの一体化は、教養という点でも、人格という点でも、無理がない。

残る聞き手役の登場人物として鳥卜官スカエウォラとファンニウスが選ばれた理由は、二人がラエリウスの女婿であること、特にスカエウォラは青少年期のキケローの師としてラエリウスとキケローを結びつける人物であることが挙げられるが、二人は単なる聞き手、あるいはパウエルの言葉を借りれば、「もっぱらラエリウスの引き立て役（a foil）」（ibid., p. 11）にすぎず、それ以外にさして重要な役割は演じていない。その人物像を素描してみれば、「鳥卜官」スカエウォラは、彼の従兄弟の子、つまり従兄弟違いで同姓同名の「神祇官」クイントゥス・ムキウス・スカエウォラ（鳥卜官スカエウォラ亡きあとは、この神祇官スカエウォラがキケローの師となった）と区別して、そう呼ばれる。一一七年に執政官を務めた高名な法律家で、みずからの女婿でキケローが自分の先駆的弁論家ともみなすリキニウス・クラッススの師であり、晩年にはキケローの師ともなった人である。そのようなつながりから、敬愛の気持ちを込めてであろう、キケローは本篇のほか、クラッススが主要登場人物となっている『弁論家について』と『国家について』でも、この鳥卜官スカエウォラを聞き手役の登場人物に選んでいる。

もう一人の聞き手役の登場人物ガイウス・ファンニウス（『アッティクス宛書簡集』四二

四・二参照）は、若い頃、一兵卒として、ティベリウス・グラックスとともに、小スキピオーのもとカルタゴ戦に従軍し、ティベリウスとともにメガラの城壁を最初に登って城壁冠の勲章を得る、という手柄を立てた人である（プルタルコス『英雄伝』「ティベリウス・グラックス」四参照）。ガイウス・グラックスの支援を受けて一二二年に執政官になったが、当然ガイウスを支援するものと思われていたにもかかわらず、反対派にまわった。同時代史を著した歴史家でもあり、キケローやプルタルコスもその史書（散逸）を利用し（本篇73節訳注＊1参照）、歴史家のサッルスティウス（『歴史』一・四）は、その記述の正確さを称えている。

二　作品について

共同体、言葉を換えれば、社会の中で生きる人間にとって普遍的なテーマであり、また「人間にとって、不死なる神々から与えられたもので、叡知を除けば、これ以上に価値あるものはおそらくない」（20節）と言われる友情を扱った本篇は、併収の『老年について』と同様、キケローの著作の中で最もポピュラーな作品の一つである。本篇が『老年について』の姉妹篇として書かれたことは、「あの時は老人の私が老人の君〔アッティクス〕に宛てて老年について書いたように、この書でも友情の最も篤《あつ》い者である私が無二の友である君に宛てて友情について書いたものだ」（5節）というキケロー自身の言葉に示されている。執筆の動機は、本篇および『老年について』が献呈された竹馬の友で、無二の親友であり、かつ義兄弟でもある、そのアッティクス（『老年について』1節訳注＊3参照）の再三の勧め(saepe mecum ageres) だという（4節）。しかし、これは表向きの動機であって、本篇には、後述するように、執筆意図とも絡む隠れた動機、あるいは隠されたメッセージが他にあるとする解釈もある。

この友情というテーマは、ギリシア・ローマの文学でも普遍的なテーマとしてよく取り上げられた。古典古代で最古の文学『イリアス』に謳われて名高いアキレウスとパトロクロス、悲劇で描かれたオレステスとピュラデス（24節参照）、キケロー（『義務について』三・四五、『トゥスクルム荘対談集』五・六三など）やヒュギヌス（『神話伝説集』二七五）、ウァレリウス・マクシムス（『著名言行録』四・七・外国篇一）、プルタルコス（『友人の多さについて』九三e）、ポリュビオス（『ピュタゴラス伝』六〇）などが伝えているダモンとピンティアス（太宰治の『走れメロス』ではモエルス（＝メロス）とセリヌンティウスに名前が変わっている）などの友情である。

当然、哲学者や思想家も、実践倫理のテーマとして、この友情の問題を好んで取り上げた。ディオゲネス・ラエルティオス（『哲学者列伝』）の作品目録や、その他の作家の言及からは、『友情（友愛）について（περὶ《ペリ》 φιλίας《ピリアース》）』と題したモノローグを書いた哲学者が、アカデメイア派のスペウシッポス、クセノクラテス、ペリパトス派のクレアルコス、ストア派のクリュシッポスなど、少なくとも七名いたことが知られている。ただ、これらの著作は、

二、三の断片を除いて、すべて散逸しており、本篇にどのような影響があったのか、推し量ることができない。それらのうちで影響がはっきりしているのは、アリストテレスの弟子テオプラストスの『友情（友愛）について』で、ゲッリウスによれば、キケローは「テオプラストスから採るべきと考えた他の主題については、彼の知性と筆力にふさわしく、きわめて適切、適正に引用し、翻訳している」（『アッティカの夜』一・三・一一）とされる。ゲッリウスの言う「他の主題」に対する当該の主題とは、「友人のためなら、時として正義に反して、あるいは慣習や法に反して行動すべきか」という本篇でもある意味で重要な主題であるが、この点についてゲッリウスはキケローの論述が曖昧だと批判するのである。この主題に関わる、ゲッリウスが言うところのキケローの曖昧さとテオプラストスの総論的記述については、本篇61節訳注＊1と＊2で釈義しておいたが、「他の主題」というゲッリウスの記述から、この主題以外にもキケローがテオプラストスから引用したり、翻訳したりした箇所があることが分かるが、どれをどの程度という問題は、残念ながら原典が失われているため不明とするほかない。

こうしたモノローグ以外にも、キケロー以前に友情を扱ったり、友情に触れたりした著作がある。最も古いものは、「友情（友愛）（φιλία《ピリアー》）」を副題とするプラトンの『リュシス』である。しかし、これは「愛する者」が「愛される者」の友になるのか、それとも「愛される者」が「愛する者」の友になるのか、それとも両方か、あるいは、友になるのは「似た者同士」か、それとも「反対の者同士」か、等々、論のための論、文字どおりソフィスト的詭弁のような議論が延々と展開され、結局、読者が解決不能に陥らされる、いわゆる「アポリア（いきづまり）的対話篇」と呼ばれるもので、のちの友情論にはほとんど影響を与えなかったと言われており（Cf. Powell 2005, p. 2）、当然、本篇にもその痕跡は見出せない。先行文学の影響という点では、クセノポンの『ソクラテスの思い出』からの借用も指摘されているが（62節訳注＊1参照）、直接的にか、間接的にか、という問題は別にして、本篇の友情論の根幹に最も影響を与えたと思われるのは、何と言っても『ニコマコス倫理学』（第八、九巻）、『エウデモス倫理学』（第七巻）で愛あるいは友愛の諸問題を網羅的に論じたアリストテレスであろう。「友はもう一人の自分」（本篇23、80節。『ニコマコス倫理学』一一六六a、一一六九b）、あるいは「友情の務めが全うされるまでには、一緒に何モディウスもの塩を食らわねばならぬ」（本篇67節。『ニコマコス倫理学』一一五六b、『エウデモス倫理学』一二三八a）など、直接の影響を思わせる引用のみならず、国家を最高形態とする「共同体的結びつき」と「正義」と「愛（友愛）」の相関の思想（本篇19節訳注＊4および、特に訳注＊5参照）、友情の類を「賢者の親交＝真の友情」と「一般大衆の友情＝不完全な友情」に二分する考え方（本篇26節訳注＊1参照）など、根幹的な考え方の一致照応も認められるのである。しかし、本篇の友情論は、全体がその上に成り立つ基本思想として、「友情は善き人々〔＝徳のある人々〕のあいだで以外ありえない」（18節）という命題を掲げているが、これはアリストテレス〔＝ペリパトス派〕（『ニコマコス倫理学』一一五六b―一一五七a参照）、アカデメイア派（プラトン『リュシス』二一四C―D参照）、ストア派（ディオゲネス・ラエルティオス『哲学者列伝』七・一二四参照）すべてに共通する思想であり、また、やはり本篇の基本的な考え方である、友情（友愛）あるいは愛は類縁関係にあるものが互いに対して親近なもの、愛しいものであるという「自然の本性から生まれた」（本篇27節。『ニコマコス倫理学』一一五五a参照）ものであり、さらに遡れば、他者に対して善意を抱いたり善行をなしたりすること、つまり愛の発露は「最初の愛しいもの（πρῶτον《プロートン》 φίλον《ピロン》）」としての「自己」に淵源がある、言い換えれば、他者に対する愛は、畢竟、自己に対する愛から生まれるとする思想、「人は誰でも自己を愛するものだが、それは、その自己愛の何かの報酬を自分から得ようとしてのことではなく、各人、自分自身がそれ自体、愛しいものであるからにほかならない。この同じ心の動きが友情でも働くのでなければ、真の友人を見出すことは決してできないであろう。なぜなら、真の友人とは、いわばもう一人の自分だからである」（本篇80節。傍点は筆者）という思想も、アリストテレス（『ニコマコス倫理学』一一六六a、一一六八b参照）、プラトン（『リュシス』二一九C―D、二二一E―二二二A参照）に共通する思想であり、この考え方は、類縁関係、親近性から互いに対する「道徳的義務」や「善意（＝愛）の衝動」が生じたとするストア派倫理学の根本思想οἰκείωσις《オイケイオーシス》（「自己保存」、「親近化」、「同一化」、「類縁」、「親和」など多面的な意味をもち、一語では訳せない）とも重なり合う思想なのである。してみれば、キケローの本篇での友情論は、誰かの独自の友情論を祖述したもの、あるいは誰かの独自の議論に依拠して書かれたものというのではなく、基本的な考え方も含めて、その大部分が、古典期からヘレニズム期、そしてローマ時代にかけての長い哲学的考究によって共通の知的財産となっていた知見を土台としつつ、ローマ的な現実を背景にしたキケロー独自の経験知を加味した友情論になっているとみなすのが妥当なのかもしれない。

本篇には、論点提示と証明、反駁という弁論的な構成を用いていた『老年について』のような明確な構成は見出しがたい。概略は、以下のようになっている。

キケローが師のスカエウォラから聞いたというラエリウスの友情をめぐる話の背景を説明し、『老年について』を引き合いに出しながら、執筆の動機や人物選択の理由などを語る献辞を兼ねた序（1～5節）があり、そのあと対話の導入部が続いて、小スキピオーの突然の死と、無二の親友を失ったその時のラエリウスの態度の話から「賢者」の話になり、ラエリウスが小スキピオーの性格や生涯を称えつつ、その魂の永遠性、その名声の不朽性への思いが悲痛の慰め、治療薬だと語って、小スキピオーとの友情に言い及ぶ（6～15節）。これを受けて、ファンニウスがラエリウスに友情についての談話を乞う短い対話があり（16節）、ラエリウスの第一の談話が始まる。この第一の談話部分（17～24節）では、友情は善き人々同士のあいだで以外ありえないこと、人が共同体的結びつきを求めるのは自然の本性によること、「すべての神的・人間的事柄に関わる、善意と愛情をともなった一体性」（20節）であるる友情は共同体的結びつきの中でも最高の形態であること、その友情を生み、維持するものは「徳」であることなど、友情を称えつつ、もっぱら友情（友愛）とは何かが論じられる。続いて、スカエウォラとファンニウスが『国家について』の談論を回想しながら談話の継続を促す短い対話（25節）のあと、ラエリウスの第二の談話が始まり、この部分（26～32節）では、もっぱら友情の起源あるいは由来の問題が論じられ、友情は自己の欠如や欠乏から、それを補う利便を他者に求めようとする行為ではなく、人間に自然的に内在する愛に基づく行為であること、その愛は徳に仲立ちされて、他者に徳性を認めた時に生じ、交誼と相互の奉仕によって強固にされることなどが説かれる。続いて、談話継続を促す短い対話（32～33節）のあと、ラエリウスの第三の談話（33～100節）が続き、まず友情を脅かし、崩壊させる数々の危険（利害の対立、国政に関する見解の相違、性格の変化、名誉ある公職や栄誉、女性をめぐる争い、等々）のこと、それを回避するには叡知のみならず幸運も必要であることが語られたあと（34～35節）、以下、友情（友愛）の諸問題、諸相を論じつつ、「友人に求めるものも、友人のためにすることも、いずれも立派なもの、徳にかなうものでなければならないこと」、「注意深く友人を選ばなければならないこと」、「古い友情より新しい友情を優先するようなことがあってはならないこと」、「友情においては地位や身分での分け隔てがあってはならないこと」、「真の友情は成熟した人格同士のあいだでのみ可能であること」、「友情を解消しなければならない状況に立ち至ったとき、憎悪や敵意が生じないように努めなければならないこと」、「まず相手を判断し、そのあと愛すべきであること」、「善意に基づく誠実、率直な忠告や非難は真の友人の務めであり、へつらいや迎合、おもねりがあってはならないこと」、「狡猾なへつらいには用心すべきであること」等々、おおむね友情に関わる「法規（lex）」（40節）、あるいは戒めが提起されていき、最後に「話の結論（concludamus）」

（100節）として、友情（友愛）が徳を仲立ちとする愛に発し、徳によって維持される、という簡潔なまとめと、小スキピオーとの友情の回想、その賛美（101〜103節）のあと、改めて「徳なくして友情はありえない〔…〕、その徳を除けば友情にまさる素晴らしいものは何もない、と思うようにしてもらいたい」（104節）という願望を結語として、談話は閉じられる。

ラエリウスの第一と第二の談話は比較的整理しやすいが、最も長い第三の談話は、右の概略では友情の「法規あるいは戒め」という名目で整理してみたが、明確な構成は読み取れない。あえて構成を読み取るとすれば、「大略、哲学的章節と実践的章節が交互に現れる構成（a rough alternation between philosophical and practical sections）」（Powell 2005, p. 15）ということになるだろうか。そして、この「哲学的章節＝哲学的考察」に「実践的章節＝実践的考察」がない交ぜられているところに、本篇『友情について』、あるいは総じてキケローの実践的哲学書の特徴を見ることができるように思われる。これに関連して、友情の起源あるいは由来を述べた26〜32節をめぐってパウエルは、キケローが「欠乏しているゆえに、必要だから（because one needs）友を求める」という考えと「有利（＝有用）だから（because it is advantageous）友を求める」という考えを区別せず、それが以後の立論の「相当なルースさ（a considerable looseness in his arguement）」（ibid., p. 94）となって現れていると指摘しているが、この指摘は正鵠を射ているとは思えない。というのも、このルースさの印象は、キケローの友情論がアリストテレス的な友情の二分類の上に成り立ち、キケロー独自の論述法によって語られることから来ていると考えられるからである。アリストテレスは、愛あるいは友愛（友情）には、求める対象の違いから「有用なもの《クレーシモン》」、「快いもの《ヘーデュ》」、「善きもの《アガトン》」という三類があるとしているが、「有用なもの」とは「善きもの」または「快いもの」のいずれかを生ぜしめるものということで、結局、二類に収斂させている（『ニコマコス倫理学』一一五五b参照）。それゆえ、アリストテレス的に言えば、「欠けている何かを補うために友は必要。ゆえに友を求める」という論と、「欠けている何かを補ってくれる友は有用。ゆえに友を求める」という論は、結局は帰一し、この友情の起源あるいは由来も、やはり二類に収斂することになるであろう。ここから、アリストテレスでは「有用なもの」、「快いもの」――キケローが批判の矛先を向けるエピクロス派の言う友情の根源（ディオゲネス・ラエルティオス『哲学者列伝』一〇・一二〇参照）――を求める友情はより劣った、不完全な友情であり、「善きもの」（アリストテレスの言う卓越性《アレテー》＝徳）を求める「善き人たち」のあいだでの友情のみが完全で真の友情とされるが（『ニコマコス倫理学』一一五六b参照）、同様にキケローの論述も、基本的には徳から発し、徳を求める「善き人々」のあいだの真の友情、キケローの言葉で言えば「賢者の親交」（76節）と、「有用なもの」、「快いもの」を求める、その他のより劣った、不完全な友情、キケローの言葉で言えば「一般大衆の友情」（同所）という二分類の上に成り立っているのである。ただし、当然のことながら、両者に明確な境界はなく、重なり合う部分も多いので――なぜなら「善きもの」は「有用なもの」も「快いもの」も併せ含むゆえ（「善き人は、快適であると同時に有用である」（『ニコマコス倫理学』一一五七a））――、「賢者の親交という高尚な話題から一般大衆の友情という世俗的な話題に話を落とした」（同所）、「話が〔…〕賢者たちの友情から平俗な友情に逸れてしまった」（100節）というように、論述がその間《かん》を揺れ動き、その揺れが、ある種のルースさの印象を与える因になっているように思われるが、むしろ、この「完璧な叡知」（38節）や「賢者」である「善き人々」（65節）を問題にする理論的・思弁的考察に、「われわれが見据えるべきは、〔…〕一般の慣習や日常の生活の中にある現実だ」（18節）とする現実的・実践的考察を加味する行論にこそ、キケローの友情論の独自性があると言うべきではないか。

キケローの友情論の独自性ということで言えば、本篇にはキケロー以前の伝統的な哲学的友情論ではおそらく扱われたことがないであろう特異なテーマを扱った部分がある。これは本篇執筆の意図あるいは動機とも関わるもので、最後にこの点について触れておくべきかと思われる。その特異なテーマとは「政治と友情」であり、その部分とは、すでに何度か言及した本篇の「核心的部分（Kernstück）」（Bringmann 1971, S. 216）とも言われ、あるいは「政治的章節（the political section）」（Powell 2005, p. 13）とも言われる36節から44節の部分である。友情をめぐる諸問題や友情の諸相を論じるラエリウスの第三の談話の冒頭にあたるこの部分では、「友情においては、愛情はどの程度まで深く踏み込まなければならないのか」（36節）、言い換えれば「友人のためなら、正義や法や慣習に反して行動することも許されるのか」という問いを契機にして、祖国に弓を引いたテミストクレスやコリオラヌスの事例や、国家に混乱をもたらし、続く「内乱の世紀」の発端ともなったと言われるグラックス兄弟の急進的改革に追随し、これを支援した友人たち、特にブロッシウスの例を挙げて、「誰であれ、国家に反逆する行動をとったのは友人のためだった、などと告白しても、他の罪でもそうだが、恥ずべき言い訳であり、決して容認されてはならない」（40節）、「国家の何かの大事で罪を犯そうとする友人から離れられないほど、自分が友情に束縛されていると考えてはならない」（42節）として、友情の第一の法規である「〔友人に〕恥ずべきことは求めてはならず、求められてもしてはならない」（40節）、「われわれが友人に求めるものは立派なものでなければならない、また、友人のためには立派なことをしなければならない」（44節）が導き出される。この部分にはカエサルの熱烈な支持者で親友であるガイウス・マティウスと本篇執筆当時のキケローの関係が大きく関わっている、とする説がある。このマティウスは「君以上に古い友人はいない」（『縁者・友人宛書簡集』三四八・二）というほどのキケローの旧知の親友でもあり、また共和派の敗北後、キケローが蟄居同然の生活を送っていたとき、何かとキケローの世話を焼き、カエサルの宥免を得る仲介をした恩人でもあったが、カエサル亡きあともカエサルに対する「忠義（fides）」（同書、三四八・八）と「義務（officium）」（同所）を尽くし、あまつさえアントニウス提案の属州割り当て法案に賛成したり、七月に挙行された盛大なアントニウス主催のカエサル追悼祭に協力するなどの行動をとっていたため、キケローが「苦言（querela）」（同書、三四八・七）を認《したた》め、カエサル亡きあとも愛し続けているマティウスの、その忠義と人間性は称賛に値すると論じることもできる一方で、「友人の生よりも祖国の自由を優先すべきである」とするのが「少なからざる人々（nonnulli）」（同書、三四八・八）の論であると書き送ったところ、マティウスは「その死のあとですら誰よりも親しいかた〔カエサル〕の追憶と名誉のために尽くすのが私の義務であり、また前途有望な青年でカエサルに誰よりもふさわしい人〔アントニウス〕の要望を拒むことはできなかった」（同書、三四九・六）という書状を返してきたのである。このマティウスの返答は、ティベリウスのことをきわめて高く買い、彼が望むことは何でもする義務がある思う、という考えの了見違いを問い質《ただ》されて、「彼〔ティベリウス〕がカピトリウムに火をつけるのを君に望んだとしても、か」と問われたとき、「望んでいたら私は従っていた」と答えたブロッシウスの返答（本篇37節）を強く想起させる。マティウス宛のキケローのこの書簡は、四四年八月頃のものとも、一〇月中旬頃のものともされる。一方、本篇の完成時期は、前に引いた『占いについて』の第二巻の序にその名が記されていないことから、それよりあと（つまり、三月一五日のカエサル暗殺後）であり、『義務について』二・三一での言及から一〇月末までのあいだ、という大まかなことしか分からない（夏から初秋説が有力）が、少なくとも書簡の時期から外れていることはないと考えられる（この「核心的部分」を含め、23節から43節までを「加筆」とするビュヒナーの説（Büchner 1964, S. 423）まで持ち出す必要はないと思われる）。再び「政治的な」生に戻ったこの時期のキケローにとっての最大の関心事は、いかにして「王位の継承者（heres regni）」（四四年五月一一日付、『アッティクス宛書簡集』三七五・三）であるアントニウスの動きを掣肘し、排撃するか、ということだったが、その「威信ゆえに、君の一挙一動は衆目を集めざるをえない」（『縁者・友人宛書簡集』三四八・七）というマティウスのこうした言動が、キケローには、ティベリウスに盲従したブロッシウスの言動と重なって映っていたとしても不思議はない。これが直接的な契機あるいは動機というのではないが、キケローが友情というテーマの執筆を思い立ったとき、この「政治と友情」というテーマが、res publicae（原義は「公のことども」で、一語に「国家」、「国政」、「政治」を含意する）をあらゆる思考の中枢に位置づけるキケローにとって、そして名誉ある公職をめぐる熾烈な競争（本篇34、63、64節）、国政や党派をめぐる凄烈な確執や争闘（33、77節）、とりわけ「内乱の世紀」と呼ばれる時代性のまっただなかに生きるキケローにとって、きわめて重要なテーマとして念頭にあった、あるいは脳裏に浮かんだ、ということは十分に考えられることではないか。そう考えれば、本篇の内容と設定されているラエリウスの談話を媒介するキケローの師スカエウォラの話の、そもそものきっかけ、あるいは発端が「膠漆《こうしつ》の契《ちぎ》りと実に深い友愛で結ばれて生きてきた」スルピキウス・ルフスとクイントゥス・ポンペイウスが「これ以上はない険悪な憎悪を抱いて対立した」という出来事（2節）――その後、程なく、二人は、これが直接的あるいは間接的な原因となって、死を迎えている――であることにも、ある意味が浮かんでくるように思われるのである。

＊

「凡例」に掲げた底本以外に使用した主な参考文献は、以下のものである。

I　テキスト、注釈、翻訳

『老年について』

Powell, J. G. F. 1988, Cicero: *Cato Maior de senectute*, edited with introduction and commentary by J. G. F. Powell, Cambridge: Cambridge University Press (Cambridge classical texts and commentaries).

Peabody, Andrew P. 1884, Cicero: *De senectute (On Old Age)*, translated with an Introduction and Notes by Andrew P. Peabody, Boston: Little, Brown, and Co.

Falconer, William Armistead 1964, Cicero: *De senectute, De amicitia, De divinatione*, with an English translation by William Armistead Falconer, Cambridge, Mass.: Harvard University Press (Loeb Classical Library), 1923; repr. 1964.

Faltner, Max 1980, Cicero: *Cato der Ältere über das Alter*, 2., verbesserte Aufl., München: Heimeran (Tusculum-Bücherei).

—— 2011, Cicero: *Cato Maior und Laelius*, 5. Aufl., herausgegeben von Rainer Nickel, übersetzt von Max Faltner, Berlin: De Gruyter (Sammulung Tusculum).

Merklin, Harald 1998, Cicero: *Cato Maior de senectute*, übersetzt und herausgegeben von Harald Merklin, Stuttgart: Reclam (Universal-Bibliothek).

岩崎良三訳『老年に就いて』(『キケロー選集』)、小学館、一九四三年。

呉茂一・重田綾子訳『大カトー　一名　老年について』、『世界大思想全集』「哲学・文芸思想篇」第三巻、河出書房、一九五九年。

八木誠一・八木綾子訳『老年の豊かさについて』法藏館、一九九九年。

中務哲郎訳『老年について』岩波書店（岩波文庫）、二〇〇四年。

『友情について』

Powell, J. G. F. 2005, Cicero: *Laelius, on Friendship (Laelius de amicitia) & The Dream of Scipio (Somnium Scipionis)*, edited with an introduction, translation & commentary by J. G. F. Powell, Warminster: Aris & Phillips (Classical Texts), 1990; repr. 2005.
Seyffert, Moritz 1965, *M. Tullii Ciceronis Laelius de amicitia dialogus*, 2. Aufl., besorgt von C. F. W. Müller, Hildesheim: Georg Olms.
Faltner, Max 2011, Cicero: *Cato Maior und Laelius*, 5. Aufl., herausgegeben von Rainer Nickel, übersetzt von Max Faltner, Berlin: De Gruyter (Sammulung Tusculum).
Biastoch, Martin 2012, Cicero: *Laelius de amicitia*, Stuttgart: Ernst Klett.
長沢信寿訳『ラエリウス　一名　友情について』、『世界大思想全集』「哲学・文芸思想篇」

第三巻、河出書房、一九五九年。
中務哲郎訳『友情について』岩波書店（岩波文庫）、二〇〇四年。

II　参考文献

Büchner, Karl 1964, *Cicero: Bestand und Wandel seiner geistigen Welt*, Heidelberg: Carl Winter.

Falkner, Thomas M. and Judith de Luce (eds.) 1989, *Old Age in Greek and Latin Literature*, edited by Thomas M. Falkner and Judith de Luce, Albany, N. Y.: State University of New York Press.

Klingner, Friedrich 1934, „Cato Censorius und die Krisis Roms", *Die Antike*, 10, S. 239-263.

MacKendrick, Paul 1989, *The Philosophical Books of Cicero*, with the collaboration of Karen Lee Singh, London: Duckworth.

Powell, J. G. F. (ed.) 1995, *Cicero the Philosopher: Twelve Papers*, edited and introduced by J. G. F. Powell, Oxford: Clarendon Press.

Price, A. W. 1989, *Love and Friendship in Plato and Aristotle*, Oxford: Clarendon Press.

Warmington, E. H. (ed. and trans.) 1967, *Remains of Old Latin*, Vol. 1, edited and translated by E. H. Warmington, Cambridge, Mass.: Harvard University Press (Loeb Classical Library), 1935; Revised and reprinted, 1967.
瀬口昌久 二〇一一『老年と正義――西洋古代思想にみる老年の哲学』名古屋大学出版会。
高田康成 一九九九『キケロ――ヨーロッパの知的伝統』岩波書店（岩波新書）。
廣川洋一 二〇一六『キケロ『ホルテンシウス』――断片訳と構成案』岩波書店。
マイヤー、E 一九七八『ローマ人の国家と国家思想』鈴木一州訳、岩波書店。
『キケロー選集』全一六巻、岩波書店、一九九九―二〇〇二年。

＊

最後に、本書に収めた二篇の翻訳を勧めてくださった講談社の互盛央氏に心よりのお礼を申し上げておきたい。氏には、以前、キケローの弁論や弁論術関連の翻訳の際にも大変お世話になったが、今回も、大幅な、しかもたび重なる原稿の遅れを寛恕いただいたり、執筆上のいくつもの無理なお願いを寛大に聞き届けていただいたりするなど、さまざまな面で宏量、親身、多大なご支援、ご助力を賜った。改めて、厚くお礼を申し上げる次第である。

KODANSHA

＊本書は、講談社学術文庫のための新訳です。

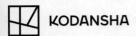

キケロー（Marcus Tullius Cicero）

前106-43年。共和政ローマ末期の政治家・弁論家・哲学者。代表作は，本書所収の二篇のほか，『国家について』，『弁論家について』，『トゥスクルム荘対談集』など。

大西英文（おおにし　ひでふみ）

1948年生まれ。京都大学大学院文学研究科博士課程修了。専門は，西洋古典学。訳書に，オウィディウス『変身物語』（講談社学術文庫），キケロー『弁論家について』ほか。

講談社学術文庫

定価はカバーに表示してあります。

老年《ろうねん》について
友情《ゆうじょう》について

キケロー

大西英文《おおにしひでふみ》 訳

2019年2月7日　第1刷発行
2024年10月3日　第3刷発行

発行者　篠木和久
発行所　株式会社講談社
東京都文京区音羽 2-12-21 〒112-8001
電話　編集（03）5395-3512
販売（03）5395-5817
業務（03）5395-3615

装　幀　蟹江征治
印　刷　株式会社広済堂ネクスト
製　本　株式会社国宝社
本文データ制作　講談社デジタル製作

ISBN978-4-06-514507-4

「講談社学術文庫」の刊行に当たって

これは、学術をポケットに入れることをモットーとして生まれた文庫である。学術は少年の心を養い、成年の心を満たす。その学術がポケットにはいる形で、万人のものになることは、生涯教育をうたう現代の理想である。

こうした考え方は、学術を巨大な城のように見る世間の常識に反するかもしれない。また、一部の人たちからは、学術の権威をおとすものと非難されるかもしれない。しかし、それはいずれも学術の新しい在り方を解しないものといわざるをえない。

学術は、まず魔術への挑戦から始まった。やがて、いわゆる常識をつぎつぎに改めていった。学術の権威は、幾百年、幾千年にわたる、苦しい戦いの成果である。こうしてきずきあげられた城が、一見して近づきがたいものにうつるのは、そのためである。しかし、学術の権威を、その形の上だけで判断してはならない。その生成のあとをかえりみれば、その根は常に人々の生活の中にあった。学術が大きな力たりうるのはそのためであって、生活をはなれた学術は、どこにもない。

開かれた社会といわれる現代にとって、これはまったく自明である。生活と学術との間に、もし距離があるとすれば、何をおいてもこれを埋めねばならない。もしこの距離が形の上の迷信からきているとすれば、その迷信をうち破らねばならぬ。

学術文庫は、内外の迷信を打破し、学術のために新しい天地をひらく意図をもって生まれた。文庫という小さい形と、学術という壮大な城とが、完全に両立するためには、なおいくらかの時を必要とするであろう。しかし、学術をポケットにした社会が、人間の生活にとってより豊かな社会であることは、たしかである。そうした社会の実現のために、文庫の世界に新しいジャンルを加えることができれば幸いである。

一九七六年六月　　野間省一